▶ 国家重点研发计划项目"乡村特色产业社会化服务品牌塑造关键技术研发"（项目编号：2022YFD1600604）

▶ 江西省社会科学基金项目"品牌强农视角下我省现代农业产业升级的路径与政策优化研究"（项目编号：22YJ08）

▶ 江西省农业科学院基础研究与人才培养项目"江西'贡'字号农产品品牌演变规律与振兴路径研究"（项目编号：JXSNKYCRC202413）

品牌强农视角下乡村产业振兴研究
——以江西省为例

吴昌华◎著

RESEARCH ON RURAL INDUSTRY REVITALIZATION UNDER
THE PERSPECTIVE OF BRAND STRENGTHENING AGRICULTURE
–TAKING JIANGXI PROVINCE AS AN EXAMPLE

经济管理出版社
ECONOMY & MANAGEMENT PUBLISHING HOUSE

图书在版编目（CIP）数据

品牌强农视角下乡村产业振兴研究：以江西省为例 /
吴昌华著. -- 北京：经济管理出版社，2024. 6.
ISBN 978-7-5096-9735-1

Ⅰ. F327.56

中国国家版本馆 CIP 数据核字第 2024GE0306 号

组稿编辑：郭　飞
责任编辑：郭　飞
责任印制：许　艳
责任校对：张晓燕

出版发行：经济管理出版社
　　　　　（北京市海淀区北蜂窝 8 号中雅大厦 A 座 11 层　100038）
网　　址：www. E-mp. com. cn
电　　话：(010) 51915602
印　　刷：唐山玺诚印务有限公司
经　　销：新华书店
开　　本：720mm×1000mm/16
印　　张：17.25
字　　数：265 千字
版　　次：2024 年 6 月第 1 版　　2024 年 6 月第 1 次印刷
书　　号：ISBN 978-7-5096-9735-1
定　　价：88.00 元

本书参与人员

麻福芳　江　福　聂园英　曾宪德　付江凡

前　言

　　品牌就是竞争力，品牌就是号召力，品牌就是附加值。农业品牌是农业核心竞争力的综合体现，是农业强国的重要标志。我国农业农村经济已进入高质量发展的新阶段，农产品消费已进入更加注重质量的新时期。加快推进品牌强农战略，是提高农业效益、提升农业竞争力、深化农业供给侧结构性改革的必然选择，是推动农业高质量发展和实现乡村产业振兴的紧迫任务。

　　习近平总书记高度重视品牌建设，多次提出要"强化品牌意识""推进标准化、品牌化""中国产品向中国品牌转变"。2012~2024年中央一号文件连续对农业品牌建设作出重要部署，品牌强农战略已经成为我国现代农业发展的重要战略。相较于2012年，2022年我国农业品牌目录区域公用农产品产量增长近55%，销售额增长近80%，带动当地农民增收65%。可以说，品牌建设已经成为引领农业供需结构升级、推动农业高质量发展、提升农业效益和竞争力、满足人们美好生活需要的重要抓手。全面推进乡村振兴，助力农业强国建设，要把品牌强农战略提升到新高度，乡村"土特产"要在"品"上下足功夫。

　　江西省高度重视农业品牌建设，历年省委一号文件多次强调农业品牌建设，明确指出"擦亮绿色生态品牌""唱响'生态鄱阳湖、绿色农产品'品牌"。江西省生态环境得天独厚，是国家重要的粮食主产省、农产品资源大省，但江西农业"大而不强"，农产品"多而不优、优而无势、特而不名、有名不响"问题突出，一个重要原因就是缺乏有竞争力的"赣"字品牌，迫切需要适应消费升级趋势，深化推进品牌强农战略，实现农业大省向农业强省跨越。

当前，学术界对于乡村产业振兴的内涵和路径研究主要集中在现代农业产业体系构建与完善方面，对农业品牌的研究主要侧重于国外农产品品牌建设经验借鉴、农产品品牌战略分析，与乡村振兴战略、产业振兴政策研究结合得还不够深入。实际上，品牌是产品质量和标准的背书，是市场需求与产品溢价的载体，品牌是产品离消费者和市场需求最近的载体，品牌好坏可以倒逼产业发展思路与发展方式的转变。

本书是笔者长期从事农业品牌策划实践和理论研究的重要成果。本书从品牌强农视角出发，立足于乡村产业振兴的路径与政策优化，将品牌强农战略与乡村产业振兴结合起来研究，具有较强的理论意义和实践意义。第一，本书以品牌培育生命周期理论和品牌培育效益变化模型为逻辑线索展开研究，拓展了乡村产业振兴理论视野。农业品牌与乡村产业振兴具有高度关联性，乡村产业振兴有完整的产业发展规律与生命周期，而品牌培育也有生命周期，这就要求产业发展在每个阶段都有不同的特征和策略，该怎么投入才能使品牌效益最大，最后实现乡村产业振兴目标。因此，本书将这两个生命周期结合起来研究，形成了一个新的理论体系。第二，本书内容兼具较强的实践性，是理论研究与实践工作结合的重要成果。本书笔者长期从事农业品牌策划，承担了省内多个农业品牌策划和推广项目，形成了品牌策划实践—品牌战略研究—品牌策划推广的良性循环。在理论研究和调研分析的基础上，以国内外农业品牌典型案例为例，总结成功经验，对江西品牌强农展开实证研究，从实践上深化了更具针对性、市场性的乡村产业振兴路径与政策，使研究结论既有战略性、政治性，又有基础性、经济性和市场性。第三，本书从影响品牌的因素角度出发，研究乡村产业振兴的路径与政策优化，不仅提供了一个新的研究视角，也可为政府抓产业振兴提供一个新的思路和抓手，即品牌强农战略，为各级政府部门相关决策和政策制定提供重要参考。

在本书撰写过程中，形成了一系列学术成果。相关成果凝练形成的咨政报告获得时任江西省省长和时任江西省委常委的肯定性批示，相关学术成果在《农民日报》（理论版）、《中国食品报》、《农业经济》等重要媒体和期刊发表，人民日报网、学习强国平台、农民日报网、法治日报网、工人日报网、大江网、重庆市农业农村委员会官网、烟台市农业农村局官网、中国网三农、浙江大学中国农业品牌研究中心官网、陕西乡村振兴融媒体、网易、搜狐网、腾讯网等媒体刊登了本书的相关学术成果。本书依托的项目之一"江西省社会科学基金项目"结题被评为优秀。

本书的出版得到了经济管理出版社、江西省社会科学规划办公室、国家重点研发计划、江西省农业科学院的大力支持，得到了江西省农业科学院基础研究与人才培养项目（项目编号：JXSNKYJCRC202413）、江西省社会科学基金项目（项目编号：22YJ08）、国家重点研发计划项目（项目编号：2022YFD1600604-03）的资助。在此，一并表示衷心的感谢！

本书内容尽管经过多方把关，但不足甚至差错之处仍在所难免，敬请读者朋友批评指正。

目　录

第一章 农业品牌相关概念分析与界定

　　农业品牌是农业农村现代化的重要标志，培育发展农业品牌是全面推进乡村产业振兴、加快建设农业强国的重要抓手。中国农业已经全面进入全球经济竞争格局，农业品牌的创建，不仅能提升农业行业整体形象，更能增强农产品的市场竞争力。目前，我国已经进入农业品牌整合提升、加快发展的新阶段，大力推进品牌强农战略，对加快我国农业区域结构优化和农业转型升级、促进农民增收及企业增效、满足消费升级需求和提升农业国际竞争力具有重要意义。

　　农业品牌建设是一个复杂的系统工程，涉及多主体和多生产要素。国外对农业品牌的研究比较早，特别是在"二战"后取得了丰硕成果，形成了比较成熟的农业品牌研究体系。我国农业品牌研究较国外而言起步晚，但是自20世纪90年代以来受到了学术界和产业界的高度关注，取得了丰硕成果。国内外专家学者从政府层面、涉农企业等不同主体角度，对农业品牌建设影响因素、存在问题与对策等进行了研究分析。目前的文献为农业品牌建设提供了丰富的理论基础。

第一节　农业品牌概念及分类

　　美国市场营销协会（American Marketing Association）将"品牌"定

义为：一种名称、术语、标记、符号或设计，或者是它们的组合，其目的是识别某个销售者或某群销售者群体的产品或服务，并使之同竞争对手的产品和服务区别开来。此处的"品牌"往往指的是产品品牌和企业品牌。随着经济社会的迅速发展，品牌的定义也发生改变，载体范围越来越扩大，出现了多种形态，如个人品牌、区域品牌、城市品牌和国家品牌等，并逐渐被社会大众认可。

基于农产品同质化和质量安全问题所共同引发的消费者购买信任危机，农业的高质量发展亟须通过优质的农业品牌来予以解决（孙凤临和孙瑞隆，2023）。而农业品牌是在农业生产过程中生成的农业生产资料、农业生产的物质产品和服务体系，以及不同类别的消费者对其的体验感知、品牌符号体系和意义生产等因素的系统之上，通过生产、互动交流、利益消费，从而形成的一种特殊的利益载体、价值体系和信用体系（胡晓云，2021）。农业品牌涉及内容较多，范畴较广，按照不同的方式可分为不同的种类，并且农业品牌的分类总体上呈现以农产品品牌为核心的丰富性、区域性、动态性特征。当然，从形态来看，农业品牌大致可分为农产品品牌、农业企业品牌、农业服务品牌及农业综合品牌（农产品区域公用品牌），如图1-1所示。农业品牌之间的相互关系如图1-2所示。其中农产品品牌是指以农产品为根本，并以其价值为核心，主要涵盖了农产品品牌、农产品区域公用品牌、农产品地理标志等形态，如赣南脐橙、新余蜜桔等；农业企业品牌是指那些从事与农产品有关的公司所拥有的商标、品牌等，其中以商品商标、服务商标为主，如齐云山品牌下保护农产品品牌"酸枣糕"和农业服务品牌"齐云山登山节"等；农业服务品牌主要是指面向涉农生产和消费活动的服务型企业，主要经营农资、农药、农旅等服务性活动的品牌，如"双胞胎"饲料、葛仙村景区等；农业综合品牌是指一种从品种、品质、生产管理至一二三产业联动经营的农业品牌，是一个综合性品牌，拥有一站式的体系性服务，如万年贡集团品牌就形成了从基地生产到加工销售的全产业链服务模式。

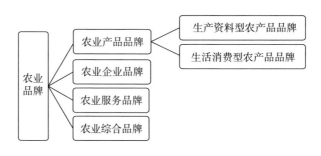

图 1-1 农业品牌的构成与分类

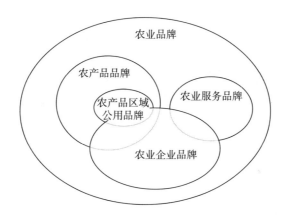

图 1-2 农业品牌之间的相互关系

农业品牌是集农产品区域公用品牌、农产品地理标志、产业集群品牌、农业企业品牌及农产品品牌等多种品牌于一体的综合系统（陈红和李艳秋，2023）。在胡晓云（2023）研究的基础上，笔者认为，农产品品牌是指在农业生产和经营产生的物质产品与服务体系的基础上，消费者对农产品的体验感知的品牌符号体系，它往往能通过系统生产、互动交流、利益消费所形成的一种特殊的利益载体、价值系统和信用体系。其中，农产品区域公用品牌是其重要组成部分。于 2022 年 10 月 1 日正式实施的《农产品区域公用品牌建设指南》对"农产品区域公用品牌"进行了定义：在一个具有特定自然生态环境、历史人文因素的区域内，由能够代表区域公共利益的组织所持有、由若干农业生产经营主体按照相关规定和要求共同使用的品牌。笔者在沈鹏熠（2011）、李亚林（2010）研究的基础上认为，农产品区域公用品牌是指在一个具有特定地理生态环境、历史人文因素的区域内，以其特有的自然资源及种植、养殖、采伐方式和加工工艺等生产出来的农产品为基础，经过漫长积淀所形成的被消费者所认同的、具有很高知名度和影响力，并为该区域内农业生产经营者所共有的农产品标识。农产品区域公用品牌大多以"地区+农产品名称"来命名，大多以市、县为单位，具有一定范围的生产区域，并且为当地特色农产品，以此来凸显区域的经济影响力、核心价值与品质保障性，如赣南脐橙、崇义南酸枣糕等。

在农产品区域公用品牌中，农产品地理标志是其主要表现形式。农产品地理标志是指对来自某一区域的特有农产品进行标识，它的质量及有关特性主要由其所处区域的自然生态环境、历史人文因素决定，并以区域名称为其命名。需要特别注意的是，农产品经过地理标志登记注册后，可以得到知识产权保护，并具有一定的质量标准和品牌效应。而相应的地理标志制度最早起源于欧洲，在1994年《与贸易有关的知识产权协定》（TRIPs协定）中，它被规定为一种知识产权，明确要求所有成员国对其进行法律保护。我国2002年12月在修改《农业法》中对农产品地理标志进行了保护，并在2007年12月发布了《农产品地理标志管理办法》对其加强管理，并开始接受登记申请和颁发了若干个农业部的"农产品地理标志"专用标识。在2019年10月，国家知识产权局发布地理标志专用标志官方标志，中文为"中华人民共和国地理标志"，英文为"GEO-GRAPHICAL INDICATION OF P. R. CHINA"，GI为国际通用的英文缩写名称。根据《商标法》《专利法》等相关法律法规，国家知识产权局将地理标志专用标志进行登记备案，并纳入官方标志的保护范围。

本书以农业品牌的形态分类为基础，研究对象为农业品牌中农产品品牌、农业企业品牌、农产品区域公用品牌。三者之间的关系，往往遵循着"农产品品牌→农业企业品牌→农产品区域公用品牌"的农业品牌发展路径（沈鹏熠，2011），如图1-3所示。这表明，农产品区域公用品牌的构建，需要深挖具有地域特色的农产品，通过对品牌农业企业的集中发展，提高区域农产品和企业的品牌知名度和美誉度，逐渐形成并巩固自己的区域比较优势和发展特色，最终形成农产品区域公用品牌。当前，我国农产品区域公用品牌主要有"依托型"与"覆盖型"两种类型，其中"依托型"是指先有农业企业品牌，然后逐渐发展形成农产品区域公用品牌，而"覆盖型"是指在已有农产品区域公用品牌的情况下，区域内却还没有知名农业企业品牌。实践证明，与"覆盖型"区域品牌相比，"依托型"区域品牌更具有稳固的基础和更强的竞争优势（胡大立等，2006）。从现有的研究基础可知，三者之间相互依存、相互促进，共同提升农产品竞争力，带动区域产业振兴、经济发展。

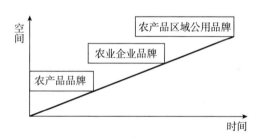

图1-3　农产品区域公用品牌形成的路径选择

第二节　农业品牌相关研究综述

一、关于农业品牌内涵的研究

农产品品牌实质上就是以"农产品"与"品牌"的结合来更好地区

别于其他农产品。目前学术界对农产品品牌的内涵认识主要有以下三方面：一是以农产品为载体，传播符号化的信息。农产品品牌是农产品的生产者和经营者，利用当地的经济、社会、文化等多种要素所形成独特的名称和标志，应用于自己的农产品上，以适应市场的需要，从而赋予其独特性、代表性和竞争力（舒咏平等，2007）。它将传统品牌理念运用到农产品中，并进行了延伸拓展，向消费者传达农产品的标志性信息，使其产生购买意愿，并最终实现交易从中获利。二是具有独特性，用于区分不同农产品。大部分专家认为，农产品品牌是生产经营者通过农业技术获得农产品，并赋予其相关的独特的标记符号（陈令军，2015；胡晓云，2007），形成独特的品牌特色，更好地避免与其他农产品或品牌混淆。农产品品牌赋予农产品的品牌特性，具有可辨识性和独特的竞争优势（段进朋、党亚峰等，2007）。农产品品牌的核心是特色、品质和创意，可以是由原产地的特定环境、特殊加工工艺以及蕴含的特殊文化等因素所形成，能较好地将其与其他类似农产品区分开来（王守坤，2012；纪良纲和张帅衔，2013）。三是以品质为保障，塑造品牌形象。农产品品牌的建设要借鉴发达国家、地区的品牌建设经验，充分发挥政府在规范农产品质量安全方面的作用，完善品牌标准认定，实施严格的质量控制，增加产品的科技含量等形式来保障农产品的优良品质（陶应虎，2012；崔剑峰，2019；程杰贤和郑少锋，2018）。高品质的农产品有利于树立良好的品牌形象，获得消费者的认可与支持，进而实现农产品的价值。因此，农产品品牌就是在某一地域内，通过对这一地域的经济、社会、文化诸因素进行整合而产生的具有一定地域代表性与唯一性的、能给生产者与消费者都带来价值的无形资产品牌。

在农业品牌方面，一般来说，农业企业品牌和企业名称相同，代表一个企业的整体形象，旗下包括若干产品品牌，并拥有注册商标等知识产权，目的是使某一产品与竞争对手相区别。

农业企业品牌主要是指基于经济学视角，可以为消费者带来溢价，并达到增值效果的无形资产，它具有主体明确、生命周期短、辐射半径小、受益面窄的特点（李耀东，2021）。

农业企业品牌建设的关键要素包括四个维度：一是品质满意度。农业企业的品牌建设要以品质为基础，以满足顾客对高品质的需求为前提，为创建高价值的农业企业品牌打下坚实的基础。二是品牌联想度。农业企业要通过打造一个或者多个知名农产品品牌来提高其知名度，进而发挥品牌效应，提高其价值。农业企业产品品牌建设的成功度越高，品牌知名度越大，农业企业品牌的联想度就越高。三是品牌知名度。品牌知名度在一定程度上影响着消费者对品牌的评价，而且它还会影响着品牌的价值。四是品牌忠诚度。品牌忠诚度是指消费者在消费过程中，对某品牌的偏好程度及选择认可度，受到产品品质、知名度以及消费者特征等多种因素的共同影响（赵鑫，2023）。就农业而言，小农户的生产管理具有分散、弱势的特点，使得个体生产经营者很难建立起自己的产品品牌、企业品牌，而在一个地区内，大量生产经营者联合起来共同打造区域品牌，成为一条行之有效的途径。由于农产品品质特征的隐蔽性、生产的区域性以及农业经营的高度分散性，为农产品区域公用品牌的建立提供了必要性，同时农产品区域公用品牌带来的价值提升、识别效果和产业化效益等为其建立提供了现实意义。

而在农产品区域公用品牌内涵研究方面，Keller（1998）首次提出了农产品区域公用品牌的概念，它主要是指区域特色农产品向特定区域聚集，形成区域特色、标识。在后续的研究过程中，学术界对农产品区域公用品牌内涵的研究主要涉及五个方面。一是要有创建品牌的载体。农产品区域公用品牌的建设的载体主要有三种：区位或者地域、农产品和农业产业集群。当创建载体是特定区域时，它形成于特定区域，具有明显的地域特征（Margarisová 和 Vokáčová，2016）；当创建载体为农产品时，它是指区域内某类农产品所共同使用的公共品牌（肖雪锋，2017）；当创建载体为农业产业集群时，它是指农产品生产、加工在此区域内集聚，经过授权可以为区域内农产品生产者、经营者所共享共用，而不归个体所有（Keller，1998；郑秋锦等，2008；李亚林，2010）。二是要有发展的内在优势。农产品区域公用品牌通常依托独特的自然资源、悠久的种养殖技术、鲜明的人文背景和高水平的产业集聚，实现发展壮大（翁胜斌和李勇，2016；Roy 和 Thorat，2008）。三是要有特定品牌标识的表现形式。农产品区域公用品牌的名称主要由"区域名+行业名（类别名）"构成（Zyg-lidopoulos 等，2006），它主要包含区域、产品、品牌三个要素，具体表现为集体商标、证明商标或经国家区域产品保护制度注册确认的品牌。四是要有品牌知名度。农产品区域公用品牌能够为特定地区提供附加吸引力，是区域品牌识别的重要手段（Kavaratzis，2005）。在某种意义上，可以把农产品区域公用品牌等同于一个区域内生产规模大、生产能力强、市场占有率高、具有影响力的农业企业等经营主体所拥有的品牌信誉之和（马清学，2010）。五是要有公共性。农产品区域公用品牌是由政府、行业协会和龙头企业运营而成的，具有鲜明的地域特色的品牌集合。它为一定区域内的相关机构、企业、农户等所共有，它们在生产地域、品种质量管理、品牌使用许可、品牌营销和传播等多个层面上都有共同的诉求和行动（胡晓云等，2010），并且还具有公共性、外部性、非排他性、规模效益性和多主体等特点。

二、关于农业品牌发展存在问题的研究

当前，我国农业品牌建设面临着诸多问题，而问题研究贯穿于农业品牌建设的全过程。首先，在品牌创建意识层面，由于中国国情产生分散的小农经营模式，大部分经营主体的品牌农业理念较为薄弱，尚未完全树立品牌农业的理念，对品牌创建重视不够，对商标等的重要用途和保护认识不够（王丽杰，2014；王婉，2014；许国栋等，2016）。加之政府对农业品牌建设重视度不够，存在"重认证而轻培育""品牌宣传、推广手段落后"的问题（崔剑峰，2019）。

其次，在品牌创建载体农产品生产层面，由于当前我国农产品产业链较短，大部分产品为初加工产品，产品的精深加工能力不足，深加工品牌少、生产技术落后等问题，导致生产加工标准化、规模化水平较低，数字化农业生产面窄，农产品同质化现象严重，缺乏科技含量，附加值低，品牌效应发挥不充分（赵晓华和岩甾，2014；韦晓菡，2016；熊冬洋，2017）；而在品牌建设上往往存在重点不明确，形式大于内涵的问题，严重影响农业品牌的创建（叶露露，2023；袁月秋，2007；徐芳奕，2023）。农业旅游品牌也存在品牌特色不突出和"文化遗失"问题严峻、旅游纪念品设计同质化问题严重、旅游文化品牌传播渠道狭窄以及旅游服务体系不健全等问题（董敏杰，2023）。

再次，在农业品牌运营层面，随着数字经济的发展，农业品牌运营仍拘泥于传统渠道，数字化、信息化手段运用较少，线上销售渠道单一，物流存在"断链"现象；在品牌定位方面，存在品牌营销定位不清、品牌营销缺乏差异化、手段单一的问题，重广告和会展活动，轻营销策划，严重影响了农业品牌影响力的扩散（徐芳奕，2023）。而农业企业品牌上，存在营销存在辨识度不高、定位趋于同质化、形象不够鲜明、知名度较低、推广手段缺乏创新性、品牌管理能力欠佳等问题（周小丹，2023）。

最后，在农业品牌保护层面，由于中国农产品品牌保护体系不健全，品牌监管制度缺乏，部分生产者生产出低质品，容易出现"搭便车""以次充好"等现象，损害其他农产品区域公用品牌的生产者的利益（曾艳等，2014；王丽杰，2014）；对借用冒用农产品区域公用品牌的企业惩处力度不够，假冒伪劣现象屡禁不止等问题，严重损害品牌的形象。

三、关于农业品牌影响因素的研究

农业品牌的建设受到多种因素的制约。相关研究认为，农产品区域公用品牌的驱动因素主要有四种，即资源禀赋驱动、产业集群驱动、地方政府驱动和人文历史文化驱动（兰勇和张婕好，2019）。在此基础上，我们深入探究影响农业品牌的影响因素，主要有四类，即区域要素、产业要素、文化要素和支持要素等（韩丽娜，2019；王启万和蔡茹茵，2022）。其中，区域要素主要是指该地区所拥有的资源条件，这些资源在很大程度上决定了农产品的质量、产量和生产成本等。它们对于主导产业的发展起着关键作用，是形成农产品区域公用品牌的基础、先决条件，甚至是核心驱动力，有助于培育良好的品牌形象，增强消费者的忠诚度，提升辨认度，增强与其他农产品的区分度。产业要素主要是指产业基础，主要包括农业生产技术水平，机械化、标准化生产及深加工能力等。产业要素是构建农产品区域公用品牌的基础（Verdonk 等，2015）。产业要素的整合可以形成规模经济和协同效应，促进集群内企业实现分工协作，共同参与市场竞争。这种模式可以有效地降低单个主体的市场交易风险，实现集群整体价值的提升，推动企业不断进行创新变革，提高生产效率，并以此来增强其在市场上的竞争优势，提高其竞争力，进而推动农产品区域公用品牌的发展。文化要素是指品牌关系生态和消费者生态位势，主要包含农产品品牌价值、品牌形象和品牌文化，这些都为构建农产品区域公用品牌创造了机遇和可能性（李静，2016）。在农产品的长期生产、加工过程中形成了人文、历史、文化体系，并且在这个过程中对其进行了深入的挖掘，并加以创造性地应用到区域农产品中，形成了一种独特的地域文化载体，从而创造出了一种具有不可复制性和可辨识性的区域品牌，推动文化认知趋同，创造独特的品牌文化，促进农产品区域公用品牌的形成，发挥品牌效应。支持要素主要指的是政府在品牌发展上的扶持等，它是农产品区域公用品牌发展的动力源泉（熊爱华和邢夏子，2017）。政府在农产品区域公用品牌的发展中，应根据区域品牌发展的阶段性特征，积极通过战略规划、引导建设、政策支持等措施，对品牌的发展方向、速度和水平发挥引导、协调、支持、管理作用，推动区域品牌的形成，并发展和利益主体的共同品牌认知。也有学者对农业品牌影响因素进行实证研究发现，产品经典故事因素是影响消费者选购地理标志农产品的最显著因素，产品的包装和名气也是重要的影响因素（孙凤临和孙瑞隆，2023）。而农业企业品牌的建设受内外因素的影响和制约，内部因素主要有管理者的个性特征、机制建设等，外部因素主要有各利益相关者的作用，如政府、协会等。管理者的文化程度、品牌认知及企业的经营规模、品牌管理机制等，对农业企业品牌创建产生重要影响，呈现积极的正向作用（杨辉等，2023）；而在外部因素中，政府的帮扶有利于农业企业品牌的创建。

四、关于农业品牌策略选择的研究

农业品牌是个复杂的系统工程，涉及主体众多、利益相关者众多，区域内各种品牌众多，农业企业品牌、农产品品牌、农产品区域公用品牌皆有，如何合理选择相应的发展策略，是品牌强农战略实施的重要内容。目前学术界对此也进行了相应的研究。

农产品兼具搜寻品、经验品和信任品特征（黄炳凯和耿献辉，2019），生产者和消费者在产品质量及生产投入品等之间存在信息不对称问题。由于消费者无法准确获取农产品质量信息以及生产投入品安全等相关信息，使得其购买意愿持续降低，也使得农产品的优质优价无法实现，由此产生了"逆向选择"和"道德风险"（龚强等，2013）。而农业品牌可以减少信息不对称，可以表达和保护产品的质量特点、安全特性，从而有效地解决信息不对称引发的市场失灵问题。农产品区域公用品牌作为准公共物品，存在"搭便车""负外部性"等特性，如果得不到有效的管理，可能导致农产品区域公用品牌的"公地悲剧"，而建立在农产品区域公用品牌基础上发展起来的农业企业品牌，也会因为信誉问题受到"株连"（沈鹏熠，2011）。由图1-4可知，农产品区域公用品牌的创建历程可以划分为四个发展阶段，每个阶段都有不同的内涵和特征，并且在运作主体（集群企业、地方政府、中介组织和农户）的主导作用和运行机制（利益机制、竞合机制、学习与创新机制、传播机制和监管机制）的支撑作用下，最终形成了具有知名度的农产品区域公用品牌。

在农产品区域公用品牌与农业企业品牌的关系中，大多数学者认为，农产品区域公用品牌与农业企业品牌之间是共生的关系，农业企业品牌是农产品区域公用品牌塑造的重要基础，巩固和提高农产品区域公用品牌的竞争力，农产品区域公用品牌为农业企业品牌的发展提供外部保障，推动农业企业的建设和发展，农产品区域公用品牌和农业企业品牌的协同关

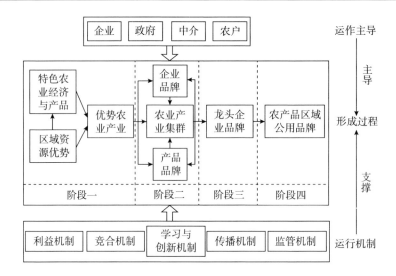

图1-4 农产品区域公用品牌形成过程

系能够带动区域内整个农业产业集群的发展（俞燕，2015；尤振来和倪颖，2013；赖洲仓，2020）。更有学者进行了深入研究，认为农业企业品牌和农产品区域公用品牌是"树根"和"枝叶"的关系，它们互为依靠、互为贡献（胡大立等，2006）。农业企业品牌对农产品区域公用品牌起着支撑作用，农产品区域公用品牌对农业企业品牌有着倍数、追加优势等功能。在农业经济发展过程中，企业积极创建名牌，打造区域品牌，两者必须同时进行，不可偏废。农产品区域公用品牌最关键的成因是集群具有相当的产业规模和产业优势。农业企业品牌为农产品区域公用品牌提供了坚实的基础，同时，农产品区域公用品牌也对农业企业品牌的成长产生了积极的影响，具体体现在为农业企业品牌提供背书、推动产品销售、规范企业行为、提升品牌形象以及展现专家形象等方面，可以有效发挥品牌效应。对农业企业品牌来说，农产品区域公用品牌不仅是其发展的有力支撑，还能以高标准、高品质的目标要求来引导和规范农业企业品牌的行为，实现双方的共赢。在品牌建设过程中，政府和协会负责申请注册农产品区域公用品牌及其商标，并根据一定的准入机制将其授权给农业龙头企业以及符合条件的生产者、经营者，形成以农业龙头企业为主导的强势农业企业品牌（段瑞龙，2023）。在同一区域品牌框架下，农业龙头企业及经营者个体可以通过申请注册各自子品牌，构建"公用品牌+自有品牌"的母子品牌模式，通过制定品牌识别战略、经营战略以及传播战略，使用统一的识别系统，代表区域特色农产品的统一形象，采用实行标准化控制，进行市场化运作，从而实现农产品区域公用品牌与农业企业品牌的互动发展。如无锡阳山水蜜桃采取企业商标（子品牌）+"阳山"牌（主品牌）的方式实行"母子品牌"策略（陶雅和陶应虎，2023）。

而关于地理标志和农业企业品牌之间的关系目前尚无定论，无论是替代关系还是互补关系都仍需进行深入分析。从已有研究来看，消费者对地理标志和农业企业品牌的溢价支付均来自其对农产品质量属性的偏好（蒋玉等，2023），对地理标志的溢价支付主要源自对特定产地、特定生产方式和历史文化等属性的偏好，而对农业企业品牌的溢价支付则更多源自高品质和个性化的动机（Lans等，2016）。因此，两者有协同互补的可能性。地理标志可以借助知名农业企业品牌的市场影响力，优化地理标志品牌建设；地理标志与农业企业品牌可以形成荣誉共同体，充分利用企业在品牌管理维护上的制度优势、人员优势和技术优势，通过企业主导、多方参与的形式加强对地理标志管理、使用的监督。同时，加强地理标志与企业在生产、技术等领域的全方位合作，持续提升地理标志产品的品质（蒋玉等，2023）。然而，同一产品中同时出现地理标志和农业企业品牌会增加消费者的认知负担以及处理标签信息的机会成本，而且地理标志与农业企业品牌在产品品质上存在一定的重叠，进而可能造成地理标志与农业企业品牌间的替代效应（Livat等，2019）。

在打造农业企业品牌高端化过程中，需要农产品区域公用品牌的加持，要充分发挥农产品区域公用品牌的价值，区域内企业要树立农业企业品牌与农产品区域公用品牌协同发展的理念，开发高品质农产品（王伦等，2023）。在不同阶段的侧重点有所不同，两者之间的互动关系主要分为三个阶段：在质量提升阶段，要以农产品区域公用品牌为主导，以农业企业品牌为支撑，以达到价值共融，提升品牌的美誉度；在经营模式创新阶段，要以品牌企业为主导，以经销商为支撑，以达到价值共生，提高品牌的认可；在以文化和科技赋能阶段，要以品牌企业为主导，借助科研和教育结构的支撑，达到价值共赢，提高品牌忠诚度。而农产品区域公用品牌和农产品品牌之间的关系也可以分为三个阶段：潜伏阶段、形成阶段和成长阶段（王军和李鑫，2014）。在潜伏阶段，由于地域特色农产品品牌还没建立，农产品以"土特产"形式出现在消费市场，被消费者所认知。即使有较高的知名度，但由于受多种因素的制约，市场需求量不大。在形成阶段，区域特有的农产品区域公用品牌逐渐成型，呈现出"区域+农产品"的雏形，这一时期的区域品牌是通过产品品牌来进行营销的。在成长阶段，地域特色农产品已经有了一定的知名度，而且还进行了商标注册，成为消费者选择这类农产品的参考依据。

在推动农产品区域公用品牌、农业企业品牌与农产品品牌的协调发展过程中，有赖于政府和经营主体的合作（徐芳奕，2023）。在政府层面，首先，构建一个以农产品区域公用品牌为框架、农业企业品牌和农产品品牌为核心的品牌集群体系，并采用"农产品区域公用品牌+农业企业品牌"的母子品牌联动模式，以促进企业和农产品品牌的提升。其次，政府还应加大对农业经营主体的扶持力度，引导和扶持企业创建高水平的农产品品牌。最后，政府还要为农业生产经营主体的发展创造公平竞争的环境，积极加强品牌保护，以维护农业生产经营助推的品牌权益。在农业生产经营主体层面，要以消费者的需求为导向，根据不同需求生产适销对路的农产品，保证产品质量，提升农产品的品牌形象；积极构建全面的农产品质量管理监督体系，赢得消费者对品牌的信赖；积极参与各类社会活动，主动承担社会责任，以提高企业的社会形象。

在当前农业供给侧结构性改革的大背景下，农业品牌建设要抓住乡村振兴战略的机遇，选择不同的农业品牌策略，有利于厘清利益相关者的权责才能更好地促进农产品品牌的发展。积极推进"区域公用品牌+企业自有品牌"的模式（陈磊等，2018），这种模式既有利于发挥区域品牌的整体优势，又可以利用企业在品牌建设过程中的积极作用，实现农产品区域共品牌和农业企业品牌的协同发展。而各经营主体由于产品品质、商品策略、销售区域和服务人群等不同因素的影响，在区域内实行品牌策略时就会有所区别，在实现差异化竞争的同时，有利于更好地实现资源共享，扩大品牌的宣传，增强品牌的知名度。当依据农产品质量异质性选择不同的品牌策略时：在农产品生产区域内，当农产品质量差异较小时，农产品采用公用品牌策略；当农产品质量差异具有黏性时，农产品采用母子品牌策略；当农产品质量差异较大时，农产品采用私有品牌策略（黄炳凯和耿献辉，2019）。如图 1-5 所示。

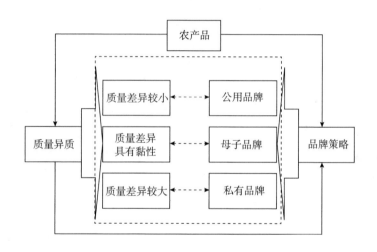

图 1-5　农产品品牌策略选择

五、关于农业品牌价值评估与竞争力分析的研究

随着品牌价值理念的发展与进步，学术界对品牌价值评估与竞争力分析研究也逐渐发展起来。大多数学者根据农产品区域公用品牌的特性，从不同角度采用不同方法对农产品区域公用品牌价值进行评估。目前，主要有四种典型的农产品区域公用品牌的价值评估方法。第一，基于收益产业

差额现金流的区域品牌价值评估。在这种方法中，区域品牌的评估价值等于在特定时点上，由本地受益产业组成的资产组合所产生的超额现金流量的折现之和（张挺，2007）。第二，基于区域 GDP 净增速的区域公用品牌价值评估。这种方法将区域内的经济增长分为平均增长和超额增长两部分，将超额增长部分转化为资产价值，也就是品牌价值（顾海兵和张安军，2010）。后续的研究者们在此基础上引入 GDP 贡献率这一指标，构建了基于区域 CPI 与区域 GDP 净增速的区域品牌发展价值评估模型。他们还进一步利用经验模态分解法提取区域品牌发展趋势指数，并构建了区域品牌发展趋势的预测模型（桑秀丽等，2014）。第三，改良后的 Interbrand 模型评估方法。该方法由约翰·墨菲创立，将品牌评估价值作为无形资产，列入企业的资产负债表中。主要通过无形资产带来的超额收益以及品牌强度因素两个指标来衡量品牌价值。学术界往往用此模型来评估企业品牌，将品牌超额收益与品牌乘数相乘得到品牌价值。在此基础上，有学者将消费者的忠诚度纳入区域品牌价值的影响因素进行考量，对模型进行了修正，品牌沉淀收益乘以品牌乘数得出地理标志农产品区域公用品牌价值（冷珏，2022）。第四，浙江大学 CARD 农业品牌研究中心于 2010 年提出的 CARD 区域公用品牌价值评估法。该方法是从品牌资产的角度出发，将消费者需求、从业者利益和政府公共管理绩效视为农产品区域公用品牌的基本价值创造动因。在吸收了国内外品牌价值评估理论和方法的基础上，他们开发了一个专门针对农产品区域公用品牌的价值评估模型。该模型将品牌价值定义为品牌收益、品牌强度乘数和品牌忠诚度因子的乘积。基于这个模型，他们对中国茶叶区域公用品牌和企业产品品牌进行了价值评估。

目前，关于农产品区域公用品牌竞争力的研究主要从竞争力评价方法、竞争力影响因素和竞争力排序三个角度展开。第一，关于品牌竞争力评价方法的研究。现有研究大多采用模糊综合评价法、灰色层次模型分析方法。这是由于农产品区域公用品牌的影响因素众多，其内涵和外延存在不确定性，评价信息不完整和不充分，因此需要引入灰色关联度理论到传统模糊综合评价方法中，通过寻找灰色统计量，构建农产品区域公用品牌竞争力的模糊子矩阵（Guang 和 Wei，2010）。此外，鉴于农产品区域公用品牌竞争力具有层次性、模糊性的特点，需要采用模糊综合评价法来建立指标评价模型（沈鹏熠，2011）。第二，关于品牌竞争力的影响因素研究。现有研究已经发现众多的影响因素。资源基础能力、产业发展能力等六个因素共同影响着农产品区域公用品牌的竞争力（沈鹏熠，2011）。而影响地理标志农产品品牌竞争力的因素主要包括自然环境与人文积淀、客观影响因素、主观管理水平及消费观念四个方面（王文龙，2016）。此外，也有学者通过建立农产品区域公用品牌竞争力影响因素的结构方程模型，发现品牌支撑力对农产品区域公用品牌竞争力的影响最为显著，其次是品牌发展力、品牌基础力和品牌资源力（李德立和宋丽影，2013）。也有学者发现，品牌声誉、金融支持、技术投入三个资源禀赋因素对区域品牌的发展起着正向积极影响（熊爱华和邢夏子，2017），交通运输条件和地理气候条件是品牌发展的根本限制（叶慧和杨海晨，2021），农村电商的发展可以提升农产品品牌的价值塑造（慕静等，2021）。但是有学者通过实证研究提出，单个要素并不是高品牌价值形成的必要条件，影响区域公用品牌市场价值的因素往往以组态形式出现，要把握好某些要素的组合优化，才能更好地提升品牌价值（邵长臻，2023）。第三，关于品牌竞争力排序的研究。现有的研究大多从消费者感知的角度来评价农产品区域公用品牌的功能属性，并对品牌竞争力进行排序。其中，"安霍尔特城市品牌指数"和"欧洲城市品牌晴雨表"是被广泛采用和应用的两种方法。

六、关于农业品牌建设主体的研究

农业品牌的建设是个复杂的系统工程，涉及众多参与主体，明晰建设过程中参与主体的行为选择，充分发挥各主体的作用，协同发挥共建效能，能够丰富和创新中国式农业品牌建设的理论与实践（陈红和李艳秋，2023）。众多学者进行了较为深入的研究探索。目前，涉及农产品区域公用品牌建设主体主要有政府部门、行业组织、农业龙头企业和农户四类核心利益主体。

政府部门是区域治理的主体，一般是通过其区域农业总体规划、服务指导、营商环境改善、技术推广和质量管理等规制的制定与实施，进而对塑造和提升区域品牌形象产生作用（徐娟等，2021）。在农产品区域公用品牌建设中，政府的关注点在于促进区域经济发展、助力乡村振兴以及减少政府监管成本等方面，提升政府的公共管理效率。政府的扶持是农产品区域公用品牌发展的关键动力（熊爱华和邢夏子，2017）。与农业企业品牌和农产品品牌不同，农产品区域公用品牌是一类特殊的公共品牌，它难以通过市场交易机制来实现资源的高效优化配置。现有的关于农产品公用品牌建设中，政府作用发挥的研究主要包括两个方面：

一是政府要发挥主导作用，集结品牌建设的力量（吴莉莉，2023）。当前以政府为主导的建设品牌已然成为普遍的品牌建设模式，中国农产品区域公用品牌的崛起离不开政府的战略性决断，以政府为主导的品牌战略谋划可以自上而下实现农业产业的高质量发展。政府的权威性、公信力和凝聚力，是组织、规划和调控的主体，通过发挥协同、服务、监督和管理的作用，在农产品区域公用品牌框架构建中要发挥领导作用。农产品区域公用品牌的发展必须依靠政府的力量，发挥政府的主导作用，积极引导行业协会和企业建立有效的合作机制，通过高效整合资金、技术、人才等资源实现农产品区域公用品牌的创建（王军和李鑫，2014；雷亮，2015）。地方政府的主观偏好和政策导向在很大程度上影响着农产品区域公用品牌的发展的方向、速度和水平（孙丽辉，2009）。

二是政府要发挥服务作用。在构建农产品区域公用品牌过程中，政府应扮演倡导者、规划者、扶持者、服务者和管理者的角色，通过顶层战略规划、制定具体的经济政策、提供公共物品、消除外部影响、维护市场秩序、提高宣传推介力度等方式，来实现资源配置与产业结构的优化，更好地应对产业起步成本高、规模化发展动能不足、高质量发展转型困难等各种问题调整，更好地应对农产品区域公用品牌的区域性、公共性、外部性和价值性特征（罗高峰，2010；雷亮，2015；罗连发等，2022）。充分发挥政府赋能区域品牌的作用，有助于促成小农户与大市场信息的有效对接，推动乡村社会生产要素的内生性重组，激发小农户自我成长、自我服务意识，实现政府"强引擎"与市场"强引擎"之间协同发展，共同促进农产品区域公用品牌的进一步提升（王卫卫和张应良，2021；李佛关等，2022）。政府在农产品区域公用品牌建设过程中，要改善区域公用品牌发展的外部环境，制定符合本区域的惠农措施，完善政府品牌建设适度补贴，制定落实上级激励政策，充分协调多方利益相关者参与创牌的积极性（Wang 和 Tan，2018；孙茹等，2021），通过集聚一批有抱负、有担当的本土企业家，打造更多的行业领军企业，让龙头企业起到主导、示范、带动作用（张燚等，2022）。同时，加强政府对农业品牌的监管，设置适度的区域品牌最低质量标准，合适数量的、符合准入门槛的企业与农户更有利于提升农产品区域公用品牌价值（董银果和钱薇雯，2022）。也有研究认为，在品牌不同发展阶段，政府起着不同的作用，在品牌萌芽阶段，政府重点为品牌建设提供规划和配套政策支持；在品牌形成阶段，政府重点为推动企业良性发展而加强对产业的支持与引导；在品牌发展阶段，政府重点加强品牌的监管与整合（瞿康洁和陆康飞，2021）。在农产品产业链视角下，农产品区域公用品牌的构建经历了自由发展、整合发展和创新发展三个阶段，其中自由发展阶段和整合发展阶段的关键推动力来自政府和市场（罗高峰，2010）。企业作为市场的主要市场的主要参与者和品牌化的关键代理人，肩负着将区域品牌化的外部效应转变为公司内部行动的责任（赵卫宏和孙茹，2018）。

农业龙头企业作为终端农产品的加工与销售者，从组织规模、品牌需求上更有动机经营支撑品牌建设，也具备生产、质量控制、营销等组织建设实力，其功能是在建立农产品区域公用品牌的整个过程中得以体现。农业龙头企业对农产品区域公共品牌的建设呈现正向显著性，在建设过程中发挥着正向引领建设、品牌建设支撑和品牌价值度量的作用（马娟等，2023）。农业龙头企业通过充分发挥其组织化和产业化优势，联合其他品牌生产经营主体，根据市场消费需求、产业发展需求和乡村振兴发展需求，以发展知名农产品为重点，打造具有市场竞争力的农产品区域公用品牌和子品牌。农业企业向各类消费者提供具有当地农产品区域公用品牌信息的农产品，通过增强品牌意识、产品质量的自觉维护和协同发展，避免因个人利益损害整体利益，使农产品区域公用品牌在消费者心目中形成差异化认知成为可能（许晖等，2019），塑造良好的品牌形象。同时，农产品区域公用品牌服务于区域内所有农业生产经营主体，获得农产品销售的增益、农产品的优质优价、享受品牌溢价等（花萌和胡永传，2023）。

行业协会的利益诉求主要是履行政府与企业间信息沟通、管理市场秩序等协调责任。作为多个利益相关者之间沟通"桥梁"的行业协会，通过协助地方政府进行区域品牌管理，保障各利益相关者的权益，并为企业提供区域品牌支持、服务（邓荣霖，1999；王兴元和朱强，2017）。行业协会对农产品区域公用品牌建设具有负向影响，但不显著，主要发挥协同作用（马娟等，2023）。行业协会具有协调各生产组织、品牌规划、质量控制与标准的先天优势，在农产品区域公用品牌协同治理过程中发挥了资源整合的作用，特别是各类农业经营主体的参与决定了农产品质量的管控能力，可以通过制定行业标准、产业规范，严格市场准入，从而维护区域品牌的形象，确保其良性发展，实现区域品牌可持续发展（沈鹏熠，2011）。

作为农产品区域公用品牌的重要主体的农户，在合作经济组织中更珍视个人声誉（浦徐进等，2011），通过农户自组织在一定程度上也能控制农户的不合规行为（程杰贤和郑少锋，2018），充分发挥行业协会或合作社的作用进行区域品牌管理，维护相关主体的利益（王兴元和朱强，2017）。

除此之外，农产品区域公用品牌的建设还涉及其他利益主体。为了保证农产品区域公用品牌建设实践的专业化与差异化，通过联合农业科研院所、农业服务机构、电商平台、物流企业、品牌咨询机构和人才机构等专业第三方机构，协同创建"政、产、学、研、用"的互动机制，进而提升农业区域公用品牌的知名度与美誉度（杨旭和李竣，2018；Prahalad 和 Ramaswamy，2000）。

至于对各个主体在品牌建设中的作用力大小的研究，有学者认为，如图 1-6 所示，农户作为农产品的直接生产者，由于自身缺乏品牌建设实力，因此对农产品区域公用品牌建设的总体推动力量最小；企业作为理性经营主体，将力量聚焦于企业品牌的建设，创建的优秀品牌能够成为区域代表，因而对农产品区域公用品牌建设的总体推动力量大于农户；行业协会作为企业与政府沟通的"桥梁"，致力于整个产业的发展，对农产品区域公用品牌建设的总体推动力量大于单个企业；最后，政府作为行政主体，统领了整个农产品区域公用品牌建设过程，是推动农产品区域公用品牌建设最为强大的力量（吴浩，2019）。

图 1-6 农产品区域公用品牌建设推进主体关系示意

构建农产品区域公用品牌不能只依靠政府唱"独角戏"，而应与农业龙头企业合力发挥协同作用，并通过积极引领行业协会、科研机构、农户等其他利益相关主体参与农产品区域公用品牌的建设（李佛关等，2022），更好地避免品牌建设过程中出现的"公地悲剧""搭便车"等问题。

在农产品区域公用品牌的建设过程中，各个层面的参与者都发挥着重要作用。这包括个体生产经营者、农业企业和政府部门等多元主体，他们通过协同共建，可以推动农产品区域公用品牌的发展。为解决多元主体行为的外部性和集体行动的选择困境，需要建立信息沟通与共享机制、利益分配与补偿机制、利益监督与保障机制、品牌建设绩效考核机制（黄祥芳，2021），如图 1-7 所示。

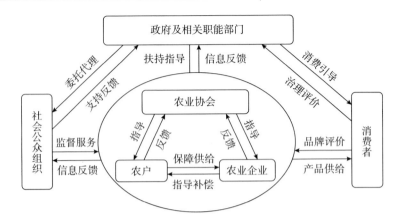

图1-7 农产品区域公用品牌多主体共建模式

而对多元主体共建作用研究方面，各推进主体中，政府力量最大，统领整个过程；行业协会连接政府与企业，处于第二位；企业位于行业协会之后的第三位；农民则是最基础的力量。在农产品区域公用品牌建设的具体工作方面，孕育期农民占主导，为区域赢得产品区域声誉；萌芽期企业占主导，创建农产品企业品牌；形成期政府占主导，整合农业企业品牌；长远发展期行业协会占主导，推动农产品区域公用品牌稳定持续发展。在区域品牌的表现形式方面，孕育期表现为土特产，萌芽期表现为知名农产品企业品牌，形成期表现为农产品区域公用品牌，长远发展期表现为知名农产品区域公用品牌或没落的农产品区域公用品牌（吴浩，2019），如图1-8所示。通过建立有效的制度，汇聚各方智慧，各利益相关者保持畅通合作，打造品牌联盟，加强标准体系的建设，培育具有竞争优势的品牌战略实施机制，形成特色鲜明、互补的农业品牌体系，实现农产品生产、加工、销售的紧密结合，确保群体内各主体责任共担、利益共享、协同发力、相互促进，从而更有效地发挥集群效应，进一步加强品牌的市场建设，推动农业产业的可持续发展（段瑞龙，2023）。

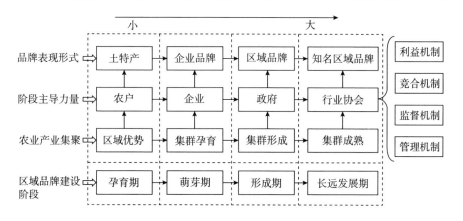

图1-8 农产品区域公用品牌建设路径

当前，我国农业品牌建设尚处在初级阶段，农产品生产经营主体决策不仅受到自身效益的影响，还受到与相邻同类其他生产经营主体之间竞争、合作关系的影响。在构建农业品牌过程中，农户、企业等农业经营主体之间构成了复杂的网络关系，亟须深入研究在这一复杂网络关系中，各生产经营主体如何通过博弈、模仿学习等方式进行品牌策略的更新选择，从而建立一种动态的、稳定的格局。当前研究中，有学者建议通过不同方法来解决，可以通过引入价值共创理论来解决农产品区域公用品牌建设主体之间的利益冲突（陆娟和孙瑾，2022）；通过引入合作社与农户之间的博弈模型，建立基于嵌套式农产品生产协作系统来解决地理标志农产品品牌建设过程中的"搭便车"问题（曾艳等，2014）；运用演化博弈理论，可以更有效地解决多主体参与的稳定策略问题，系统地研究有限理性的参与主体行为演化规律和稳定策略，这将有助于解析农业品牌建设中各主体的稳定状态及实现稳定状态的动态收敛过程。

七、关于农业品牌发展措施的研究

美国学者詹姆斯·格雷戈里提出品牌塑造的四个步骤，分别是品牌发现、品牌创建、品牌传播和品牌管理。通过对我国农业品牌进行研究梳理发现，我国农产品品牌塑造的过程也可以按照四个步骤进行分类。品牌发现主要是对农产品品牌价值的发掘，这源于农产品独特的自身功能、文化特性和地域情感等。品牌创建是农产品品牌塑造过程中最关键的步骤，主要包括参与方、实现路径、创造模式等多方面内容的建设。品牌价值和品牌效应的发挥都需要通过品牌传播才能得以实现，良好的品牌传播可以有效提升消费者对品牌的认同感，增强品牌的知名度。在农产品品牌塑造完成后，除需要通过宣传推介来提高知名度和认同感外，还需要对其进行有效的管理、维护，从而全面提高品牌效益。

目前，学术界对农业品牌建设的措施、建议的研究较多。现有的对农业品牌的建设举措，主要有以下几个方面：一是要增强品牌意识，增强品牌理念。农产品区域公用品牌的建设过程中要明确品牌的核心，强化品牌意识，重视品牌管理和品牌保护（张静，2011；朱丽娟和刘艳彬，2012）。在乡村振兴战略背景下，农业品牌的创建要加强产业融合理念，要以消费者需求为基础，品牌要实现差异化定位、凸显特色，充分利用"互联网+设计"的品牌策划模式，实现品牌的有效识别，市场营销的精准定位与品牌形象的升级（杨大蓉，2019；师琴艳，2023；孙丹丽和郭月朦，2021）。二是打造具有特色的品牌。农业企业品牌的创建要结合自身经营内容，立足特色优势产业与文化特色，确定品牌定位，树立品牌形象，打造具有一定文化底蕴，区域特点鲜明的品牌（Warren 和 Gibson，2017；傅程华，2023），实现由"创造故事"到"创造品牌"的转变，讲好品牌故事，创新品牌形象，优化营销模式，实现品牌建设所需要的文化认同、差异认同、情感认同，扩大品牌影响力（张子健，2021；宋斌，2022）。在农产品品牌建设过程中，要重视文化因素，善于从传统文化中挖掘农产品内涵的文化底蕴，充分利用数字技术，实现与文化、旅游的融合发展，打造区域文化核心竞争力，提升特色农产品价值，加强消费者认知（胡敏，2023；柳晨阳等，2023）。农产品品牌的建设要做好规划和定位，搭建系统组织架构，实现从品种、品质、品味和品牌四方联动创牌，构建以品牌知名度、质量认知、品牌忠诚度为核心要素的"三位一体"

的农产品品牌体系（焦翔等，2021；李建军，2015）。三是积极扩大农业品牌的宣传、推广渠道。随着"新基建"的全面提速和"互联网+"农产品出村进城工程的深入推进，新媒体技术的发展，以电商、社交和直播带货为代表的网络销售渠道在农产品品牌营销中发挥着越来越突出的作用（叶露露，2023）。直播电商和网购的普及打破了传统的农产品区域公用品牌营销的地域限制，实现了农产品直播电商从追求销量到品效合一，再到品牌 IP 打造的发展趋势，应用 IP 运营的思路开展直播电商，扩大了品牌的营销渠道（程镔和章萍，2023）。四是加强农产品质量品质管理，保障农业品牌的美誉度。良好的农业品牌离不开优质农产品，要塑造良好的农业品牌，需要健全农产品标准体系、农产品生产标准体系（叶露露，2023；陈旭，2023），从重视农产品质量认证入手，打造优质农产品品牌。也有学者对农业品牌发展举措进行了归纳总结，主张从内外部措施着手发展农产品品牌化，其中外部措施主要是从政府和社会立场着力，营销农业品牌形成和发展的良好外部环境；内部措施主要是从品牌意识、深化品牌内涵、科技创新、产业化进程、标准化生产、传播渠道、品牌管理、企业化改造等方面着手，促进中国农业高质量发展（周应堂和欧阳瑞凡，2007）。而高端农业品牌的建设，需要充分利用地方特色的农业资源条件，深入挖掘原产地的品牌价值，通过农产品龙头企业、合作经济组织及农业科研院所横向合作，共同构建品牌，提高品牌的科技含量，走高端的营销渠道，地方政府积极予以扶持，生产全程可追溯、参与者有效沟通、信息对称，保护农产品品牌，提高品牌价值（曹佛宝等，2017；王中和卢昆，2009；周科，2015；Nguyen 等，2022）。

参考文献

［1］Guang Ji Tong，Wei Wang. The Comprehensive Evaluation of Regional Agricultural Brand Competitiveness Based on Fuzzy Gray Analysis [J]. Applied Mechanics and Materials, 2010, 44 (01): 3687-3691.

[2] Kavaratzis M. Place Branding: A Review of Trends and Conceptual Models [J]. Marketing Review, 2005, 5 (04): 329-342.

[3] Keller K L. Strategic Brand Management [M]. New Jersey: Prentice Hall, 1998.

[4] Lans R V D, Everdingen Y V, Melnyk V. What to Stress, To Whom and Where? A Cross-country Investigation of the Effects of Perceived Brand Benefits on Buying Intentions [J]. International Journal of Research in Marketing, 2016, 33 (04): 924-943.

[5] Livat F, Alston J M, Cardebat J-M. Do Denominations of Origin Provide Useful Quality Signals? The Case of Bordeaux Wines [J]. Economic Modelling, 2019 (81): 518-532.

[6] MargarisováK, Voká čová L. Regional Branding: Building Brand Value [J]. Acta Universitatis Agriculturae et Silviculturae Mendelianae Brunensis, 2016, 64 (06): 2059-2066.

[7] Nguyen D, Huynh-Tuong N, Pham H. A Block Chain-based Framework for Developing Traceability Applications towards Sustainable Agriculture in Vietnam [J]. Security and Communication Networks, 2022 (01): 1-10.

[8] Prahalad C K, Ramaswamy V. Co-opting Customer Competence [J]. Harvard Business Review, 2000, 78 (01): 79-87.

[9] Roy D, Thorat A. Success in High Value Horticultural Export Markets for the Small Farmers: The Case of Mahagrapes in India [J]. World Development, 2008, 36 (10): 1874-1890.

[10] Verdonk, N R, Wilkinson, K L, Bruwer J. Importance, Use and Awareness of South Australian Geographical Indications [J]. Australian Journal of Grape and Wine Research, 2015, 21 (03): 361-366.

［11］Wang L, Tan J. Social Structure of Regional Entrepreneurship: The Impacts of Collective Action of Incumbents on De Novo Entrants［J］. Entrepreneurship Theory and Practice, 2018, 43（05）: 855-879.

［12］Warren A, Gibson C. Subcultural Enterprises, Brand Value, and Limits to Financialized Growth: The Rise and Fall of Corporate Surfing Brands［J］. Geoforum, 2017（86）: 177-187.

［13］Zyglidopoulos S C, Demartino R, Reid D M. Cluster Reputation as a Facilitator in Internationalization of Small and Medium Sized Enterprises［J］. Corporate Reputation Review, 2006, 9（01）: 79-87.

［14］曹佛宝，狄方耀，杨建州. 西藏特色农产品高端品牌原型形成机制研究——基于供应链视角［J］. 中国藏学，2017（01）: 133-139.

［15］陈红，李艳秋. 农业强国擘画下基于复杂网络演化博弈的农业品牌建设研究［J］. 江西财经大学学报，2023（05）: 91-103.

［16］陈磊，姜海，孙佳新，马秀云. 农业品牌化的建设路径与政策选择——基于黑林镇特色水果产业品牌实证研究［J］. 农业现代化研究，2018, 39（02）: 203-210.

［17］陈令军. 谈如何利用区域特色文化推进区域农产品品牌建设［J］. 商业经济研究，2015（31）: 76-77.

［18］陈旭. 苏州市吴中区特色农产品品牌建设路径探析［J］. 上海农村经济，2023（10）: 45-46.

［19］程镶，章萍. 直播电商提升农产品区域公用品牌竞争力路径研究［J］. 全国流通经济，2023（23）: 25-28.

［20］程杰贤，郑少锋. 农产品区域公用品牌使用农户"搭便车"生产行为研究：集体行动困境与自组织治理［J］. 农村经济，2018（02）: 78-85.

［21］崔剑峰. 发达国家农产品品牌建设的做法及对我国的启示［J］. 经济纵横，2019（10）: 123-128.

［22］邓荣霖. 市场经济条件下的行业组织职能［J］. 中国工业经济，

1999（05）：31-34.

　　［23］董敏杰．农业旅游文化与品牌建设研究［J］.市场周刊，2023，36（10）：91-94.

　　［24］董银果，钱薇雯．最低质量标准、品牌成员数量与农产品区域公用品牌价值［J］.经济经纬，2022，39（01）：36-46.

　　［25］段进朋，党亚峰．我国实施农产品品牌战略中的问题分析［J］.商业时代，2007（26）：34-35.

　　［26］段瑞龙．政企协同视角下农产品品牌建设路径研究——以陇南市为例［J］.现代农业研究，2023，29（10）：29-32.

　　［27］傅程华．浅议茶企品牌营销的策略［J］.福建茶叶，2023，45（09）：52-54.

　　［28］龚强，张一林，余建宇．激励、信息与食品安全规制［J］.经济研究，2013，48（03）：135-147.

　　［29］顾海兵，张安军．区域品牌价值估计：方法与实例［J］.南京社会科学，2010（12）：11-15.

　　［30］韩丽娜．河南省农产品区域公用品牌竞争力提升的对策分析［J］.农业经济，2019（03）：128-130.

　　［31］胡大立，谌飞龙，吴群．企业品牌与区域品牌的互动［J］.经济管理，2006（05）：44-48.

　　［32］胡敏．基于文化视角下的农产品品牌构建——以陕西省猕猴桃为例［J］.农村实用技术，2023（12）：32+35.

　　［33］胡晓云．中国农产品的品牌化——中国体征与中国方略［M］.北京：中国农业出版社，2007.

　　［34］胡晓云．中国农业品牌概论［M］.杭州：浙江大学出版社，2021.

　　［35］胡晓云，程定军，李闯，詹美燕．中国农产品区域公用品牌的价值评估研究［J］.中国广告，2010（03）：126-132.

　　［36］花萌，胡永传．农产品区域公用品牌宏微观组织建设探究

［J］．农业科技通讯，2023（10）：11-15.

［37］黄炳凯，耿献辉．基于质量异质性的农产品品牌策略选择［J］．农村经济，2019（10）：109-114.

［38］黄祥芳．湘西州农产品区域公用品牌多元主体协同共建模式与机制研究［J］．现代农业研究，2021，27（01）：12-14.

［39］纪良纲，张帅衔．论农产品品牌塑造——基于农民专业合作组织的视角［J］．河北经贸大学学报，2013，34（06）：61-63.

［40］蒋玉，蒲雁嫔，丁玉莲，金少胜，于海龙．农产品地理标志与企业品牌的溢价及其协同效应——以绿茶茶叶产品为例［J］．经济地理，2023，43（09）：179-186.

［41］焦翔，辛绪红，孙布克．乡村振兴战略下品牌农业的作用解析与路径研究［J］．农业经济，2021（08）：55-56.

［42］赖洲仓．农产品区域公用品牌与企业品牌协同发展研究［D］．合肥：安徽农业大学，2020.

［43］兰勇，张婕妤．农产品区域公用品牌研究回顾与展望［J］．农业经济，2019（09）：126-128.

［44］雷亮．地方政府行为影响区域品牌发展的实证研究［J］．兰州大学学报（社会科学版），2015，43（01）：112-119.

［45］冷珏．地理标志农产品区域公用品牌价值评估研究［D］．南昌：江西财经大学，2023.

［46］李德立，宋丽影．农产品区域公用品牌竞争力影响因素分析［J］．世界农业，2013（05）：85-90+155.

［47］李佛关，叶琴，张燚．农产品区域公用品牌建设的政府与市场双驱动机制及效应——基于扎根理论的探索性研究［J］．西南大学学报（社会科学版），2022，48（02）：82-94.

［48］李建军．基于农业产业链的农产品品牌建设模式研究［J］．上海对外经贸大学学报，2015，22（05）：14-23.

［49］李静．内蒙古农产品品牌发展模式与运行机制研究［J］．中国

农业资源与区划，2016，37（01）：202-206+212.

［50］李亚林．湖北省农产品区域公用品牌发展研究：现状、原因及发展对策［J］．湖北社会科学，2010（10）：66-69.

［51］李耀东．农产品区域公用品牌助推乡村振兴的作用机理和实施路径研究［J］．经济问题，2021（09）：97-103.

［52］柳晨阳，杨挺，孙雨欣．乡村振兴背景下农产品区域公用品牌建设策略研究［J］．中国集体经济，2023（36）：9-12.

［53］陆娟，孙瑾．乡村振兴战略下农产品区域公用品牌协同共建研究——基于价值共创的视角［J］．经济与管理研究，2022，43（04）：96-110.

［54］罗高峰．农产品品牌整合中的政府角色研究——以浙江省景宁惠明茶为例［J］．农业经济问题，2010，31（04）：75-79+112.

［55］罗连发，黄紫仪，苏智鸿．有为政府、风险应对与农业区域公用品牌发展——基于赣南脐橙产业的案例研究［J］．宏观质量研究，2022，10（06）：70-83.

［56］马娟，黄立军，黄鑫．乡村振兴视域下宁夏农产品区域公用品牌建设影响因素分析［J］．南方农业，2023，17（17）：215-219.

［57］马清学．农产品区域公用品牌建设模式实证研究［J］．河南科技学院学报，2010（05）：1-4.

［58］慕静，东海芳，刘莉．电商驱动农产品品牌价值创造的机制——基于京东生鲜的扎根的理论分析［J］．中国流通经济，2021，35（01）：3646.

［59］浦徐进，蒋力，刘焕明．农户维护集体品牌的行为分析：个人声誉与组织声誉的互动［J］．农业经济问题，2011，32（04）：99-104.

［60］桑秀丽，肖汉杰，符亚杰等．基于经验模态分解法的区域品牌价值评估及发展趋势预测［J］．经济问题探索，2014（04）：186-190.

［61］邵长臻．农产品区域公用品牌价值的提升路径研究［D］．济南：山东大学，2023.

［62］沈鹏熠.农产品区域公用品牌的形成过程及其运行机制［J］.农业现代化研究，2011，32（05）：588-591.

［63］师琴艳.山西省农业产业化企业的品牌建设［D］.太原：山西大学，2023.

［64］舒咏平，李竹子，李婧.从一次问卷调查看我国农产品品牌意识及引导对策［J］.现代商业，2007（12）：106-108.

［65］宋斌.新媒体视角下以苹果品牌建设拉动属地乡村经济发展［J］.农业经济，2022（03）：125-126.

［66］孙丹丽，郭月朦.基于"互联网+"的乡村产品品牌价值探索［J］.包装工程，2021，42（08）：234-240.

［67］孙凤临，孙瑞隆.乡村振兴背景下地理标志农产品品牌建设影响因素研究［J］.湖北农业科学，2023，62（10）：218-222.

［68］孙丽辉.区域品牌形成中的地方政府作用研究——基于温州鞋业集群品牌的个案分析［J］.当代经济研究，2009（01）：44-49.

［69］孙茹，赵卫宏，谢升成.区域品牌化的制度环境对企业参与的影响——行业竞争度的调节［J］.管理评论，2021（33）：157-166.

［70］陶雅，陶应虎.乡村振兴背景下农产品品牌营销策略——以无锡阳山水蜜桃为例［J］.江苏农业科学，2023，51（20）：259-264.

［71］陶应虎.农产品品牌建设的国际经验及启示［J］.安徽农业科学，2012，40（32）：15955-15957.

［72］王军，李鑫.区域特有农产品品牌整合的政府行为研究——以长白山人参品牌为例［J］.农业经济问题，2014，35（05）：21-26.

［73］王丽杰.中国农业品牌化发展的方针及对策［J］.兰州学刊，2014（12）：181-184.

［74］王伦，张诗含，等.区域公用品牌与价值共创视角下茶企品牌高端化研究——以杭州狮峰茶叶有限公司为例［J］.管理案例研究与评论，2023，16（05）：538-549.

［75］王启万，蔡茹茵.农产品区域公用品牌生态位成长影响因素研

究［J］. 生产力研究，2022（08）：63-66.

［76］王守坤. 关于农产品品牌内涵与品牌架构的思考［J］. 现代农业，2012（09）：59.

［77］王婉. 农民专业合作社发展的现实问题与对策［J］. 经济纵横，2014（11）：63-66.

［78］王卫卫，张应良. 区域品牌赋能：小农户衔接现代农业的有效路径——基于四川省眉山市广济乡的案例调查［J］. 中州学刊，2021，（05）：36-43.

［79］王文龙. 中国地理标志农产品牌竞争力提升研究［J］. 财经问题研究，2016（08）：80-86.

［80］王兴元，朱强. 原产地品牌塑造及治理博弈模型分析——公共品牌效应视角［J］. 经济管理，2017，39（08）：133-145.

［81］王中，卢昆. 高端特色品牌农业的基本内涵及其经验启示——以平度"马家沟芹菜"品牌培育为例［J］. 农业经济问题，2009，30（12）：42-46.

［82］韦晓菡. 基于农业供给侧改革的广西农业产业集群发展探讨［J］. 学术论坛，2016，39（03）：58-61.

［83］翁胜斌，李勇. 农产品区域公用品牌生态系统的成长性研究［J］. 农业技术经济，2016（02）：113-119.

［84］吴浩. 农产品区域公用品牌建设路径研究［D］. 成都：西南财经大学，2019.

［85］吴莉莉. 奉贤区农产品区域公用品牌建设探析［J］. 上海农村经济，2023（12）：30-32.

［86］肖雪锋. 农产品区域公用品牌该如何建设、维护和发展［J］. 人民论坛，2017（18）：86-87.

［87］熊爱华，邢夏子. 区域品牌发展对资源禀赋的敏感性研究［J］. 中国人口·资源与环境，2017，27（04）：167-176.

［88］熊冬洋. 促进低碳农业发展的财政政策研究［J］. 经济纵横，

2017（05）：112-117.

［89］徐芳奕．基于供求现状的吉林省农产品品牌建设问题分析［J］．产业与科技论坛，2023，22（16）：17-19.

［90］徐娟，邢云锋，鄢九红．多元互动对农户参与农产品区域公用品牌共建意愿的影响：心理契约的中介效应［J］．农林经济管理学报，2021，20（01）：42-50.

［91］许国栋，苏毅清，王志刚．韩国安城麻舞农协的发展模式对我国农民合作社建设的启示［J］．农林经济管理学报，2016，15（04）：368-374.

［92］许晖，薛子超，邓伟升．区域品牌生态系统视域下的品牌赋权机理研究：以武夷岩茶为例［J］．管理学报，2019，16（08）：1204-1216.

［93］杨大蓉．乡村振兴战略视野下苏州区域公共品牌重构策略研究——以苏州为例［J］．中国农业资源与区划，2019，40（03）：198-204.

［94］杨辉，张鹏鹏，吴珂佳．涉农企业农产品品牌创建行为的影响因素研究［J］．中国麻业科学，2023，45（05）：239-247.

［95］杨旭，李竣．县级政府、供应链管理与农产品上行关系研究［J］．华中农业大学学报（社会科学版），2018（03）：81-89+156-157.

［96］叶慧，杨海晨．自治州农产品品牌发展现状与提升策略［J］．中南民族大学学报（人文社会科学版），2021，41（10）：48-55.

［97］叶露露．数商兴农视域下金华农产品品牌高质量发展对策与路径研究［J］．商业观察，2023，9（31）：61-64.

［98］尤振来，倪颖．区域品牌与企业品牌互动模式研究——以轮轴型产业集群为背景［J］．科技管理研究，2013，33（10）：79-83.

［99］俞燕．新疆特色农产品区域公用品牌：形成机理、效应及提升对策研究［D］．武汉：华中农业大学，2015.

［100］袁月秋．我国农产品品牌建设中存在的问题及思路［J］．商场

现代化，2007（11）：115-116.

[101] 曾艳，陈通，吕凯. GI农产品品牌建设中"搭便车"问题研究——基于俱乐部产品视角 [J]. 天津大学学报（社会科学版），2014，16（04）：380-384.

[102] 瞿康洁，陆建飞. 吉林大米品牌创建及政府行为研究 [J]. 中国稻米，2021，27（06）：1-5.

[103] 张静. 贵州省农产品区域公用品牌建设研究 [J]. 商场现代化，2011（31）：53-54.

[104] 张挺. 区域品牌的价值评估 [D]. 上海：复旦大学，2007.

[105] 张燚，秦银燕，王领飞，等. 加强农产品区域公用品牌建设的政府与市场"双强引擎"研究 [J]. 财经论丛，2022（03）：90-101.

[106] 张子健. 从"创造故事"到"创造品牌"——乡村振兴中农产品品牌化建设的品牌叙事研究 [J]. 艺术工作，2021（05）：98-101.

[107] 赵卫宏，孙茹. 驱动企业参与区域品牌化——资源与制度视角 [J]. 管理评论，2018，30（12）：154-163.

[108] 赵晓华，岩甾. 绿色农产品品牌建设探析——以普洱市为例 [J]. 生态经济，2014，30（11）：93-96.

[109] 赵鑫. 基于农产品质量安全视角的农业企业品牌建设探究 [D]. 武汉轻工大学，2023.

[110] 郑秋锦，许安心，田建春. 农产品区域公用品牌的内涵及建设意义 [J]. 产业与科技论坛，2008（02）：88-89.

[111] 中国茶叶区域公用品牌价值评估课题组，胡晓云，程定军，李闯. 2010中国茶叶区域公用品牌价值评估报告 [J]. 中国茶叶，2010，32（05）：4-9.

[112] 周科. 高端茶品牌化经营策略研究 [J]. 福建茶叶，2015，37（06）：53-54.

[113] 周小丹. 贵阳M茶叶公司品牌营销策略研究 [D]. 贵州：贵州财经大学，2023.

［114］周应堂，欧阳瑞凡．品牌理论及农产品品牌化战略理论综述［J］．江西农业大学学报（社会科学版），2007（01）：37-42.

［115］朱丽娟，刘艳彬．寒地黑土农产品区域公用品牌创建研究［J］．学术交流，2012（09）：104-106.

第二章　品牌强农战略的背景

第一节　国际农业品牌发展模式

"品牌理论"萌芽于19世纪末期，品牌意识逐渐产生。从20世纪起，品牌理论的发展主要经历了古典品牌理论阶段、现代品牌理论阶段和当代品牌理论阶段。不同阶段的品牌理论的侧重点也有所不同，古典品牌理论阶段主要是规范品牌的内涵和外延，现代品牌理论阶段主要是深化了品牌权益（资产、价值）的管理理论和运作模式，当代品牌理论阶段主要是强调品牌的全面发展。在此过程中，品牌建设也逐渐成为公司战略的一部分，并积极谋划品牌与产品、市场、消费者及资源环境之间的关系，选择高效的方式来塑造品牌形象，提高品牌竞争力。

当今世界的农业强国通常也是农业品牌强国、农产品质量强国，并且也在提供农业社会化服务方面处于领先地位。农业强国在品牌建设方面，通过采取各种科技手段，不断创新市场运作模式，关注乡村文化和文化归属感在区域品牌价值的体现，并且采用品牌形象改造、资源整合、人文挖掘和服务升级等方式，不断丰富农业品牌的建设内容，推进乡村经济繁荣和生活质量的提升（杨大蓉，2019）。坚持质量兴农、绿色兴农、标准导向、品牌强农、服务强农是世界农业强国的共同经验（姜长云，2023）。在全球范围内农业品牌发展主要存在以下三种模式。

一、日本的农业品牌政府引导发展模式

日本农业走精细化、高品质发展道路，主要是由于其自然资源贫乏，土地狭小，耕地面积少，仅占国土面积的12%。日本自1979年以来，一直致力于对农业品牌发展战略的布局和谋划，并进行大力扶持与规范引导，积极推动实施"一村一品"行动，推进不同地域的特色农业区域品牌的建设。进入21世纪后，日本组建专业工作小组制定农业发展策略，将农产品品牌化发展战略上升为国家战略，并随之修订了《商标法》，成立产业协议会，持续强化对农产品品牌的保护。农业品牌发展取得了良好成效，日本基本实现每个县域均有一个或多个农产品品牌，形成农产品品牌差异化发展的格局。

日本在政府主导下，以品牌差异化为导向，大力发展特色农业，涌现出了如越光大米、静冈茶叶等名牌产品。同时，还制定了严格的质量控制制度，实行严格的有机农产品认证制度（JAS认证）、特别栽培农产品认证制度、原产地可追溯制度以及药用植物栽培规范（GACP制度）（孙华美，2016），全方位加强农产品质量监管，保证日本特色农产品的高标准与独特；自1947年日本出台《农业协同组合法》后，成立了农业协同组织（以下简称农协），迄今已经在全国范围内构建起一套完备、严谨的组织体系，可以有效地把全国农户联合起来，保证农产品生产、加工过程中的各项标准得到严格落实，从而塑造出日本优质农产品的品牌形象。

在农产品品牌的保护方面，日本采用全面的农产品品牌认证和保护措施。通过积极建立严格、广泛、全面的农产品区域公用品牌法律保护体系，实行了《反不正当竞争法》《商标法》《控制产品标签和营销》等一系列法律法规，为日本农产品地理标志提供了坚实的法律保障。同时，为了保护和发展当地特色农产品品牌，日本在全国范围内实施"本场本物"制度，由区域食品品牌标记标准审查委员会对参与认证的生产加工企业所生产的具有传统特色的农产品进行全面审核，严格规范产品、监控生产全过程、统一销售渠道，强化对地理标志的使用和管理。此外，日本将品牌作为一种知识产权，将传统单一的法律保护策略拓展为帮助经营主体进行产品研发、开拓市场的知识产权战略，从而进一步发挥品牌效应，提升品牌价值。

二、美国的农业品牌专业化发展模式

美国农业在 20 世纪 50 年代就已经实现了现代化，是全球范围内重要的农业强国。美国农产品品牌的建设是在先进的市场营销理念、全面的社会化服务体系和科技创新的支持下发展起来的。美国农业的现代化程度非常高，农产品的商业属性强，农产品品牌的市场营销理念也领先于其他国家。在市场营销理念方面，几乎每种农产品都会被行业协会或合作社制订详细的广告计划，使其得到充分宣传推广。例如，美国的"新奇士"水果品牌在全世界的良好声誉主要得益于新奇士合作社为其策划的一系列宣传营销活动，主要包括赞助美国橄榄球冠军竞标赛等赛事，每年评选"柑橘小姐"品牌代言人等活动形式，扩大了其名牌的知名度。在宣传媒介方面，美国除了利用传统的电视广告和平面广告进行宣传外，还积极利用移动设备、互联网和线下营销活动等途径宣传推广特色农产品品牌。在社会化服务方面，美国农业社会化服务体系非常健全，实现了体系中各层次的合理分工和高效协作，确保了农业生产经营活动实现从品种研发到销售全产业链、各环节都能得以顺利进行，有利于农业品牌的建设和发展。首先，在政府层面，美国农业部下属的各部门、学院和研究结构大力开展农业服务，完善基础设施建设，积极为经营主体提供信息化、金融等服务，引导和扶持农业品牌的建设。其次，在合作社层面，美国农业合作社主要分为信贷合作社、供销合作社和服务合作社三种类型，他们都能为农户和企业提供专业化的服务，为农业品牌的建设发挥纽带作用。再次，在公司层面，拥有大量专业性从事农产品加工、运输及销售的企业，可以有效保证农产品价值的实现和提升。最后，高度重视农业科技创新。美国农

业发展高度重视依靠科技创新，注重在农产品的发展中融入科技创新因素。美国农业科技研发与应用推广体系完善，拥有以州立农学院为主体的农业科研教学基地和教育、研究与推广联合体系，形成了具有一定规模的农业科研产业集群，可以有力地为农业发展提供科技支撑。美国风险投资对农业科技创新领域充满信心，不断提升农业科技创新水平，将研发成果运用到农业产业中，实现了农业领域中产学研结合，提升了农产品的科技含量与农产品品质，扩大了美国农产品品牌在全世界的知名度和影响力。

三、法国的农业品牌文化挖掘推广模式

法国在农业品牌建设方面取得了显著成就，法国擅长利用农产品的地域文化优势，赋予农产品丰富的文化内涵，同时积极利用各种宣传方式进行推广，扩大影响力，从而使消费者对其蕴含的精神价值产生认同，进而更好地提高品牌消费忠诚度。其中，波尔多红酒就是法国著名的品牌案例之一。自1855年起，法国国王拿破仑三世就开始向全球积极推广波尔多葡萄酒，至今法国葡萄酒协会每年都会举办盛大的活动，来庆祝与葡萄酒相关的节气和活动。此外，法国还设立了多种农产品认证标识。为保护原产地特色农产品，法国设立了原产地命名控制（AOC/AOP认证体系），将农业标准化建设与农产品品牌战略相结合，打造葡萄酒"国家品牌"形象；为保证农产品质量，法国设立了红色标签认证（Label Rouge），并定期进行复检；为促进生态农业的发展，设置了生物农业标识（AB），是法国最具公信力的有机标志；为实现与消费者信息对称，法国设立了产品合格证认证，用来证明农产品符合技术要求说明的特殊生产规定，以此增强农产品的国际竞争力（李岩，2021）。为了提高农产品品牌的知名度，法国还建立了多个专业机构来更好地促进品牌建设。例如，设立了法国食品协会，会定期举办各类活动来提升法国食品的全球影响力。此外，法国外贸中心还设有农业及食品产品出口部，专门负责品牌农产品的出口促销等工作。

第二节　国内农业品牌发展历程

　　农业品牌化是农业高质量发展的重要标志，是农业农村现代化、乡村振兴的重要抓手，是建设农业强国的重要举措。党中央、国务院高度重视农业品牌建设，21世纪以来，连续发布了20个中央一号文件，其中17个对农业品牌发展做出重要安排与部署。特别是自党的十八大以来，党中央始终将解决好"三农"问题作为全党工作的重中之重，农业品牌发展被摆在了更加重要的位置，成为实现农业供给侧结构性改革、推动农业高质量发展的重要举措。结合我国各时期的农业农村发展情况及政策演变、农业品牌发展政策演变，在农业农村部市场与信息化司、中国农业大学编制《中国农业品牌政策研究报告2023》基础上，将我国农业品牌政策划分为三个阶段：初步探索阶段、发展提升阶段和转型升级阶段。

一、初步探索阶段：1978~1997年

　　1978年党的十一届三中全会作出"把全党工作的着重点和全国人民的注意力转移到社会主义现代化建设上来"的重要决策，明确提出要大力恢复和加快发展农业生产，逐步实现农业现代化。为促进农业的恢复和发展，党中央稳定和完善家庭联产承包责任制，处理好统与分的关系，建立了以家庭承包经营为基础、统分结合的双层经营体制，提高生产力水平、完善农产品流通体制改革，扩大生产规模，发展商品生产，提高经济效益。

　　1992年，邓小平同志在珠海视察时提出要打造自己的拳头产品，创出我们中国自己的名牌。同年，出台了《国务院关于发展高产优质高效农业的决定》，文件提出我国农业发展在发展农产品数量的基础上，转向高产优质并重、提高效益的新阶段。1996年出台的《国务院关于印发质量振兴纲要（1996-2010年）的通知》中提出"实施名牌战略，振兴民族工业"。这是品牌概念在我国首次出现并应用于工业中。这一时期，作为品牌建设重要基础的商标政策法规体系逐步确立，为农业品牌政策的发展奠定了良好的基础。1983年3月1日，我国首部商标法——《中华人民共和国商标法》（以下简称商标法）施行。这是我国第一部规范和调整商标使用的法律，开创了我国只是产权立法的先河。1984年，我国加入《保护工业产权巴黎公约》，开展探索地理标志保护；1994年，地理标志被纳入《商标法》保护范畴。这为我国农产品地理标志的保护奠定了基础。

这一时期产生的农业品牌各项工作也在探索阶段。1983年，农牧渔业部科技司成立质量标准处，开展关注农产品质量安全问题；1986年，组建优质农产品开发服务中心，致力于培育"名特优新稀"农产品，尤其是特色农产品和传统地方名产品开发，先后在全国建设了800多个名特优农产品生产基地，其中100个获得了第十一届亚运会标志，这是我国优质农产品第一次大规模的标志性品牌宣传。1990年，农业部实施绿色食品工程，1992年挂牌成立中国绿色食品发展中心，绿色食品认证进入探索发展阶段。

二、发展提升阶段：1998~2011年

进入21世纪后，党中央把加快经济发展方式转变作为深入贯彻科学发展观的重要目标和战略举措，把经济结构战略性调整作为主攻方向，我国经济总量连续登上新台阶，2010年我国国内生产总值跃居世界第二。这一阶段，我国农产品供求关系发生重大转变，农业实现了由长期短缺到总量大体平衡、丰年有余的转变，总体上实现了由温饱向小康迈进的新阶段，这为农业品牌培育奠定了重要基础。我国农业农村经济发展阶段性转变，部分农产品供求关系出现结构性过剩，亟须继续推进农业结构的战略性调整，全面提高农业的素质和效益，逐步转移农村剩余劳动力，多渠道增加农民收入。尤其是2003年中央农村工作会议首次提出把解决好"三农"问题作为全党工作的重中之重。

2001 年我国正式加入世界贸易组织（WTO），国内外农业竞争激烈，农产品生产和贸易面临巨大挑战。2001 年，我国对《商标法》进行了修改，将地理标志及地理标志保护问题纳入法律体系，以更好地与世界贸易组织《与贸易有关的知识产权协议》中地理标志的法律保护相衔接，这为我国农业品牌的与国际接轨，实现国际化发展、管理及保护提供了法律依据。2006 年，我国出台了《中华人民共和国农产品质量安全法》，这就为保障农产品质量安全、推动农业品牌发展提供了国内法律依据。

这一时期，党中央、国务院积极推动实施品牌战略。2001 年批准建立中国名牌战略推进委员会，推动实施名牌战略。2005 年中央经济工作会议提出必须加快实施品牌战略，推动经济增长方式转变。2007 年党的十七大报告提出加快培育国际知名品牌要求，并在《中华人民共和国国民经济和社会发展第十二个五年规划纲要》中提出要"推动自主品牌建设，提高品牌价值和效应，加快发展拥有国际知名品牌和核心竞争力的大企业"。

在此背景下，各级政府部门相继出台了一些推动农业品牌建设的政策措施，加快推动农业品牌建设发展。一是改革完善品牌发展机构设置。1998 年国务院实行机构改革，规范了农业部主要职能，其中重要职责就是组织实施农业各产业产品及绿色食品的质量监督、认证，以及加强农业植物新品种的保护工作；明确了市场与经济信息司负责组织绿色食品标准拟定和认证管理，组织农业各产业的质量认证工作。同年，农业部市场与经济信息司设立质量技术监督处，负责推动农产品质量监督认证和农业品牌培育工作。2008 年，农业部主要职责包括培育、保护和发展农产品品牌，由农业部市场与经济信息司负责，设立市场流通处具体承担，同年农业部设立农产品质量安全监督局。机构职能的完善，为我国农业品牌的推进创造了良好的服务环境。二是完善农业品牌化。1999 年农业部出台了《关于创名牌农产品的若干意见》，各级政府、农业主管部门以及经营主体开始着手推动农产品品牌营销工作，加快我国农产品由非品牌化向品牌化迈进。首先，培育农产品知名品牌。将壮大农业产业与品牌建设紧密结合，支持农产品流通企业培育自主品牌。2005 年中央一号文件首次提出"农产品品牌"，同时提出要"整合特色农产品品牌，支持做大做强名牌产品"。在推动农产品地理标志发展方面，2001 年新修订的《商标法》对地理标志作出相关规定。2005 年，国家质检总局颁布《地理标志产品保护规定》，农业品牌化和地理标识保护策略初步结合。2007 年 12 月，农业部发布《农产品地理标志管理办法》，2008 年发布《农产品地理标志登记程序》和《农产品地理标志使用规范》。自此我国农产品区域公共品牌建设进入新阶段。2006 年中央一号文件首次提出"农产品知名品牌"，推进"一村一品"，培育壮大主导产业，建设优势农产品产业带，保护农产品知名品牌。同年，《农业部关于进一步推进农业品牌化工作的意见》首次提出要推动农业品牌化，积极开展名牌农产品评选认定。2006 年和 2007 年评定了两批共 196 个中国名牌农产品，并在中国国际农产品交易会上向世界推广。2010 年《农业部办公厅关于推进农业品牌工作的通知》首次在文件中对明确农业品牌概念、培育农业品牌的重要意义、推进农业品牌建设的重点任务进行了系统部署，全面提升品牌产品影响力和带动力。其次，振兴老字号产品。商务部 2006 年印发的《关于实施"振兴老字号工程"的通知》、2008 年印发的《关于保护和促进老字号发展的若干意见》中，提出要建立保护和促进老字号发展的政策体系，挖掘整理传统产品和技艺，培育一批发展潜力大、竞争力强、社会影响广、文化特色浓的知名老字号，推动农业品牌发展。最后，积极实施出口名牌战略。2005 年，商务部等八部门印发的《关于扶持出口名牌发展的指导意见》提出，要加强自主品牌建设，安排"出口品牌发展资金"，培育一批出口名牌，全面提升出口竞争力，增强国际竞争力。三是开展"三品一标"的认证和保护。《中共中央 国务院关于做好 2001 年农业和农村工作的意见》提出要"大力发展无公害农产品、绿色食品和有机食品生产，建立健全认证、标识和公示制度，尽快使优质、安全的农产品形成品牌"。这是国家政策中首次提出"使优质、安全的农产品形成品牌"。在此基础上，2004 年中央一号文件、2006～2010 年中央一号文件中加强对无公害农产品、绿色食品和有机食品、农产品地理标志的发展、认证及保护，加强商标注册与品牌保护，推动标准化生产，提高农产品质量、推动农业品牌发展。2011 年《农业部关于做好 2011 年农业农村经济工作的意见》提出要以发展无公害农产品、绿色食品、有机农产品和地理标志农产品为抓手，积极开展"菜篮子"产品标准化生产创建活动。

三、转型升级阶段：2012 年至今

自党的十八大以来，党中央坚持把解决好"三农"问题作为全党工作的重中之重，决战脱贫攻坚取得全面胜利，全面推进乡村振兴和农业农村现代化，建设农业强国，深入推进农业供给侧结构性改革，农业综合生产能力持续提高，脱贫攻坚成果得以巩固，农业强国建设稳步推进。农业农村发展迈上新台阶，进入新的历史阶段。这一阶段我国农业的主要矛盾由总量不足转变为结构性矛盾，质量效益和竞争力不高的问题凸显。农业农村经济工作导向和重心发生变化，按照高质量发展要求，推进农业由总量扩张向质量提升转变，加快推进农业转型升级。

自党的十八大以来，党中央、国务院高度重视品牌建设，实施品牌强国战略，将品牌发展成为国家战略。2016 年，国务院办公厅出台了《关于发挥品牌引领作用推动供需结构升级的意见》，提出要设立"中国品牌日"，强调品牌是企业、国家竞争力的综合体系，这是我国品牌建设史上第一份标志性文件，对农业品牌建设提出了明确任务和要求。2017 年，《中共中央　国务院关于开展质量提升行动的指导意见》明确提出要着力打造中国品牌，实施中国精品培育工程。同年，国务院批复同意把每年的 5 月 10 日设立为"中国品牌日"。2018 年发布的《国家乡村振兴战略规划（2018-2022 年）》明确提出，"要实施农业品牌提升行动，加快形成以区域公用品牌、企业品牌、大宗农产品品牌、特色农产品品牌为核心的农业品牌"。2023 年，中共中央、国务院出台了《质量强国建设纲要》，提出要完善品牌培育发展机制，认真开展中国品牌创建行动，更好地打造

中国精品和"百年老店"。

自党的十八大以来，我国加快实施品牌强农战略，强化政策创设，加大力度、加快步伐，农业品牌建设进入"快车道"，为加快推进农业品牌建设提供有力的支撑。一是积极培育农业品牌，逐步完善相关政策，打造全方位、多维度的农业品牌体系。2012年中央一号文件提出要创新流通方式，培育具有全国性和地方特色的农产品展会品牌；2016年农业部举办第十四届中国国际农产品交易会，首次开展大型农业品牌营销推介活动，以"品牌强农"为主题，举办品牌推介活动，提升农业品牌知名度、美誉度和影响力。2013年农业部办公厅出台了《关于申报全国休闲农业品牌培育试点项目的通知》，提出要培育在业内示范带动作用强、消费者中有广泛影响的休闲农业知名品牌。2016年印发了《农业部关于开展农产品加工业质量品牌提升行动的通知》，提出要在全国范围内开展农产品加工业质量品牌提升行动，打造一批具有广泛影响力和持久生命力的国际知名品牌、国内知名品牌和区域知名品牌。2013年中央一号文件提出要培育壮大龙头企业，支持龙头企业培育品牌。同时积极发展农业企业品牌国际化，2016年中央一号文件提出要培养一批农产品精深加工领军企业和具有国际竞争力的国内外知名品牌。发挥龙头企业的竞争优势，拓展延伸产业链条，为打造知名农业品牌创造基础。2016年中央一号文件还提出实施食品安全战略，创建优质农产品和食品品牌，提高农业综合效益。同年，《国务院办公厅关于发挥品牌引领作用推动供需结构升级的意见》提出要增加优质农产品供给，大力发展无公害农产品、绿色食品、有机农产品和地理标志农产品，提高农产品质量和附加值，满足更多消费者需求。2022年，农业农村部办公厅出台的《农业品牌精品培育计划（2022-2025年）》提出，要打造一批农产品区域公用品牌，培育推介一批企业品牌和优质特色农产品品牌。二是积极推进农产品区域公用品牌建设。2017年中央一号文件提出，要推进区域农产品公用品牌建设，支持地方以优势企业和行业协会为依托打造区域特色品牌。这是在中央一号文件首次提出推进农产品区域公用品牌建设。2018年中央一号文件提出要发挥新型经营主体的带动作用，打造区域公用品牌，实现小农户与大市场的对接。2019年中央一号文件提出将培育特色优势产业和打造农产品区域公用品牌结合，积极强化农产品地理标志和商标保护，创响一批"土字号""乡字号"特色产品品牌。2023年中央一号文件中提出支持脱贫地区打造区域公用品牌，以更好地增强脱贫地区和脱贫群众内生发展动力。同年，指导启动脱贫地区农业品牌帮扶行动，相继确定20个品牌帮扶重点县，"一对一"开展区域公用品牌打造。2024年中央一号文件提出"鼓励各地因地制宜发展特色产业，支持打造乡土特色品牌""培育壮大劳务品牌"，促进农村产业发展、农民增收致富。三是推进农业生产"三品一标"。2020年中央农村工作会议提出要深入推进农业供给侧结构性改革，推动品种培优、品质提升、品牌打造和标准化生产，并在2021年中央一号文件中予以确定。同年，又在农业农村部办公厅发布的《农业生产"三品一标"提升行动实施方案》中明确提出农业品牌打造的重点任务和主要目标。2022年中央一号文件再次强调开展农业品种培优、品质提升、品牌打造和标准化生产提升行动。这为推动我国农业农村经济高质量发展，提高农业质量效益和竞争力提供了宏观指导和现实路径。四是深入推进农业品牌建设。在2017年发布的《农业部关于推进农业供给侧结构性改革的实施意见》中提出，要加快推进农业品牌建设，深入实施农业品牌战略，探索建立农业品牌目录及品牌评价体系；并将2017年确定为"农业品牌推进年"，组织召开全国农业品牌推进大会。2018年印发的《农业农村部关于推进品牌强农的意见》首次提出"品牌强农"，并明确了主攻方向、目标任务和政策措施，提出以品质提升为核心筑牢品牌发展的基础，构建区域公用品牌、企业品牌和产品品牌协同发展的品牌体系，完善品牌发展机制，挖掘品牌文化内涵，提升我国农业品牌的竞争力，推动我国从农业大国向品牌强国转变。2019年启动农业品牌目录制度建设，实施"地理标志农产品保护工程"，并发布了《中国农产品区域公用品牌建设指南》。2022年出台的《农业品牌打造实施方案（2022-2025年）》明确了这一时期农业品牌建设的目标任务，以农业品牌精品培育计划为抓手，不断提升农业品牌市场影响力和竞争力。2022 年中央农村工作会议提出要做好"土特产"文章，通过强龙头、补链条、兴业态、树品牌，推动产业振兴。五是加强对商标、地理标志等方面的推进。2017 年工商总局印发了《关于深入实施商标品牌战略　推进中国品牌建设意见》，在引导商标注册、规范商标使用、开展地理标志资源调查等方面持续发力。2019 年中央一号文件提出，要健全特色农产品质量标准体系，强化农产品地理标志和商标保护。2020 年中央一号文件中提出"要加强地理标志农产品认证和管理，打造地方知名农产品品牌"。2021 年《中欧地理标志协定》正式生效并实施，为中国和欧盟地理标志提供高水平保护。同年，《国家知识产权局　国家市场监督管理总局关于进一步加强地理标志保护的指导意见》中推动各地方知识产权和市场监管部门全面加强地理标志保护。国家知识产权局出台的《地理标志保护和运用"十四五"规划》提出要打造一批品质高、口碑好、影响大的地理标志农产品品牌；要加强地理标志国际交流合作，积极落实中欧、中法、中泰地理标志保护协议等，推动与更多国家开展地理标志国际互认互保谈判磋商。

第三节　品牌强农战略的时代背景

一、政策背景——国家政策大力扶持品牌农业

随着农业经济的持续发展，中国高度农业品牌的建设。中共中央、国务院 2012~2024 年的中央一号文件中，除 2014 年之外，均将发展农业品牌作为重要内容在文件中予以提出。由此可见，我国高度重视发展农业品牌，全方位、多角度鼓励扶持农业品牌的发展。农业品牌化已经成为农业现代化发展的必由之路，大力发展农业品牌已经成为转变农业发展方式、实现乡村振兴、推进农业现代化进程、建设农业强国的重要举措（见表 2-1）。

表 2-1 2012~2024 年中央一号文件农业品牌相关指导意见汇总

年份	中央一号文件名称	具体意见
2012	《中共中央 国务院关于加快推进农业科技创新持续增强农产品供给保障能力的若干意见》	培育具有全国性和地方特色的农产品展会品牌
2013	《中共中央 国务院关于加快发展现代农业进一步增强农村发展活力的若干意见》	深入实施商标富农工程，强化农产品地理标志和商标保护
2014	《中共中央 国务院关于全面深化农村改革加快推进农业现代化的若干意见》	没有提及
2015	《中共中央 国务院关于加大改革创新力度加快农业现代化建设的若干意见》	推进农村一二三产业融合发展，扶持发展"一村一品""一乡（县）一业"，壮大县域经济，带动农民就业致富；大力发展名特优新农产品，培育知名品牌
2016	《中共中央 国务院关于落实发展新理念加快农业现代化 实现全面小康目标的若干意见》	创建优质农产品和食品品牌；培育一批农产品精深加工领军企业和国内外知名品牌
2017	《中共中央 国务院关于深入推进农业供给侧结构性改革加快培育农业农村发展新动能的若干意见》	支持新型农业经营主体申请"三品一标"认证，推进农产品商标注册便利化，强化品牌保护；开展特色农产品标准化生产示范，建设一批地理标志农产品和原产地保护基地；推进区域农产品公用品牌建设，支持地方以优势企业和行业协会为依托打造区域特色品牌，引入现代要素改造提升传统名优品牌
2018	《中共中央 国务院关于实施乡村振兴战略的意见》	实施产业兴村强县行动，推行标准化生产，培育农产品品牌，保护地理标志农产品，打造"一村一品""一县一业"发展新格局
2019	《中共中央 国务院关于坚持农业农村优先发展做好"三农"工作的若干意见》	创新发展具有民族和地域特色的乡村手工业，健全特色农产品质量标准体系，强化农产品地理标志和商标保护，创响一批"土字号""乡字号"特色产品品牌
2020	《中共中央 国务院关于抓好三农领域重点工作确保如期实现全面小康的意见》	继续调整优化农业结构，加强绿色食品、有机农产品、地理标志农产品认证和管理，打造地方知名农产品品牌，增加优质绿色农产品供给
2021	《中共中央 国务院关于全面推进乡村振兴加快农业农村现代化的意见》	深入推进农业结构调整，推动品种培优、品质提升、品牌打造和标准化生产

续表

年份	中央一号文件名称	具体意见
2022	《中共中央 国务院关于做好 2022 年全面推进乡村振兴重点工作的意见》	开展农业品种培优、品质提升、品牌打造和标准化生产提升行动，推进食用农产品承诺达标合格证制度，完善全产业链质量安全追溯体系
2023	《中共中央 国务院关于做好 2023 年全面推进乡村振兴重点工作的意见》	支持脱贫地区打造区域公用品牌
2024	《中共中央 国务院关于学习运用"千村示范、万村整治"工程经验有力有效推进乡村全面振兴的意见》	鼓励各地因地制宜大力发展特色产业，支持打造乡土特色品牌；促进农村劳动力多渠道就业，健全跨区域信息共享和有组织劳务输出机制，培育壮大劳务品牌

二、消费背景——人民生活水平的提高呼唤品牌农业

随着社会经济的发展，人民生活水平日益提升，我国农产品产量与消费水平大幅提升。2023 年，全国居民收入和消费支出稳定增长，人均可支配收入超过 3.9 万元。农村居民收入增长继续快于城镇居民，城乡居民收入差距进一步缩小。居民服务性消费增长较快，恩格尔系数继续下降，居民生活质量不断提高。国民消费逐渐从追求"吃得饱"转向"吃得好""吃得健康"之后，农产品供给与消费需求之间就产生了新矛盾，市场对高品质农产品的需求越来越大，而我国的农业生产还是以产量为先，高品质产品供给不足，低端农产品被浪费，国外高端农产品不断增加，加剧了国内农产品的市场竞争。为更好地满足消费者对高品质农产品的需求，获取消费者认可，积极抢占国内市场，需要构建良好的农业品牌，塑造优质优价的品牌形象，以品牌的高标准、严要求，提供优质农产品供给，走品牌强农道路，获取品牌溢价收益。

三、农产品质量安全背景——餐桌上的危机呼唤品牌农业

随着中国经济的持续发展，中国人的餐桌越来越丰富、食品越来越鲜亮、中国人吃得越来越好之后，开展转变为追求吃得营养、吃得健康，大众对农产品的质量安全问题日益关注。经营主体作为"经济人"，为追求

个人利益最大化，有时采取不正当手段，这就使得农产品质量安全问题事件时有发生，如海鲜产品"孔雀石绿"、三聚氰胺奶粉、染色橙等问题，消费者对企业乃至地区的信心受挫，区域内相关企业也受到"株连"，严重影响当地农业产业的发展。为更好地避免农产品质量安全问题对农业产业的破坏性影响，需要继续构建农业品牌，走品牌强农道路。充分利用品牌对农产品标准化、规范化及质量安全的控制等约束条件，提升农产品质量，保障农产品品质，打造优势名优品牌，实现品牌建设与农产品质量安全之间的互促互进关系，一方面，农产品品牌建设能够促进农产品质量安全提升；另一方面，农产品质量安全提升能够进一步促进品牌战略实施，打造农业品牌良好的知名度和美誉度，获得消费者、市场的认可。

四、农业转型升级背景——农业供给侧结构性改革催生品牌农业

我国农业发展处在传统农业向现代农业转型的关键时期，农业的增长方式正在由粗放型增长向集约型转变，农业农村现代化建设、农业强国建设亟须以市场为导向，不断提升农业产业的规模化、标准化、产业化和市场化水平，改变农产品结构性供给失衡的难题，满足消费者的需求，实现优质优价，不断提高农业竞争力。这就需要走品牌强农道路，充分利用品牌效应、品牌溢价能力，提高农产品的竞争力，获取更大的收益。国际上很多成功的案例和经验表明，创建农业品牌既能够促进农业产业结构优化升级，提升农产品品质，也能满足不断升级和日益增长的广大消费者的需求，更好地稳定消费群体、稳定市场份额，提升消费者忠诚度和满意度，从而进一步实现农业持续增效和农民持续增收。

五、国外品牌农产品冲击背景——激烈竞争加快品牌农业发展步伐

随着经济全球化的加快，国际市场竞争日益激烈，农产品市场的竞争越来越表现为品牌的竞争力。名优品牌以其产品的高品质、高知名度、高市场占有率等特点，深受消费者乃至生产者、经营者的信任与青睐，产品忠诚度高，品牌溢价高，在农产品竞争力中占据重要地位。农业品牌成为

农产品竞争中重要的砝码。中国作为农业大国，拥有众多的优质农产品，但其农产品品牌的竞争力远远不足，缺少具有国际市场竞争力的高端农产品品牌，农业竞争力与其他国家相比仍然处在弱势地位。近年来，在美国、法国及新西兰等发达国家农业品牌影响力及市场占有率大幅提高的同时，一些新兴国家农业品牌影响力也越来越大，挤压了中国农产品市场空间，加大了中国农业品牌发展难度。例如，中国的樱桃、猕猴桃等并不比智利的车厘子、新西兰奇异果等农产品质量差，但是进口水果却占据了高端市场的大半壁江山。放眼望去，就连中国本土的农业品牌挤进自己家里的高端市场都遥遥无期。国内柠檬高端市场被美国进口产品占据，中国柠檬之乡四川安岳的产品只能瞄准中低端市场；智利车厘子在占领中国市场后，其牛油果于2014年获准进入中国，销售量连年翻番。更有甚者，同类产品换一个高端洋气的名字就能卖出翻倍的价格。面对激烈的国际农产品竞争，中国应立足自身农业实际，充分挖掘自身农产品品质差异和特色，利用其优势，制定科学合理的农业品牌发展战略，构建强势的农产品品牌、农业企业品牌、农产品区域公用品牌，不断提升我国农业国际竞争力，抢占国外市场。

参考文献

［1］姜长云 . 农业强国［M］. 北京：东方出版社，2023.

［2］李岩 . 法国农业［M］. 北京：中国农业出版社，2021.

［3］孙华美 . 结合美日经验论中国特色农产品品牌建设策略［J］. 世界农业，2016（06）：36-39.

［4］杨大蓉 . 乡村振兴战略视野下苏州区域公共品牌重构策略研究——以苏州为例［J］. 中国农业资源与区划，2019，40（03）：198-204.

第三章　国内外著名农业品牌创建经验与启示

第一节　国内农产品品牌案例及经验启示

一、"米中贵族"五常大米

（一）五常大米概况

1. 五常大米简介

五常大米是黑龙江省哈尔滨市五常市特产，中国国家地理标志产品。五常市是典型的农业大县（市），不仅是全国水稻五强县之一，而且也是中国重要的商品粮食基地，全国粮食生产水平十大先进县之一，被誉为张广才岭下的"水稻王国"①，相关数据显示，五常市平均年产稻谷500万吨以上，其中五常大米产量达200万吨以上。

五常市水稻种植历史悠久，五常大米在清朝道光年间更是成为宫廷贡

---

① 资料来源：《政策与市场的结晶五常大米的品牌化之路》，https：//www. 163. com/news/article/C0DI6V3G00014AED. html。

米。五常市优质的土壤、水质以及优良的气候条件，赋予了五常大米"颗粒饱满、质地坚硬、饭粒油亮、香味浓郁、富含营养、口感香甜"的特质。五常大米凭借着优质的品种，素有"米粒珍珠碧，方圆十里香"的美誉，深受国内外市场消费者的好评和喜爱。当前，五常大米的生产基地主要分布于黑龙江、吉林、辽宁等省份，种植面积逐年增加。

2. 五常大米发展现状

大米被称为"五谷之首"，富含人体所需的多种营养元素，是我国居民日常饮食中不可或缺的粮食作物。我国是农业生产大国，是世界上最大的大米生产国，也是世界上最大的大米消费国，稻谷种植需求量较大，大米产销量都保持在世界高位。数据显示，2023 年我国稻谷年产量达 28949 万吨，黑龙江粮食总产量为 1557.64 亿斤，尽管五常大米受到病虫害影响，但年产优质水稻仍达 130 万吨左右，占全国水稻年产总量的 1%，占黑龙江水稻年产总量的 4.78%。目前，五常大米已成为黑龙江水稻生产重要基地，在全国大米品牌中长期占有重要地位，呈现"规模化、品牌化、产业化"的趋势。

（1）水稻生产已初具规模。

近年来，五常大米在生产、加工、销售等各环节均不断提升和改进，生产出的大米品质越来越好，得到了市场的广泛认可和赞誉。从早期的"白毛""红毛"等低级稻米品种到如今的"五优稻一号""五优稻四号"等系列优质产品，从传统的小农经济思维模式到现代农业发展思维模式，五常市稻米产业已经形成了自己独有的稻米产业体系，产业已初具规模。2022 年五常市全市人口 87.60 万，耕地面积 442.82 万亩，其中水田面积 251.10 万亩，年产优质水稻约 130.00 万吨，成品五常大米 70.00 万吨，占黑龙江省水田面积的 1/8，是国家重要的商品粮基地，是全国水稻生产"五强"县之一。

（2）品牌影响力持续上升。

2011 年，五常市被中国粮食行业协会授予"中国优质稻米之乡"称号，并先后获得国家现代农业示范区、国家生态文明先行示范区、国家农业科技创新与集成示范基地、全国农业综合标准化示范县、全国休闲农业和乡村旅游示范县、中国好粮油行动示范市、国家现代农业产业园、中国天然氧吧等多项国家级荣誉。五常大米先后荣获"中国地理标志保护产品""原产地证明商标""中国名牌产品""中国名牌农产品""中国驰名商标"五项桂冠。2023 年中国品牌价值评价信息榜单发布，五常大米品牌价值攀升至 713.10 亿元，连续八年蝉联地标产品大米类全国第一名，连续四年蝉联黑龙江国际大米节金奖，被评为新时代区域农业十年·卓越影响力品牌①。

（3）产业链集聚效应凸显。

五常市的稻米产业生产加工销售等产业链逐渐完善。全市拥有农民专业合作组织超过 3000 家，水稻加工企业达 293 家，年加工能力达 550 万吨。其中，年加工能力在 5 万吨以上的企业有 10 家，5 万吨以下的企业有 132 家，龙头企业有 31 家，包括 1 家国家级龙头企业和 6 家省级的龙头企业，稻米加工企业普遍采用自动化流水线作业，其智能化、自动化设备达 80%以上。全市现有 328 家获证大米生产加工企业，其中 271 家企业获得核准使用地理标志产品专业标志。绿色食品认证企业有 55 家，有机食品认证企业达 278 家，欧盟食品认证企业有 2 家。水稻仓储企业总数为365 家，仓储能力达 331 万吨，其中 14 家企业的仓储能力超过 1 万吨。注册与大米销售相关的电商企业有 44 家，20 个村级公共直播间，"五常大米"电商营业额已经连续四年突破 50 亿元。

（二）五常大米品牌建设措施

1. 强化良种繁育，促进产品提质

五常市优越的地理环境和自然条件为优质水稻的生产提供了独特的优势。五常市位于北纬 45°，是世界公认的三大黑土带之一，以其异常肥沃的土壤和缺乏工业污染的稻作区而闻名，地区有三大水系流经，其中磨盘山水库是用于灌溉的重要水源，由高山雪水和山泉水聚集而成。由于地势

---

① 资料来源：五常大米网，http：//www.wcdmw.gov.cn/。

的特殊性，稻作区三面环山，向西开口，形成了独特的地理环境，导致了当地昼夜温差较大的气候条件，提高了水稻养分的积累，使其口感更为出色。在水稻后天培育方面，五常市与中国科学院、中国农业大学等科研机构开展科技育种攻关深度合作，整合了全市17家种子研发基地，原良种繁育基地达2.2万亩，新建水稻原种基地1000亩。通过推行育、繁、推一体化，对种子繁育、储存、运输等环节进行全程监管，确保了五常大米品种优质。截至2017年，五常市已经成功建立了水稻原种基地1000亩和良种繁育基地22600亩，实现了良种全覆盖。此外，有机种植面积也得到了显著发展，达80万亩，欧盟种植面积达2万亩。按照国家现代农业产业园总体规划，五常市全面推进水稻核心区建设，计划新建数字农业示范园5万亩、有机精准农业种植基地1.2万亩，对水稻生产全过程进行智能化、精准化管控，以进一步提高水稻基地建设标准。截至2022年底，五常市成功建成了146万亩高标准农田，占全市耕地面积的1/3以上。2023年，为进一步巩固农业基础，五常市持续增加科技投入，通过科技的赋能效应提高了农业的综合生产能力，提升应对未来的粮食需求变化风险的能力，为国家粮食安全贡献了五常力量。

2. 健全标准体系，推进绿色种植

五常市在充分发挥自然禀赋的基础上，严格执行国家《地理标志产品五常大米》标准，并参照国际好大米标准，对五常大米的生产过程进行了全面细化。从良种繁育、浸种催芽、育苗插秧、收割仓储到加工销售的27个流程99道工序，都逐一详细规定，制定了包括五常大米良种、环境、种植、投入品、仓储、加工、产品和管理在内的八大产业标准。同时，深入实施黑土耕地保护工程，落实耕地质量长期59个定位监测点，确保对耕地质量的持续监测，还建设了黑土耕地保护示范区，总面积达210万亩，为黑土资源的可持续利用提供了示范和引领。此外，五常市大力推进农业面源污染综合治理，致力于发展绿色农业。为了实现生态有机种植五常市通过推广应用水稻覆膜、新型肥料、飞防植保等技术，在土壤管理上采用测土配方施肥的方法，实现了水稻"三减"的全面覆盖，五常市水田土壤有机质含量普遍达 4%以上，有效地降低了对环境的负面影响。

3. 发展智慧农业，提升管理效率

2018 年，五常市建立了"五常市农业物联网服务中心"，以"物联网管家"为信息化中心的枢纽平台推广了水肥一体智能化节水灌溉、工厂化集中育苗、机械智能化生产、"大数据+农业社会化服务"等新技术、新服务。为了进一步做强精深加工，五常市还积极鼓励企业引进国内外高端设备和先进工艺，为农业提供了更智能、高效的管理和生产方式。目前，五常市的大中型稻米加工企业已全部实现自动化流水线作业，智能化、自动化设备的使用率达 80%以上，显示了现代技术在五常大米产业中的积极促进和提升作用。为了更好地应用现代技术，五常市升级了稻米产业数据中心，该数据中心以区块链溯源平台为依托，对五常大米的种植、加工、运输、销售全过程进行了数据上链管理。实现了从田间到餐桌全程可视化溯源管理。

4. 规范商标授权，维护品牌声誉

近年来，为规范五常大米地理标志使用，打击市场五常大米品牌假冒行为以及维护五常大米品牌声誉，相关部门出台了一系列政策规定和相关措施。其中，《五常大米证明商标授权使用管理办法》明确规定，五常市大米协会作为"五常大米"地理标志证明商标的注册人，代替五常市人民政府持有并管理商标使用。根据此管理办法，五常大米生产单位在申请使用地理标志产品专用标志时必须取得食品生产许可证，并确保其生产所使用的原料全部来源于地理标志产品保护区域范围内，且需按照《地理标志产品五常大米》标准组织生产，以确保产品质量符合规范要求，确保五常大米地理标志的合法使用，防范和打击品牌假冒行为，有效提升了产品的整体质量，维护了五常大米品牌的声誉。截至目前，五常大米协会的会员总数达 252 家企业，其中有 240 家企业成功获得了产地证明商标的使用授权。在五常大米的防伪管理方面，五常市颁布了《五常大米溯源防伪管理规定》，目前已有超过 240 家企业提出了溯源防伪标签的使用申请，其中有 128 家企业已经开始使用，占总企业数的 53% 左右。此外，五常市采用技术和法律手段，通过"行政民事同步走，线上线下一起抓"的方式，积极开展维权打假和清网行动，对粮油市场、实体店面、网络平台销售的五常大米进行甄别，向具有管辖权的市场监管部门发出协查函，协同第三方律师事务所向涉案企业或平台发起诉讼，严厉打击商标侵权、冒用地标、虚假宣传等违法违规行为。同时为规范管理，五常市还加强了五常大米地理标志的使用和证明商标的授权，对大米包装物和产品标识的管理，将稻种繁育、生产销售、仓储物流等环节纳入了五常大米的溯源防伪系统，推动地方立法保护，提升了内外辨识度，减少了对五常大米品牌的损害的同时有力地保护了消费者的合法权益。

5. 营销纵深推进，市场份额提升

为提升五常大米的知名度、影响力，五常政府每年最低投入专项资金 400 万元用于组织溯源认证企业参加各类展销会、博览会，举办"五常大米节""五常大米百锅宴""水稻拍卖会"各类活动宣传推广五常大米产品，并根据五常大米水稻生产周期，制定从春种到秋收再到餐桌全周期宣传方案，通过参加展销会、邀请国家主流媒体和大型门户网站报道等形式对五常大米进行全方位、立体化宣传，提高五常大米的曝光度，增加了消费者对其的了解，有效巩固和拓展了市场份额。2017~2022 年，五常大米通过全国各类媒体进行宣传超过 2000 次，并在广州、深圳、上海等城市开展了 400 余次推介活动。连续多年成功举办五常大米节，专注于讲述五常大米的故事，以扩大其在国内和国际上的影响力。为实现多渠道销售，建设了五常大米网，在天猫和京东商城设立了五常大米线上官方旗舰店，并在哈尔滨太平国际机场和中央大街设有线下官方旗舰店。在销售方面，引入了日剂量包装、可视化消费、定制式销售和会员制服务等创新模式。通过五常市大米产业服务中心，建立了稳固保真的销售渠道，构建了"大米联盟+服务中心+战略合作伙伴"的现代经营模式，推动农户、合作社、企业与市场的紧密衔接，扩大五常大米在高端市场的占有率，成功地提升了五常大米的销售量和市场占有率。目前，五常大米已在全国各地设立了约 1700 个销售网点，年销售量达 60 万吨。具体数据显示，2022 年在京东自营店的累计销售额达 2.12 亿元，在天猫商城累计销售额为 8212.3 万元。此外，线下官方体验店也取得了不俗的业绩，其累计销售额为 1239 万元，展示了五常大米市场上的强劲表现。

6. 延伸产业链条，实现产业升级

五常市委、市政府通过编制《五常市全域旅游发展规划》，强调"中国稻乡·生态五常"主题，巧妙将五常大米农耕文化和稻作文化融入"仁义礼智信"五常精神，建设五常稻米文化博物馆、稻米学院和稻乡民居，重点推动稻乡观光游、种植体验游等乡村旅游项目，建成 53 个休闲农业示范基地，年接待游客 4.8 万人次，实现销售收入 5000 万元。此外，紧抓市场需求，发展特色产品满足客户群体多样化需求，引入会员预售和私人定制等创新模式，拓展产品线发展粥米、胚芽米、富硒米等功能性大米，计划在全国一二线城市设立"五常大米智慧厨房"服务外卖市场，推出"五常大米智选餐厅"和"五常大米中餐厅"以满足堂食市场需求，通过从"卖大米"转变为"卖米饭+预制菜"等多元形式，提高大米的单价，实现特色产品的有序发展。

（三）五常大米品牌建设经验启示

1. 创新育种模式，优化品种品质

五常市政府为优化大米品种，深入与科研院校合作，探索市场化、产业化育种新模式，推进五优稻四号提纯复壮，有效促进了五常大米品质和产量提升。随着生活水平的提升，人们对产品的健康和口感越来越注重。农产品的发展必须抓住种质资源保护和育种创新，以市场需求为导向，在立足农产品当地区位和资源现状的基础上，深入挖掘地方品种的优良基因，通过精心的引选来育培育既美味、营养又吸引眼球的优良品种，加强与科研院所新品种研发合作，结合当地的实际情况，引进优质品种，通过本土化技术的改造，使其在当地能够成功转化落地，生产出具有独特吸引力的"爆款"农产品，做强农业发展"芯片"。同时要积极开展三轮化肥农药减量行动，推行病虫害绿色防控、测土配方施肥、有机肥替代化肥等技术，逐步减少化肥农药用量，持续改良土壤培肥地力，推行绿色生产方式，提供绿色优质农产品。

2. 健全标准体系，保障产品品质

五常市按照国际高品质大米标准，对稻米生产的 27 个流程 99 个工序进行逐一细化，制定了涵盖良种、环境、种植、投入品、仓储、加工、产品和管理八大产业标准，参照这些标准建立了从田间到餐桌的全过程标准体系，保障了五常大米的品质。农产品的发展要以标准为引领，严控生产过程，构建农产品全产业链生产标准体系，推动标准的实际实施，聚焦品质提升的关键环节，强化品质标准的制定和建设，构建完善的农产品全产业链生产标准体系，推动标准在实际生产中的贯彻执行。生产端，围绕农产品，构建贯穿"产前、产中、产后"三大环节、"产地环境、栽培技术、病虫防治、质量分级、包装储运"多维度全产业链生产技术体系；消费端，以满足消费需求为出发点，强调新鲜、绿色、优质、外观、风味等方面要求，研究并制定一套"以市场需求为导向、以鲜度为核心"的农产品品质标准，重点关注消费者对于"鲜"品的需求，借助区块链技术将种源、生产、采收、销售等环节的数据探索建立基于"数据链+时间链"的农产品鲜度标准。

3. 强化监管力度，维护品牌声誉

品牌市场知名度和影响力提升的同时也会滋生假冒伪劣行为，规范品牌商品使用和打击市场品牌假冒行为，是维护农产品品牌声誉，保障农产品品牌健康持续发展的必要举措。品牌保护，要坚持抓好质量安全智慧监管平台和收储运环节装备建设，加大科技赋能，提升生产过程监管、产后品质控制水平，一方面，推广应用溯源防伪系统，对生产主体进行痕迹化管理，实现"来源可查，去向可追，责任可究"，提升内外辨识度；另一方面，要明确农产品商标使用规范，出台制度和法律强化品牌保护，坚决打击农产品品牌假冒行为，遏制假冒产品生长繁衍的土壤，维护品牌声誉，保障品牌健康持续发展。

二、"中国第一橙"——赣南脐橙

(一) 赣南脐橙概况

1. 赣南脐橙简介

赣南脐橙，赣州特产，中国国家地理标志保护产品。赣南脐橙果大形正、果皮薄、肉质脆嫩、汁多化渣、甜酸适度，相比于其他品种脐橙口感更加浓郁、营养价值更高，富含维生素C、钙、磷等多种营养成分，具有清心明目、润肺止咳、降低血压等功效。赣南脐橙因色泽鲜艳、口感浓郁、营养丰富而备受消费者青睐，被誉为"中华名果"，荣获"国优产品"、农业部"优质农产品""优质果品""标杆品牌""最具影响力中国农产品区域公用品牌"等称号。赣南脐橙种植时间悠久，最早记录可以追溯到1500年前的南北朝刘敬业所著的《异苑》："南康有奚石山，有柑橘、橙、柚。"在唐朝赣南脐橙深受皇帝青睐，成为宫廷贡品。随着时间的推移，赣南脐橙逐渐成为当地人民增收的重要产业来源。2005年，赣州政府以实施"培植超百亿元产业集群"战略为标志，开始了产业发展重心的大调整，将产业发展重点从注重开发向注重营销转变，从抓单一种植业向抓产业集群转变，提出把以脐橙为主的果业产业培植打造成产值超百亿元的优势产业集群。经过多年发展，赣南脐橙成为赣州的亮丽名片，深受国内外消费者喜爱和青睐。

2. 赣南脐橙发展现状

随着生活水平的提高和健康观念的普及，脐橙作为富含营养的优质果品，市场需求日益增加。近年来，随着对果品种植发展的政策支持，为脐橙的发展提供了良好环境，我国脐橙行业得以快速发展，行业规模持续扩张，数据显示，2022年我国脐橙行业市场规模约为359.56亿元，同比增长9.1%；产量约为371.1万吨，同比增长4.7%。赣南脐橙作为国内柑橘行业第一品牌，脐橙种植面积达189万亩，脐橙产业集群总产值为195亿元，占全国脐橙种植面积的54.23%；产量为159万吨，占全国的42.85%，年产量、产值均位居全国第一，呈现"产业规模持续壮大、品牌价值凸显、销量稳步上升、经济促进作用强"的发展趋势，日益发展壮大。

（1）产业规模壮大。

自 2002 年以来，赣州市新开发的脐橙种植面积以年均近 20 万亩的速度迅速扩张。近年来，赣州市脐橙种植面积和产量呈现出稳步增长的势头。国家统计局的数据显示，2017 年，赣州市脐橙种植面积达 155 万亩，占全球的 17.2%，占国内的 44.7%，年产量达 108 万吨，分别占全球和国内的 11.3% 和 39.6%。在种植面积和年产量方面，赣州市居全国首位。截至 2018 年底，赣州脐橙种植面积达 10.4 万亩，年产量为 117 万吨，其中 95% 以上为中熟纽荷尔脐橙。随后，到 2020 年，全市柑橘种植面积达 219 万亩，产量达 166 万吨，其中脐橙种植面积占 170 万亩，年产量为 138 万吨。2021 年，赣州市柑橘种植面积继续增加，达 225 万亩，产量为 178 万吨，其中脐橙种植面积占 175 万亩，年产量为 150 万吨。2022 年，赣南脐橙总产量达 159 万吨，产业集群总产值达 195 亿元，其中鲜果销售收入达 89 亿元。这使得脐橙产业成为全国三大产业增收典范之一。2023 年，全市脐橙种植面积达 194 万亩，产量稳定在 180 万吨左右，成为全国、全球面积最大、产量最高的脐橙产区。

（2）经济带动作用强。

20 世纪 80 年代初，赣州相继实施了"山上再造""兴果富民""建成全球知名脐橙主产区""培植超百亿元主导产业群体""建成国内乃至全球有深远影响和国际市场主导话语权的脐橙产业基地"等系列战略行动，通过发展脐橙产业，赣南地区人民找到一条增加收入、致富的有效途径，脐橙成为赣州市农业的"当家树"、农村的"致富树"以及农民的"摇钱树"。2021 年，赣州市脐橙产业集群的总产值达 166 亿元，其中鲜果收入达 72 亿元。脐橙产业不仅解决了 100 万农村劳动力的就业问题，还推动了苗木、生产、养殖、农资、分级、包装、加工、储藏、运输、销售乃至机械制造和休闲旅游等全产业链的发展。2022 年，赣州市脐橙的平均售价达 6 元/公斤，果农人均年增收超过 2000 元。目前，赣南地区的脐橙产业已经发展成为一个集种植生产、仓储物流和精深加工于一体的产业集群。该产业的品牌价值连续四年位居全国初级农产品类地理标志产品区域价值榜首，同时带动了当地 100 万人就业，有效促进了当地的经济发展。

（3）品牌价值凸显。

2011 年，"赣南脐橙"地理标志及证明品牌商标被国家工商总局商标局确认为国内驰名品牌商标；2013 年被授予最具深远影响国内食品百强地区公共名牌；2015 年被授予最受顾客欢迎的国内食品地域公共名牌；2016 年被授予我国名优果品地域公共名牌；2017 年被授予最受顾客欢迎的国内食品地域公共名牌、国内百强食品地域公共名牌等称号；2018 年被授予国内首选柑橘地区公共名牌十强；2022 年中国品牌价值评价信息发布，赣南脐橙以品牌价值 686.37 亿元位列全国区域品牌（地理标志产品）水果类第一，实现品牌价值八连冠，成为中国第一橙，中国水果第一品牌；2023 年赣南脐橙入选《中欧地理标志保护与合作协定》首批保护名录，赣州市赣南脐橙产区被认定为第一批中国特色农产品优势区，以691.27 亿元位列全国地理标志百强榜第五，连续九年蝉联水果类地理标志产品价值榜首，这一系列荣誉凸显了赣南脐橙品牌价值的提升。

（4）市场销量稳步上升。

赣南脐橙以其色泽鲜艳、口感浓郁、营养丰富而备受消费者青睐。近年来，随着人们生活水平的提高和消费观念的转变，越来越多的人开始注重健康饮食，赣南脐橙作为一种营养丰富的水果，受到了广大消费者的青睐，成为中国农产品的一张名片远销海内外市场，2017 年赣南脐橙出口量为 16.3 万吨，约占出口市场的 31%；2018 年赣南脐橙出口量为18.7 万吨，约占出口市场的 37.2%；2019 年赣南脐橙出口量为 20.1 万吨，约占出口市场的 45%；2020 年赣南脐橙出口量为 23.2 万吨，约占出口市场的 47%；2021 年赣南脐橙出口量为 25.9 万吨，约占出口市场的49%；2022 年赣南脐橙出口量为 28.7 万吨，约占出口市场的 51.5%。此外，商家积极拓宽销售渠道，发挥抖音等电商直播作用来拓宽脐橙的销路，采取"果农种植，果商采购，电商拓销"销售模式，通过网络将赣南脐橙销往大江南北，有效提高了赣南脐橙的销量。不少商家甚至将直播间搭在果园，让消费者更加清晰地了解赣南脐橙的种植环境、采收情况等，增加消费者的信任，进一步促进了赣南脐橙的销量。

（二）赣南脐橙品牌建设措施

1. 高位谋划推动，制定发展规划

赣州市政府立足打造全球最大的高品质脐橙产业基地。自 2011 年起，明确培育和壮大以脐橙为主的农业主导产业，并加强赣南脐橙产业的战略性研究，科学制订发展规划，以加速产业现代化进程。规划明确要求加强标准化基地建设，优化品种结构，重点发展晚熟脐橙、杂交柑橘，扩大整个产业规模，加快中国赣南脐橙研究院、国家级脐橙工程技术研究中心建设，完善科技研究、推广及服务体系。积极推动发展加工、储藏和物流等配套产业，并着手建设了赣南脐橙产业园，提升产业链整体质量，深度开发国内外市场，建立了基本覆盖国内 10 万人以上城市和全球主要消费市场的营销体系，力争五年内脐橙产业产值翻番，成为品质世界最优、产业规模世界最大、产业综合竞争力世界最强、具有国际影响力和市场话语权的富民强市产业，让赣南脐橙成为赣州的亮丽名片，让橙色成为赣州的亮丽色调。

2. 选育优质品种，夯实品质基础

赣南脐橙的成功涉及品种的选择、标准化等多方面因素。根据当地气候和自然条件，经过试种探索、引种调整以及筛选适生优良品种三个阶段，最终确立了纽荷尔、卡拉卡拉、龙回红、赣南早 4 个具有遗传性状稳定、适应性广泛、抗逆性强的主导品种，建成脱毒苗木繁育基地 13 个，脐橙良种苗木生产达 1500 万株，赣南脐橙的良种苗木供应提供了有力支持。同时高度重视育苗种植过程中浇水、施肥、修剪、病虫害防治等方面的工作，采取套袋保护以避免果实在生长过程中受到污染，确保了脐橙果品的高品质，提升了赣南脐橙的产量和质量，为产业的可持续发展奠定了坚实基础。

3. 多方协同合作，打造产业集群

发挥政府、科学家、企业家和农民等多方主体协同作用，政府主导产业发展以及为科技发展提供技术支持，企业家引入资本推动产业的标准化和市场化，农户作为主体参与共同致富。通过标准化生产保证产品质量，打造安全、优质、健康的产品，增强消费者对品牌的信任和认可，实施市场开拓、品牌打造和供应链管理等方面商品化运作。同时，建立现代产业组织管理体系，例如设立赣南脐橙果业局及其他专业管理部门，由专职人员负责产业发展，为促进协同发展，构建产业发展协作体系，积极与相关部门合作，充分整合利用各类资源。在建立行业组织治理体系方面，充分发挥协会的作用，提供行业管理、培训、自律和服务等方面的支持。专注于产业聚集和三产融合，将整个产业链视作一个紧密相连的产业集群，推动协同发展，实现产业的可持续性增长，以提高整体竞争力。

4. 推广绿色种植，建设优质基地

近年来，赣州积极倡导绿色农业模式，集成推广应用"增施有机肥及深翻改土"等措施，成功实现了土壤有机质含量提高、土壤酸碱度适宜、土壤微生物群落丰富的目标。同时，综合应用农业、物理、生物等防控措施，抓住关键时期进行化学防治，减少农药使用频次和用量，实现了对病虫害的绿色高效防控。在实践中，赣州市遵循"产地清洁、生产绿色、全程贯标、品质优良"等评价标准，打造了全国绿色食品原料（脐橙）标准化生产基地4个，总面积达74.1万亩，有效保障了赣南脐橙的高品质和安全性。

5. 健全标准体系，严控产品质量

健全标准体系、实施全程质量控制，是确保脐橙质量的关键。赣州市严格执行《脐橙》国家标准，充分发挥标准化示范带动作用。同时，全面实施《赣南脐橙生产技术规程》，大力推广国家农产品质量安全追溯管理平台和江西省农产品质量安全大数据智慧监管平台的应用，将全市10万余户果农户纳入平台管理，并贯彻"区块链溯源+合格证"体系，涵盖企业信息、生产记录、检测结果、巡查巡检等"四必链"，从生产、分拣包装、入市环节，通过"建档到户、入链到园、认证到果"，实现了赣南脐橙全程质量控制。目前，已成功创建市级标准化生态果园1089个，总面积达17.73万亩，辐射带动高标准开发或提升57.83万亩。

（三）赣南脐橙品牌建设经验启示

1. 优化品种结构，延伸产业链条

品种单一、产业链条短，是农产品普遍面临的问题。农产品发展要立足产业的现有基础和优势，根据市场需要，分区域培育或引进优质品种，优化产品结构，促进优势产品向优势产区集中，形成适销对路的品种结构，聚焦当前适宜新品种，改良区域结构，缓解农产品品种单一、供应期短等问题，提高种植效益，依据农产品品质特性，在鲜食的基础上，研发新的加工产品，增加农产品附加值，拓展发展旅游、康养，打造农业小镇、采摘园区等延伸农产品产业链条，实现一二三产业融合发展，增加果农收入。

2. 强化市场开拓，扩大品牌影响

市场份额的提升有助于农产品品牌影响力的提升。农产品品牌建设可以通过建立跨省、市、县的稳定且长期的市场网络，实施"农超对接"和"基地直采"战略，以缩短农业商品流通环节，降低交易费用，利用传统媒体和新媒体全方位、多角度、立体化宣传推介特色优势农产品，积极组织或参与产销对接、各类展销和推介宣传活动，尤其是加强面向国内外高端人群的宣传推广，树立优势品牌，依靠品质和品牌占领市场，积极开展农产业招商引资活动，引导企业建设线上直播销售基地，以拓宽线上、线下销售渠道。此外，开展标准化品牌建设，提升品牌识别度，形成品牌合力，打造具有鲜明特色的农产品品牌产业集群，借助电视台传统媒体以及发挥抖音、微博等新型媒体作用大力推广农产品网络博览会，着力向周边城市宣传品牌文化，积极参加国内外产品展览展销活动。在国外市场，应坚持走精品路线，以高品质营销、精致的食品包装、统一品牌标志，来提升商品品位，确保产品质量，增强全球市场的竞争力与影响力，加强对农产品产品和精深加工品的研发力度，全力提升商品附加值，积极引进流通公司，加强协作，掌握先进的经营理念和制造技术，引导本地企业迈出国门，走向世界，积极参加国内外各类农业博览会提高品牌国际影响力。

3. 强化监管力度，保护品牌形象

赣南脐橙品牌形象的提升离不开品牌强有力的监管措施。农产品品牌建设应当充分借鉴赣南脐橙品牌的成功经验，建立农产品品牌全过程溯源机制。通过整合区块链技术和物联网设备等现代科技手段，实现对农产品生产、加工、包装、运输等环节的全程监控，精确记录每一环节的信息。同时采用二维码、防伪标签等高效防伪标志，定期抽取市场上的产品样本，进行质量检测和安全评估并及时发布检测结果，以增强农产品信息透明度，从而保障产品品质和安全。除此之外，要加强政府监管机构、科研机构、行业协会等多方主体密切合作，共同推动监管体系的建设，通过完善监管法律，构建强大监管网络，严厉打击市场农产品品牌假冒行为，为消费者提供更加安全、放心的产品，维护农产品品牌形象。

三、"世界茶王"安化黑茶

（一）安化黑茶概况

1. 安化黑茶简介

安化黑茶是湖南省益阳市安化县特产，中国国家地理标志产品。安化黑茶是中国茶体系中最典型的，以其显著而神奇的功效、悠久而神秘的历史、独特而优质的原料、传统而科学的工艺、醇厚而绵长的口感、丰富而深厚的文化，傲然屹立于中国名茶之林，被世界茶学界、医药界公认为最有利于健康的饮品之一，被誉为"21世纪人类健康的新希望"。安化黑茶是六大基本茶类之一，属于后发酵茶，主要产品以茯砖、黑砖、花砖、青砖、湘尖等产品为主。在安化黑茶行业中，尤以口味产品备受欢迎，其中黑芝麻口味的安化黑茶市场占比最高，超过60%。同时，黑橙和黑玫瑰口味也有不错的市场表现，分别占据了约20%和15%的市场份额。

安化黑茶从历史深处走来，源于秦，兴于唐，大规模种植和生产于明代，产量在明清两代不断增长，尤以清代为最高峰，年产量达 35000 余担，并被列为清朝在御品茶，成为宫廷必备品之一，经过近千年的历史沉淀和独特工艺加工，成为备受瞩目的茶叶品类。1939 年，国民政府组建了湖南省砖茶厂，成功试压了安化黑砖茶。新中国成立后，多家黑茶制作工厂的建立使安化黑茶得到规范化发展，并实施统销统购，甚至出口到国外。1958 年，黑茶砖机制工艺的成功应用，结束了百年来手工制砖栿的历史。至今，安化县已成为中国茶叶产业的中坚力量，黑茶产量居全国首位。

基于其独特的地理环境条件，安化黑茶选用安化山区大叶群体品种的鲜叶为原料，经杀青、揉捻、渥堆发酵、干燥等工艺加工形成了黑毛茶和经过人工发酵、自然陈化形成的黑茶系列产品。安化地理环境的优越性赋予了安化黑茶独特的香气和口感，而且富含锌、硒、铁氨基酸、茶多酚等对人体健康有益的元素。此外，安化黑茶具有便捷的储藏特性，仅需存放在通风无异味的环境中，无需密封或冷藏，具有"永远放不坏、越放越值钱、越陈越香"的特点，深受消费者喜爱和好评。

2. 安化黑茶发展现状

2022 年，全国茶叶产量为 335 万吨，其中黑茶 42.63 万吨。安化黑茶年加工量为 8.6 万吨、综合产值为 238 亿元，安化黑茶占全国茶叶产量的 2.57%、全国黑茶产量的 20.17%，安化黑茶已成为推动湖南茶产业发展的重要引擎，呈现"有序化、规模化、特色化"发展趋势，成为当地特色产业、支柱产业、富民产业，具有显著的经济带动作用。

（1）产业发展"有序化"。

近年来，安化黑茶产业不断发展，各类黑茶企业不遗余力地推动品牌创新和发展自身品牌，但由此也引发茶企经营混乱和无序竞争的现象，导致黑茶的品质参差不齐，市场价格飙升，严重的炒作现象也屡见不鲜，黑茶曾被过度炒作，价格上涨了几十倍，导致了部分消费者对安化黑茶品牌失去信心，安化黑茶品牌形象严重受损，相比知名茶品牌安溪铁观音，安化黑茶的影响力和品牌价值存在明显差距。为促进黑茶产业健康发展，打击市场黑茶品牌假冒行为，规范市场秩序，维护黑茶品牌声誉，安化县政府先后制定一系列措施，通过树立品牌建设意识，强化市场监管力度和加强黑茶假冒行为惩罚力度，加强安化茶、安化黑茶、安化千两茶等集体商标的注册，使黑茶市场得以有序发展，安化黑茶品牌影响力持续上升。2010 年安化黑茶成为国家地理标志保护产品，在 2017 年入选中国茶叶十大区域公共品牌，在 2020 年 "中国农产品地域品牌价值" 授牌仪式上，安化黑茶荣获标杆品牌，品牌价值达 639.9 亿元。2021 年获评湖南茶叶乡村振兴 "十大领跑公共品牌" "一县一特" 优秀农产品品牌，成功获批中国海关出口 HS 编码，并入选省级县域外贸特色产业集群。2023 年 "安化黑茶" 区域公共品牌荣获 "品牌文化力十强品牌"，品牌价值和影响力显著提升。

（2）产业发展 "规模化"。

经过多年持续高速发展，安化黑茶产业已成为安化县的优势产业和支柱产业，黑茶行业产能逐年增长，产业规模日益壮大。2019 年安化县在全国茶叶百强县中位居第一，黑茶产业成为安化县乡村振兴的首位产业。2016~2021 年，安化县的茶园面积从 28 万亩增加到 36 万亩，茶叶加工量从 5.6 万吨增加到 8.5 万吨，综合产值从 102 亿元增加到 230 亿元，茶叶加工企业数量从 100 家增加到 300 多家，累计纳税额达 12 亿元。近年来，安化黑茶消费市场逐步拓展，为顺应网络时代发展需求，安化县大力推行线上 "全网计划"，成立了全国首个安化黑茶离岸孵化中心和全国首个安化黑茶抖音基地，并开设了线上旗舰店，为茶企、茶商搭建 "云" 卖场，仅 2022 年线上销售额就超过了 2.5 亿元。此外，安化黑茶作为健康的代名词，被誉为茶中黑金的产品，越来越受到人们的喜爱，成为亲朋好友相互赠送的珍贵礼品，进一步拓宽了安化黑茶市场规模。

（3）产业发展 "特色化"。

黑茶是一个 "接地气" 带动地方经济蓬勃发展的 "造血" 产业。安化黑茶在乡村振兴中尤为重要且具有实际效果。安化县低收入人口主要集中在高寒山区和生态保护较为完整的区域，而这些区域正是安化黑茶的主要原料生产区域。同时，黑茶的加工技术要求相对较低，非常适合在文化水平相对较低的落后地区进行推广。目前，安化县拥有 36 万亩的茶园面积，近 40 万人从事茶叶生产，2022 年茶叶加工量达 8.6 万吨。2023 年上半年，安化黑茶产业链规模以上工业企业达 77 家，占全县规模以上工业企业的 42.1%，工业总产值达 277428.3 万元，同比增长 1.36%，占全县工业总产值的 40.2%。工业税收达 7184.4 万元，同比增长 88.8%，占全县规模以上工业企业税收的 31.1%，其中，税收超过百万元的企业有 4 家。黑茶产业与增收致富紧密结合，吸纳就业人数超过 3 万人，年产黑茶量达 5 万吨，年接待游客达千万人次，年综合产值达 100 亿元。安化黑茶产业有效地促进了当地经济的发展，为乡村振兴奠定了坚实基础。

（二）安华黑茶品牌建设措施

1. 创新制作工艺，优化产品品质

安化黑茶独特的品质得益于安化地区独特的冰碛岩地貌。冰碛岩被称为长寿之石和健康之石，其含有丰富的人体所需微量元素，尤其是锌和硒含量较高，因此从由冰碛岩地貌生长出来的茶叶含有丰富的内部成分，特别耐泡。安化黑茶的发展离不开技艺的传承与创新，其生产技艺的不断精益求精，是保证其品质不断提升的关键所在。在制作工艺上，安化黑茶引入了独特的"堆积发酵"工艺，严格控制生产过程中茶叶温湿度、茶叶压堆、揉捻等工艺流程，使茶叶中的有益成分得以深度转化，从而赋予茶叶更醇厚的口感。在汲取传统黑茶加工技艺精髓的基础上，加工方法实现了加工工序的智能化。以安化云台山大叶种资源和安化群体种为基础选育出的品质优异的茶树新品种以及湖南优异的茶树新品种中，筛选了一批适合安化生态条件的优良品种和聚氟能力相对较低的品种，逐步优化了现有茶园的品种结构，为安化黑茶品质的升级提供了卓越的遗传基础。

2. 发展茶旅融合，实现以旅带茶

安化市秉承"茶旅融合，以茶促旅，以旅带茶"的发展理念，在大力发展黑茶产业的基础上，通过"以茶为基础、旅为媒介、文为内涵、体为活力、康为延伸"的融合发展模式，实现茶产业与旅游业的有机融合。在政府和企业的共同努力下，落地建造了茶马古道、梅山文化生态园、茶乡花海、安化黑茶文化艺术馆、云上茶旅、黑茶小镇等系列茶旅融合项目，用黑茶产业赋能文旅康养，让文旅康养反哺黑茶产业，实现了文旅康养与黑茶产业的相互促进，形成了一体化的融合发展。茶旅融合工程每年接待游客超过1000万人次，旅游收入超过百亿元，演绎出了"一片茶叶兴盛一座县城"的传奇，使安化黑茶的品牌影响力越来越大，有效推进了安化黑茶产业规模升级、效益升级。此外，深入推广"林中有茶、茶中有林"的做法，积极开展有机茶园申报和生态观光茶园打造，成功打造了资江两岸"生态茶廊"，茶马古道沿线"生态茶带"，雪峰湖沿库"生态茶湖"等一批生态观光茶园，不仅提供了观光游憩的机会，也为茶叶产业的发展注入了新的活力。目前，全县茶园总面积达36万亩，其中有机茶园占4万亩，观光茶园占20万亩，有机茶园和观光茶园的增加和发展，带动了安化黑茶产业的蓬勃发展。

3. 强化营销宣传，扩大品牌影响

营销是安化黑茶产业健康可持续发展的关键，协力唱响安化黑茶区域公用品牌，扩大其在茶行业内、生产端和行业外、市场消费端领域的影响力。近年来，安化市坚持"稳定边销、做大内销、拓展外销"的品牌营销模式。一方面，积极培育由国家级、省级和市级农业产业化龙头企业组成的龙头企业集群，构建从实体店到网络营销店，从产区到销区，从益阳安化本土到全国各地的市场营销网络格局，针对国际茶叶市场的消费习惯、消费方式及口感风味要求，持续创新安化黑茶系列产品，以满足不同群体对黑茶产品的消费要求，并通过全程可追溯的质量管理体系，保障安化黑茶符合国际市场对质量安全的高标准要求。另一方面，坚持以节促建、以节招商、以节扬名，通过举办高质量的省乡村文化旅游节、省红色文化旅游节、五届黑茶文化节、益阳市首届文旅融合发展大会等重要活动提升安化黑茶品牌影响力。此外，以湖南农业大学茶学团队"黑茶与健康"研究成果为市场消费驱动力,推动科技与文化的融合,共同促进了安化黑茶消费空间和消费群体的拓展,实现了从单一边销向内销、外形、边销协同发展的市场格局。同时为了进一步拓展市场,成立了全国首个安化黑茶离岸孵化中心和抖音基地,同时开设了线上旗舰店,为茶企、茶商搭建"云"卖场,2022年线上销售额超2.5亿元。

4. 组织成立协会,多方合力作用

2006年,益阳市和安化县两级政府联合决策,以培育"安化黑茶"区域公用品牌为目标,市、县两级相继成立了茶叶协会,全力打造具有丰富产销历史和深厚文化底蕴的安化黑茶产业。针对安化黑茶产业发展现状及面临的瓶颈,制定清晰的产业发展规划,建立了省、市、县三级联动的机制,并强调政府、产业界、学术界和研究机构之间的协同合作,以市场为导向,通过科技和文化的双轮驱动,形成了安化黑茶产业发展的强大推动力。在以湖南省重大科技专项等创新成果的支撑下,成功实现了安化黑茶生产加工的清洁化、机械化、自动化、标准化,并致力于将安化黑茶产品推向方便化、高档化、功能化、时尚化的发展方向。经过16年的持续快速发展,安化茶园面积、茶叶产量以及茶叶品牌价值都已进入中国茶业的第一方阵。安化黑茶已成为中国茶业品牌化发展的成功典范,是湖南农业品牌引以为傲的金色名片。

5. 创新产品种类,开拓深加工产业

安化市秉承方便化、高档化、功能化、时尚化的发展方向,致力于推进安化黑茶产品的多元化发展策略,持续不断提升黑茶的香气和滋味品质水平,使黑茶产品能够满足在不同年龄、性别、消费水平和消费场景下的消费者需求,为安化黑茶消费群体和消费空间的拓展提供产品保障,借助深加工、萃取和浓缩黑茶精华,研发出了具有健康、高雅、时尚等特点的速溶黑茶系列产品,更好地将安化黑茶引入了社会精英、年轻群体和时尚群体的生活。此外,基于对黑茶与健康的研究成果,以黑茶提取物或黑茶功能成分为主要原料,或结合药食同源植物萃取精华及其功能成分,成功开发出了黑茶功能食品、功能饮料、个人护理品以及动物营养产品等终端产品。把传统黑茶深加工产品跨界应用到了大健康产业，实现了黑茶资源价值的高倍增长和消费应用领域的全面拓展，有效推动了安化黑茶产业规模与效益的同步提升。

6. 实行绿色防控，建设生态茶园

绿色、生态、有机栽培技术有助于为安化黑茶提供优质的鲜叶原料。以绿色、生态、有机栽培理论与技术为基础，提升茶园精细化管理水平，确保茶树鲜叶富含营养物质，具有最佳的组成配比，保障茶树新梢的高持嫩性，把在正常采摘标准下茶叶的含氟水平控制在国家标准以下，为黑茶提供高质量的鲜叶原料，并为加工品质的提升提供实质性基础。在茶园病虫草害防控方面，坚持采用绿色安全的技术的病虫草害防控技术，把安化黑茶的质量安全问题控制在茶园中，筛选防治效果好、水溶性低、毒性低的化学新农药作为茶园病虫草害防治的补充手段。同时，使用有机肥、复合肥和绿肥结合，实施基肥、追肥、叶面肥的有机结合，以及固态肥与液态肥的有机结合，通过肥水一体化的管理方式，精准补充茶树生长发育所需的水分和微量元素，高茶园的病虫草害防治水平。

7. 强化人才培育，满足人才需求

近年来，为应对安化县部分茶企存在的自主研发意识不足、研发投入不足以及缺乏长远发展观等问题，安化县政府聘请了7位茶业领域的顶级专家担任安化黑茶产业发展顾问，以提升产业创新能力。并积极与中国农业科学院茶叶研究所、湖南农业大学等科研院所合作，通过建立健全科技创新支撑体系，有效解决了茶企在科技创新方面的瓶颈问题，推动了安化黑茶产业向更高水平发展。此外，安化县秉持去产能、强化研发、生产高品质产品的原则，出台并实施了《支持企业人才队伍建设20条措施》，加大茶产业人才培育力度，通过设立安化黑茶学校、湖南省现代黑茶研究院、安化黑茶研究院等专业机构力培育本土人才，并强化人才引进政策吸引外地优秀人才，组建高素质人才队伍，为安化黑茶产业技攻坚提供坚实的基础和人才支撑，以加速科技成果的推广应用和科研成果的转化，推动安化黑茶产业迈向更高水平。

（三）安化黑茶品牌建设经验启示

1. 强化顶层设计，保障资金需求

产品品牌培育要立足于实际，深入挖掘农产品特色和文化内涵，成立组织领导小组，负责农产品产业发展整体的协调、指导和服务，制定品牌发展规划，围绕规划目标落实，帮助农户和企业树立品牌意识，促进农产品产业商标品牌建设有序健康发展。政府在品牌战略构建方面应明确定位，不断调整自身角色，全方位加大资金和人才政策支持力度，构建由"政府主导、行业协会运营、龙头企业及农户参与"的品牌运营模式，发挥政府在主体方向把握和政策资金支持作用的主导作用，茶业协会则负责提供系统运营管理，推动行业内标准和品质的提升，而企业农户负责生产加工执行以及品牌营销等任务，推动农产品品牌建设的有序推进，提高产业整体竞争力。

2. 强化品牌宣传，提升品牌形象

农产品品牌培育应以农产品品质为核心、品牌营销为手段，致力于培育和发展农产品品牌。首先，要注重农产品的种植、加工、储存等全过程的控制，确保产品的品质，以此为基础，建立科学的质量管理体系，不断提升产品的质量水平。其次，企业应强调产品的外部形象塑造，以打造独特、具有辨识度的包装设计为主要目标，凸显产品特点和品牌形象，满足日益提高的消费者审美需求，以便消费者在众多竞品中能准确辨识产品，建立起品牌忠诚度。最后，要注重品牌营销，采用多形式营销手段，提升品牌知名度和形象。当前而言，网络营销是最为重要的营销方式，可借助互联网平台进行推广，吸引更多潜在消费者提高品牌的曝光度，也可以选择参加相关展会和活动，增加品牌的曝光率，构建线上与线下多元销售渠道，充分发挥社交媒体、电商平台等新渠道营销作用，提高销售渠道覆盖率，拓展潜在客户群体。

3. 以优价为目标，积极打造良品

坚持抓好特色产业品牌建设和优质农产品打造，与大型生鲜电商实现精准对接，以加速推进优品优价。聚焦大农产品，筛选基础好、潜力大、注重诚信的农业生产主体，通过品质标准引导生产技术提升，以市场需求促使高质量生产，确定一批分级包装、物流配送、销售平台等配销主体，形成与之配套的农产品"精品销售平台"，以确保优质农产品既具备高产、高质，同时也有良好的销售出口。

四、"东方橄榄油"赣南茶油

（一）赣南茶油概况

1. 赣南茶油简介

茶油是油茶籽油的俗称，又名山茶油、山茶籽油，是我国特有的传统食用植物油，其生产和发展历史源远流长，据《山海经》记载，"员木，南方油食也"，"员木"即指油茶。油茶与茶叶为同属不同种，它们所结的种子榨出的植物油是完全不同的，前者称为油茶籽油，后者称为茶叶籽油。茶油是从山茶科山茶属植物的普通油茶成熟种子中提取的纯天然高级食用植物油，主要原料为油茶籽，其色泽金黄或浅黄，品质纯净，澄清透明，气味清香，味道纯正，极具营养、健康、经济和社会价值，不饱和脂肪酸含量比花生油、大豆油等草本植物油更高，被誉为"东方橄榄油"，根据其加工工艺，茶油主要可分为毛茶油、压榨茶油、浸出茶油、医药注射级茶油四大类[①]。

近年来，随着国家政策持续利好，我国油茶种植业得到了快速发展，种植面积持续扩大，我国油茶生产形成初具规模的产业构架，且由于茶油生产与原材料具有较强关联性，茶油生产及消费具有较强地域性特征，区域集中度较高。目前我国油茶籽种植地区主要有湖南、江西、浙江、福建、四川、河南、重庆等 15 个省份，其中茶油产量最高的省份为湖南，占茶油整体产量比重接近 50%，其次为江西，占比超过 20%。

赣南茶油作为茶油知名品牌，是江西省赣州市特产，中国国家地理标

---

① 资料来源：《我国茶油行业分析：产销规模不断增长 目前主要集中在国内消费》，https://baijiahao.baidu.com/s? id=1767378800726552619&wfr=spider&for=pc。

志产品。赣州有 2000 多年的油茶种植历史，是江西省最大的油茶主产区，油茶林面积、产量和产值均居全省第一位。赣州地区四季分明、光照充足、雨量充沛土壤肥沃，具有油茶生长得天独厚的自然条件，是油茶生长的黄金地带。赣南所产的油茶籽出油率高，赣南茶油的油酸等不饱和脂肪酸含量高达 90% 以上，角鲨烯、甾醇、维生素 E 等生物有效成分丰富，茶油油色亮黄，清亮透明，香味浓郁，气味纯正，具有茶油特有的清香，口感爽滑①。

2. 赣南茶油品牌发展现状

数据显示，2011～2022 年，全国油茶种植面积由 5184 万亩增加到 7000 万亩，增加了 35%，油茶籽产量稳步上升，2022 年略有下降，茶油产量由 30 多万吨提高到 100 万吨，产量提升了 170%，总产值由 245 亿元增加到 2000 亿元，增长了近 7 倍。2022 年，江西省油茶林总面积 1550 万亩、茶油产量 13.3 万吨、产值突破 500 亿元，油茶林面积、产量和产值均居全国第二位。2022 年，赣南油茶林总面积突破 310 万亩，占全国茶油种植面积的 4.43%，占江西省茶油种植面积的 20%；赣南茶油产量为 3.04 万吨，占全国茶油产量的 3.04%，占江西省茶油产量的 22.86%，赣南茶油已成为江西茶油产业高质量发展的重要引擎，呈现"品牌化、规模化、优质化、产业化"趋势。

（1）市场影响力持续扩大，实现"品牌化"。

赣州市为做大做强赣南茶油产业，推动茶油产业高质量发展，长期以来立足于赣南茶油品牌化定位，强化品牌培育政策扶持，打造"赣南茶油"公用品牌，鼓励和支持企业如齐云山、友尼宝等企业独立创建茶油品牌 40 余个，形成了以地标产品为核心、区域公用品牌为支撑、企业品牌为特色的赣南茶油品牌体系，经过多年发展，"赣南茶油"成功获得了国家地理标志保护产品和地理标志证明商标的认证，还被授予中国首批农

① 国家质量监督检验检疫总局《质检总局关于批准对赣南茶油等产品实施地理标志产品保护的公告》（2016 年第 9 号）。

产品地域品牌标杆品牌的荣誉，并入选江西农产品"二十大区域公用品牌"，巩固了赣南茶油在市场上的地位。具体而言，2016 年 2 月，国家质检总局批准对"赣南茶油"实施地理标志产品保护；2020 年被授予中国首批农产品地域品牌标杆品牌，并入选中欧地理标志第二批保护名单。2023 年，"赣南茶油"连续六次登上"中国地理标志产品区域品牌百强榜"①，居百强榜第 47 位，品牌价值 66.85 亿元（见图 3-1），品牌影响力和知名度持续提升，凭借独特的地域特色和卓越品质在市场上树立了卓越声誉良好的声誉，赢得了消费者的信任和喜爱。

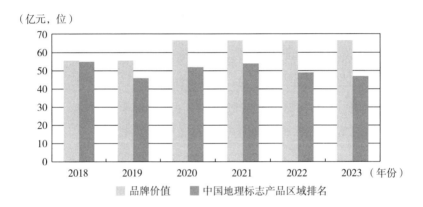

图 3-1　2018~2023 年"赣南茶油"品牌价值及在全国地理标志
产品区域排名情况

资料来源：2018~2023 年中国品牌评估价值榜。

（2）产业发展势头强劲，实现"规模化"。

随着茶油市场需求的增长，赣南茶油产业加大了生产力的投入，对种植技术进行渐进性改良，以提高茶叶的产量和品质。在加工上，加工厂商纷纷引入自动化生产线和高效设备，显著提升了茶油的生产效率。在茶油产业链中，种植、采摘、加工、包装、销售等各个环节逐渐形成了一个完

---

① 资料来源：《江西 6 个地理标志产品入选全国百强》，https：//m. thepaper. cn/baijiahao_ 23070342。

整而有机的产业链为油茶的规模化发展创造了良好的条件，油茶产业进入了快速发展的轨道。在政府政策对木本油料作物大力支持及茶油等加工产品快速发展的带动下，赣南油茶行业规模迅速扩张，油茶种植面积持续增加以及种植技术水平逐步提升，导致油茶苗圃及苗木数量持续增长。与此同时，对低产茶油林的改造力度也在不断增强，龙头企业的数量明显增长，赣州市茶油产业已形成完善的产业链。数据显示，2015 年底，赣州市已建设高标准、规模化、集约化的高产油茶林基地约 4 万公顷，进行了 9 万公顷低产油茶林改造，市内建设了 9 家规模较大的茶油加工企业，年产茶油量达 1.2 万吨以上。2019 年底，全市油茶林的总面积已达 289 万亩，茶油产量为 2.4 万吨，综合产值达 88 亿元，新增高产油茶林面积为 11.06 万亩。截至 2022 年底，赣州市共有达 310 万亩油茶林，其中新增 141 万亩高产油茶林面积。市内共有 52 家油茶种植加工注册企业，其中 12 家已取得 SC 证，产品涵盖精炼压榨油、浸出油、毛油等食用油以及茶皂素、香皂等加工副产品。此外，还开展了茶油消毒产品、化妆品、保健食品等精深加工产品的研发试制，并成立了国家油茶产品质量检验检测中心（江西）、江西省油茶产业综合开发工程研究中心、江西省油茶医药保健及功能产品开发工程研究中心。市内成功选育出 5 个"赣州油"系列良种均被列为全省主推品种。

（3）标准体系逐步健全，实现"优质化"。

为提升赣南茶油的品质，赣州市采取了从技术标准入手专注于提升赣州油茶品牌的"含金量"的策略。市政府先后制定并发布了一系列团体标准，如《赣南高品质油茶籽油》《江西绿色生态油茶籽油》等，地方标准《地理标志产品赣南茶油》旨在推动赣南茶油的标准化生产，从而夯实其高品质基础。其中，2021 年制定的《赣南高品质油茶籽油》团体标准是由赣南茶油高品质联盟批准发布，该标准是由国家油茶产品质量检验检测中心（江西）牵头起草的赣南茶油高品质联盟成立后发布的首个标准。标准对油茶籽油的分类和分级进行了细化，增加了营养声称指标，严格规定了质量和食品安全指标，总体上优于油茶籽油的国家标准和赣南茶油的地方标准，真正体现了赣南茶油的安全、健康、高品质要求，满足了不同人群的市场需求。《赣南高品质油茶籽油》团体标准实施后，国家油茶质检中心将严格监督执行该标准的油茶籽油产品质量，着力打造"赣南高品质油茶籽油"地方特色品牌，推动赣南油茶产业迈上高质量发展新台阶，保障了赣南茶油品质的"优质化"。

（4）经济生态效应明显，实现"产业化"。

茶油产业是一项综合效益较高的林业产业，具有良好的经济效益和生态效益。赣州经过多年坚定实施发展油茶目标任务，发展取得了显著成果，赣南油茶已成为赣南地区绿色富民产业的典范，为当地经济发展注入了新动能，不仅创造了大量就业机会，提供了稳定的收入来源，还带动了相关产业链的发展，促进了地方财政收入的增加，提高了当地农户收入水平和人生活水平。油茶是一种具备耐寒、耐旱、耐盐碱的特色树种，赣州地区通过积极发展茶油产业，并大规模种植茶树，实现了固土保水，改善了水土环境，有效地减缓了水土流失等环境问题的发生，为当地生态系统提供了重要的绿色基础，茶油产业的发展对赣南地区的生态建设和环境保护做出了重要贡献。此外，茶油产业的发展还带动了赣南地区的乡村旅游业。赣南地区的油茶林风光旖旎，吸引了众多游客前来踏足观光。茶油产业与农村旅游相互促进，林园成为游客观光的热门景点，为当地的旅游消费和相关服务业的发展注入了新的动力。农村旅游业的繁荣进一步扩大了油茶产业的知名度和影响力，形成了一个可持续的经济增长模式。

（二）赣南茶油品牌培育措施

1. 组建科技人才队伍，创新油茶种植技术

赣州产油茶果、油茶籽和新鲜压榨的茶油，除了赣州得天独厚的自然条件，还得益于赣州市组建人才队伍，创新种植技术，推广良种良法，高质量培育油茶林，推进油茶产业提质增效。赣州市林业系统建立了主要以国内知名专家、市级特派员、县级和乡级指导员以及乡土油茶专家组成的"1+4"油茶科技推广人才团队，组建了900余人的科技推广服务队伍；制定了《赣州市低产油茶林改造提升科技推广服务实施方案（2021-

2023）》，赣州市林业局派遣了由 41 名市级油茶科技推广服务特派员组成 19 个指导组负责挂点指导，为全市 18 个县市区的油茶基地进行油茶技术现场指导和理论授课，示范带动油茶丰产栽培技术。自 2022 年以来，赣州市已组织开展了 300 余期的油茶改造提升科技培训、示范基地挂点指导和油茶送科技下乡等活动，培训了 18000 余人次县技术人员、乡镇干部、油茶经营主体以及林农，满足了赣南油茶发展人才需求。

2. 强化油茶林改造升级，实现油茶提质增效

为了实现油茶产业的提质增效，赣州市综合科技、政策、资金等多个方面因素，制定出台了《赣州市低产油茶林改造提升三年行动方案》（以下简称《方案》），《方案》明确了低产油茶林改造提升目标任务、技术措施。探索建立低产油茶林改造提升"一扶三年"的政策扶持机制，市县两级拿出 1.5 亿元支持低产油茶林改造提升工作，综合油茶林低产低效原因，严格遵循自然规律和经济规律，对症下药，采取改树、改园、改土、改植良种技术路径实施油茶林改造升级，从根本上解决了油茶林低产低效问题，提高了油茶产业的整体效益。

3. 组建茶油高品质联盟，健全油茶标准体系

近年来，赣州加快塑造油茶品牌，引导 48 家油茶销售加工企业、种植大户和科研院所等单位组建赣南茶油高品质联盟，实现对油茶种植、加工、销售和科研等多方力量的优化整合，制定发布高品质油茶籽油标准、联盟宣传册和果实采收及处理技术指导规范，统一形象标识和包装设计，着力打造赣南茶油的高品质形象。此外，品牌形象的稳固离不开实质支撑。为进一步完善茶油质量标准体系和规范市场行为，促进产业有序健康发展，赣州市制定了《地理标志产品赣南茶油》地方质量标准，同时颁布了《赣南茶油国家地理标志产品保护管理办法》和《证明商标使用管理办法》。此外，积极组织市场监管部门对油茶领域进行监督检查，有效地保障了赣南茶油的品质和质量。

4. 强化产品营销宣传，提升品牌知名度

赣州市秉持打造"赣南茶油"公用品牌和支持企业自主打造茶油品

牌的品牌培育策略，强化品牌宣传推广，创建了以地标产品、区域公用品牌和独具特色的企业品牌为支撑的赣南茶油品牌体系。例如，制作油茶专题宣传片《赣南油食记》《红土地上油茶香》，组织企业参加油茶产品展示展销会、交易博览会等展会活动；对接广东、浙江、上海、江西商会，开展赣南茶油品牌宣传和营销推介与赣南茶油品牌宣传暨产品入驻机关活动；在黄金机场的登机牌上刊登赣南茶油品牌宣传广告和产品营销链接，设计制作并投入使用了 17 万张赣南茶油宣传广告登机牌，有效提升了品牌知名度和市场竞争力。

5. 提升油茶加工水平，延伸产业链条

赣州市持续强化油茶加工、科研、质检和交易平台，推动油茶产业实现创新赋能和转型升级。通过加强精深加工平台，与市场监管部门合作进行茶油加工小作坊规范考察调研，积极探索并推动茶油加工小作坊规范提升，致力于培育和壮大油茶精深加工企业，扩展精炼茶油产能，推进油茶加工集中化和规模化，以提升全市油茶加工生产水平。赣州市拥有 52 家油茶种植加工注册企业，引进培育了 13 家精深加工企业，全市茶油年加工产能已达 10 万吨。同时，优化科研质检平台，成功获批成立"国家油茶产品质量检验检测中心（江西）"，并建立了江西省油茶产业综合开发工程研究中心、江西省油茶医药保健及功能产品开发工程研究中心，依托赣南医学院等科研单位，强化了产学研合作，创新研发了油茶化妆品、医药保健品等茶油功能产品。如今，油茶产品呈现多元化格局，涵盖茶油初级产品、茶粕、洗发水、沐浴露、香皂等副产品以及精深加工产品，实现了产业融合发展①。

（三）赣南茶油品牌建设启示

1. 优化产品品质，夯实品牌建设基础

农产品的品质是品牌建设成功的关键因素。在农产品品牌建设过程中

---

① 资料来源：《"赣南茶油"是怎样炼成的》，https：//baijiahao. baidu. com/s？ id = 17775788121591988603&wfr=spider&for=pc。

要注重产品品质保障，选育和培育优质品种，健全产品质量管理体系，充分利用信息科技技术，建立健全的产品质量追溯体，推行农产品条码制度或视频追溯系统，建立产销区一体化的农产品质量安全追溯信息网络，实现生产记录可存储、产品流向可追踪、储运信息可查询，严格按照企业质量管理体系的标准和要求，完善管理体系，夯实产品质量管控的规范和原则，细致深入地抓好生产的关键工序和关键节点，及时发现问题并进行整改形成闭环管理，以确保产品生产过程质量受到有效控制。健全农产品标准化生产体系，根据国际通行标准、国家标准、行业标准和生产需要，制定、修改以及完善品牌农产品的生产技术规范和操作规程，做到有规可循，建立符合农产品实际且与国际、国家和行业标准接轨的农业标准化生产体系。在农产品投入品管理方面，需加大监管力度，严厉查处违禁农药的生产、销售、使用等违法行为，控制农药、化肥的使用以及推行有机肥，提高品牌农产品的质量安全水平，以确保农产品无污染、符合相关的质量标准和法规，提高消费者的信赖和忠诚度，巩固和扩大市场份额，为农产品品牌建设奠定基础。

2. 强化品牌营销，提高茶油品牌销量

品牌营销有利于提升产品知名度和市场影响力。品牌建设要凸显农产品品牌形象，结合当地文化与产品特色，深入挖掘品牌文化内涵，聘请专业品牌策划团队，从品牌名称、品牌标志、品牌包装等农产品品牌符号着手，设计具有农产品所在地域特色和文化底蕴的品牌标识，塑造鲜明的品牌个性，突出产品差异和特色，并对整体品牌形象进行品牌商标注册和版权登记，取得产权保护，巩固品牌的法律地位，还确保品牌在市场上的独特性和独占性。此外，构建线上线下一体化营销渠道，线上大力发展农产品电子商务、直销配送、农超（社）对接等新型营销模式；线下可以在国内省市重点区域建立专卖店，专柜专销、直供直销，建立稳定的销售渠道，拓宽农产品销售渠道，提高农产品销量。

3. 提高精深加工水平，实现产品融合发展

强化政策支持力度，鼓励农产品企业增加深加工投资，同时提高金融

机构对农产品深加工企业的金融支持力度，为企业提供资金保障，支持加工企业加快技术改造、装备升级和模式创新，引导农产品企业与高校、科研院所组成产业技术创新联盟，合作开发应用高新技术、设备和工艺，加快企业技术改造，持续培育和提高企业的自主研发能力，加快发展精深加工，提高产品质量、档次，推动农产品加工业由粗放型向集约型转变培育精深加工企业，提高加工生产效率和水平。积极拓宽产品链条，向产业链中高端延伸，向研发设计和品牌营销这两端延伸，不断提升企业加工转化和增值能力，引导加工企业与农民合作社和农民构建紧密的利益联结机制，让农民更多地分享精深加工带来的增值收益，促进就地就近就业增收。

4. 强化人才培育支持，保障发展人才需求

农产品企业要注重技术人才培育，设立专项资金大力培育农业科研骨干、专业技术人才以及农业推广人员，积极主动与科研院所开展合作，强化与科研院所人才交流活动，共同致力于技术研发攻关，以提升农产品在培育、生育、生产和加工环节的科技水平，提高加工生产效率。政府应坚持"精准培育、重点支持、突破瓶颈、引领发展"的思路，以培养农产品人才团队为核心，通过遴选支持一批农业科技领军人才以及有潜力的年轻人才组建一支战略人才队伍，引领并带动整个农业科技实力的跨越式提升，培育和壮大乡村产业振兴的内生力量，以满足农产品生产方面人才需求。

第二节　国外农产品品牌案例及经验启示

一、"肉类中的艺术品"日本松阪牛肉

(一) 日本松阪牛肉概况

1. 日本松阪牛肉简介

松阪牛享有"肉类中的艺术品"美誉，是日本著名的高级牛肉品种，

与神户牛、米泽牛合称为日本三大和牛，以其异常柔嫩的口感以及引人注目的外观脱颖而出。

"松阪牛"并非指生于松阪地区的牛犊，而是指从日本全国引入，拥有优秀血统的牛犊，通过在三重县松阪市中心特定区域的养殖，由黑毛"和种"母牛繁衍而成。要成为合格的"松阪牛"绝非易事，必须遵循一套严格的"松阪牛个体识别管理系统"进行全程监控和管理。自牛犊进入养殖系统之日起，就要接受编号、拍照以及采取牛鼻纹的程序，并将相关数据录入管理系统。在为期三年的养殖期间，每天以大麦、豆类等混合饲料进行喂养，母牛在这期间不生产且需要悉心照顾，享受大麦与豆饼的饮食，甚至需要饮用啤酒，并用烧酒为牛进行按摩，确保其日常舒适自在。经过三年的精心呵护，松阪牛已成为地道的贵族牛，其每个细胞都蕴含着人类食欲的极致精华。

松阪牛肉在销售过程中须经过严格的检疫和肉质评级程序，并获得相应的"松阪牛"身份证明。牛肉一经售出，肉食公司会留存牛耳朵和牛屁股上的毛，以供进行 DNA 查询。消费者购买牛肉时，可通过松阪牛标识上所记录的数据获取有关该牛的出生地、饲料信息、肉质等级，甚至包括饲养员的身份。据传，厨师在切割松阪牛肉时，能够观察到牛排中肥肉和瘦肉相互渗透的独特现象，横切面呈现出红白相间的精致纹路，展现出其异常细腻和令人叹为观止的品质。目前，日本松阪牛肉共分为 A1～A5 五个等级，其中 A5 最高，且有专卖店。

2. 日本松阪牛肉发展现状

牛肉作为日常生活常见的肉类食品，在全球范围内具有广泛的消费群体。随着人们生活理念的改变和对食品营养健康的重视，牛肉作为高蛋白质、低脂肪的肉类产品，需求量持续增长。日本松阪牛肉作为牛肉制品的优质品牌，在市场中越来越受消费者喜爱，松阪牛肉呈现"品牌价值高，产业稳定发展，经济带动作用强"的发展趋势，市场前景广阔。

（1）品牌溢价高。

日本松阪牛的养殖过程涉及一系列精密的操作和符合特定标准的严苛

条件。松阪牛需要在清洁、隔离的区域内养殖一年的时间，并确保提供充足的自由活动空间，以促进其多活动防止脂肪堆积，经过一年的精心培育，松阪牛需要在接下来长时间内中接受定制的大豆、小麦、大麦和大米等饲料喂养，旨在增加牛的体重，形成美丽的脂肪脉层。日本松阪牛肉因其高端品质和稀有性而享有"金枝玉叶"的美誉，其售价相对较高，平均每头牛约20万美元，最昂贵的甚至超过50万美元，如同黄金在金属中的地位，又被誉为"食物中的黄金"。经济条件较好的消费者可能愿意支付约500美元（约合3000元）以购买一公斤松阪牛肉，在日本，一份由高级餐厅出品的松阪牛排的售价甚至超过300美元，凸显了松阪牛肉极高的品牌溢价。

（2）产业稳定发展。

长期以来，松阪牛肉一方面专注于品种改良和价格稳定，保障了产品品质；另一方面加强政府政策扶持，灵活转变肉牛扶持政策，从稳定市场牛肉价格过渡到对产业上游犊牛生产者提供补贴，并在肉牛保险方面投入大量资金，通过维护犊牛生产者利益，从源头上确保了肉牛产业的稳定发展。面对疯牛病的暴发，政府迅速采取了紧急措施，在短期内最大限度地控制了其影响。为了加强食品标识以及重建消费者信任，日本设立了食品安全委员会，重新修订了有机农业标准，引入了对农产品流通路径、生产者、饲料供给等信息的追溯系统，并逐步下调了牛肉进口关税税率，以促使性价比较高的进口牛肉进入日本市场。这一举措旨在弥补国产牛肉产量和品质上的缺陷，刺激日本国内生产者转变生产方式、提高牛肉品质，这一系列措施得以松阪牛肉产业促使稳定发展。

（3）经济带动作用强。

松阪牛肉一向非常注重牛肉品质，通过严格控制牛肉的生产质量，积极定位于高端市场，目标市场锁定在大城市和国际市场的高层次人群以及高消费人群，按照标准化生产流程致力于培育高品质、生态友好、绿色健康、安全可靠的牛肉产品，以其精品时尚、绿色健康、没有瑕疵、堪称完美的特点成功契合了现代都市人的消费观念，满足了高消费人群对品质的苛刻要求，增加了市场销量。此外，通过设定相对较高的价格，保持每斤松阪牛肉可实现保持在 25～50 元的利润，通过高利润回馈养殖户，提升养殖户的收益水平，建立了可持续发展的经济模式，为整个产业链创造了更多的附加值，推动了整个牛肉产业的发展。松阪牛肉的成功销售不仅增加了地方就业机会，为养殖户提供了更为可观的收入来源，进一步拉动了当地经济的发展，带动了饲养、屠宰、加工、销售等牛肉产业链条上下游的蓬勃发展，为日本牛肉产业和当地经济的繁荣做出了积极的贡献，具有显著的经济促进作用。

（二）日本松阪牛肉品牌建设经验

1. 强化技术管理，塑造卓越品质

松阪牛肉的优质品质，除了得益于松阪市得天独厚的自然环境，还依赖于松阪牛肉培育生产等各阶段高效的技术管理。在养殖阶段，当地农民采用了先进的养殖技术和管理模式，包括高质量的饲料配方、严格的饲养标准以及科学的疾病防治措施。这些措施有助于确保松阪牛肉的品质和安全性。在屠宰阶段，设有专业的屠宰场，配备了经过严格培训和考核且具备卓越的屠宰技能和丰富的经验技术人员，技术人员在屠宰过程中根据牛的年龄、性别和肉质等特征进行分类和加工，以确保每块牛肉达到最高品质。松阪市及其周边地区的肉类加工企业众多，这些肉类加工企业拥有先进的加工设备和成熟的技术，通过细致的分割、抛光和调味等工序，制成各种规格的松阪牛肉产品，如薄切牛排、厚切牛排和牛肉眼，每一种都具有独特的口感和烹饪建议。

2. 加强溯源建设，保障产品安全

松阪牛管理体系严谨有序，牛犊从购入之日起，即开始执行号、拍照、采集牛鼻纹等一系列标准化程序并将相关数据录入管理系统。在销售阶段，牛肉必须通过严格的检疫和肉质评级流程，经检验合格并获得相应评级后，方可颁发"松阪牛"身份证明，以确保产品的质量安全。牛肉售出后，肉食公司会留存牛耳朵和牛屁股上的毛，以供进行 DNA 查询，确保产品来源的真实性和可追溯性①。消费者购买牛肉时，可以通过松阪牛标识上记录的数据获取详细信息，涵盖牛的出生地、饲料种类、肉质等级，甚至饲养员的身份，增强了产品的信息透明度和消费者对产品的信任，提供了更多层面的食品安全保障。为防范"盗版"，每头松阪牛都配备有一个独一无二的 10 位数电子身份号码。肉店、餐馆和皮革商在推出松阪牛的加工品时，都必须公示松阪牛的产地、饲料情况等身份资料，以确保产品的真实性和合规性，顺应社会对牛肉产品溯源和安全的期待。总体而言，松阪牛的管理体系在强调产品安全的同时，通过严格的追溯体系建设，为消费者提供了更为透明和可信赖的食品信息，构建了一个更加健康、安全的消费环境，保障了松阪牛肉的品质和增强了消费者对松阪牛肉的信赖。

3. 明确品牌定位，提升品牌价值

日本农产品尽管数量稀少，但是品牌定位明确、知名度广、产品附加值较高，所以在国内外均享有盛誉，深受消费者喜爱。松阪牛肉坚持致力于打造优质品牌，积极建设和维护"松阪牛"品牌建设，严格把关松阪牛肉的品质，从饲养到牛肉成品加工都有健全的标准体系，保障了牛肉的品质和口感，使得尽管松阪牛肉市场价格昂贵，还是拥有较高的产品附加值。此外，在农产品品牌定位方面，"松阪牛"品牌对其牛肉进行了明确而专业的品牌定位，其战略着眼于高端、高品质、高知名度以及高营养的市场定位，强调在产品开发中注重"松阪牛"的口感和提高营养成分，而非盲目地追求高产，为实现这一目标，"松阪牛"品牌对牛肉的特性和品质有着明确的要求。在养殖过程中，松阪牛被要求是"处女牛"②，且必须拥有血统的身份证明，相较于其他的养殖，松阪牛的养殖周期更长，养殖期间不从事任何生产工作，能够过上足足三年安逸的"幸福牛生"。松阪牛肉正是通过清晰专业的品牌定位，使得松阪牛肉品牌在牛肉产品市

---

① 资料来源：《世界著名牛肉品牌大全》，https：//www.sohu.com/a/687492426_121119252。

② 资料来源：《日本松阪牛肉：被供在神宫里的牛肉》，https：//www.chinanews.com/lxsh/2013/01-14/4486499.shtml。

场上树立了自身独特的地位，提升了"松阪牛"在消费者心目中的形象，为其在竞争激烈的市场中赢得竞争提供了坚实基础。

（三）日本松阪牛肉品牌建设经验启示

1. 增加科技含量

"松阪牛肉"是基于科学饲养、精细化管理的基础上生产的。为此，农产品发展要坚持目标导向和问题导向，集中解决全产业链发展中的瓶颈和关键问题。围绕品种利用、杂交改良、营养调控、疫病防控、饲养管理、屠宰加工、冷藏包装、冷链运输、品牌建设、市场营销和粪污资源化利用等方面开展工作，加强先进技术推广和应用。特别需要加大对微生物在饲料、肉品、药品和环境恢复等方面的研发、推广和应用力度，构建循环往复的农业循环系统，形成经济价值、生态价值和社会价值的三者统一，通过注重科技创新和可持续发展，推动农业生产方式的升级，使"松阪牛肉"的生产更为高效、环保、具备社会责任感。

2. 完善全产业链

"松阪牛肉"是基于充分利用地方品种、精细化管理、信息化服务以及创造高级消费环境的全产业链基础上打造的。为此，畜牧业农产品发展要在全产业链上进行完善，坚持"种养结合、农牧互补"的理念，与"规模化养殖场和适度规模家庭牧场经营方式并存"的方向，推广"龙头企业+合作社+农户"等模式，优化包装及配送体系，构建上下游产业链的合理格局，以实现种养结合的一体化发展，推进产业"三链"同构、延伸产业链、提升价值链、打造供应链。同时推动畜牧业与旅游、教育、文化、康养等领域有机结合，构建从田间到餐桌、从生产到体验的全方位服务，实现一二三产业融合发展，保持农产品品牌可持续性发展。

3. 强化品牌营销

农产品品牌建设要深刻认识品牌营销的战略重要性，将品牌意识贯穿于农业发展的全过程。明晰品牌营销并非简单的商标申请，而是一项需要长久坚持的战略行为，认识到成功运营农产品品牌必须以高质量、高营养、高安全系数的农产品为基础。农业品牌命名应既展示产品特色又凸显产品优势，充分体现该农产品的独特之处，产品名称应具备独特性、原创性、传播性，能够吸引消费者的关注，将消费者目光从琳琅满目的商品中吸引出来，从而增加农产品在消费者间的认知度，明确农产品营销的市场定位，对不同销售市场进行准确的营销定位。此外，准确的市场定位是中国品牌成功销售的关键因素，在农产品品牌市场营销的过程中，务必对产品进行准确的市场定位，根据自身实力选择适合自己发展的市场，同时应用营销组合策略创建自主品牌，实现农产品品牌化建设。

4. 注重农业品牌保护

注重品牌的保护才能够使农产品生产者重视品牌的创建与运营，对于侵害、抄袭他人品牌的事件，相关部门要认真对待并予以严肃处理，健全农产品品牌保护体系，制定出台品牌商标、保护法律制度，明确农产品品牌的定义、保护范围以及侵权行为的处罚力度等内容，以确保品牌保护工作的合法性和公正性，对于侵犯农业品牌的行为相关部门应当及时进行调查和追踪，并对侵权者做出有力的惩罚。通过公开曝光等手段，提高品牌保护违法行为的社会舆论，使其付出更为沉重的代价，从而形成对品牌侵权行为的强烈警示，有力地保护农业品牌健康发展。此外，政府和企业要加强农产品品牌保护的宣传和教育工作，通过各种途径向农产品生产者及公众普及农产品品牌保护的重要性，增强采取措施保护自己的品牌和引导消费者理性购物，抵制侵权行为，共同维护农业品牌的良好形象。

二、"全世界最好的水果"日本夕张蜜瓜

（一）日本夕张蜜瓜概况

1. 日本夕张蜜瓜简介

夕张蜜瓜是日本北海道知名的地方特产，也是日本高端蜜瓜的代表，被誉为"世界上最好的水果"①，其植株长势强健，茎蔓粗壮，叶色深绿，

---

① 资料来源：《夕张蜜瓜：看日本夕张市如何用 4 招打造比黄金还贵的哈密瓜大品牌》，https：//baijiahao.baidu.com/s？id＝1765937510458640202&wfr＝spider&for＝pc。

雌花在适宜条件下分化良好，果实呈高圆形，果皮呈灰绿色，覆盖均匀的细绳状网纹，外形美观，单果重量介于 1.6～1.5 公斤，果肉为橙红色，口感甘甜浓厚，质地柔软多汁，散发浓郁芬芳的香气，味觉梯度较为平缓，品质上乘。在日本的品种分类中，属于大棚甜瓜栽培中的网纹型阿尔斯系，包括夕张、夕张国王等亚品种。

夕张蜜瓜最早是当地一户小农家种的品种，因其甜度香气优秀而得到关注，1959 年开始交配试验。第一代夕张蜜瓜"夕张王"是由拥有较高甜度的"阿鲁斯系蜜瓜"和味道较淡但拥有红色果肉的"Spicy Cantaloupe"两个瓜种杂交培育而来的红肉系网纹蜜瓜，直到 1961 年才被正式命名为夕张蜜瓜。

夕张蜜瓜作为夕张市乃至整个北海道的代表，是一张引人注目的名片，每年都会吸引大量游客前来参观。夕张蜜瓜上市季节，夕张市会定期在札幌中央批发市场举办年度首次拍卖会，竞拍选出两颗"瓜王"，2022 年竞拍选出的两颗"瓜王"最高竞价达到了惊人的 300 万日元，约合 15.8 万元。此外，由于日本的耕地面积有限，水果相对稀缺，夕张蜜瓜的价值显著，一对普通夕张蜜瓜售价也高达 300～900 元。

受东亚社会送礼文化的影响，如今夕张蜜瓜 98% 的销售额源自政府部门、商社、银行、土木建筑等高端行业从业者。季节应季的新鲜蜜瓜被精心装入桐木盒中，并以丝绸巧妙包裹，成为赠送亲朋好友或上级长辈的精美礼品。

2. 日本夕张蜜瓜发展现状

蜜瓜以其甘甜浓厚且富含营养的特性，在全球市场上备受消费者青睐。蜜瓜种植行业在国内外规模庞大，消费需求增长迅猛，市场潜力巨大，尤其是对高品质、优质的蜜瓜产品需求更是旺盛。夕张蜜瓜作为蜜瓜行业的优质品牌水果，长期以来严格把控水果种植、生产等过程标准，有效确保了水果的高品质。近年来，夕张蜜瓜专注于高端市场，通过创新营销方式推动产业发展，呈现"品牌价值溢价高，市场规模逐步扩大，经济带动作用强"的发展态势。

（1）品牌价值溢价高。

日本的夕张蜜瓜被认为是世界上最昂贵的蜜瓜之一，在日本北海道札幌，每年都会举办一场年度蜜瓜拍卖会。夕张蜜瓜具有显著的高品牌溢价，这主要得益于夕张蜜瓜长期以来严格控制种植条件，从育苗阶段到对土壤、水质、生长温度的管理，夕张蜜瓜都遵循极高的标准。不仅育苗的土壤必须富含各种营养元素，在生长期间，不同时期的浇水量还有着显著不同，最后经过层层把关种植的夕张蜜瓜呈现出漂亮的橙红色。橙红色的蜜瓜果汁充盈，糖度稳定在 14~16 度，果肉无异味，咀嚼时不含任何果渣，甚至尚未切开就能闻到蜜瓜的香味，每年市场上的夕张蜜瓜在上市前都需要经过专业试吃员的评估，一系列严格操作保障了夕张蜜瓜的高品质，从而提供了夕张蜜瓜高溢价。

（2）市场规模逐步扩大。

在政府多年的大力支持和全面的营销推动下，夕张蜜瓜市场规模逐步扩大，成功远销至世界各地，日本夕张蜜瓜采收期为 5 月至 9 月初，年产量约为 4300 吨。自 2008 年起，夕张地区每年 6 月底举办一次"蜜瓜节"，届时参与者可在活动中免费品尝夕张蜜瓜，并参与太鼓表演、模拟拍卖、竞吃比赛、蜜瓜采摘以及蜜瓜甜品祭等活动，吸引了大批人群参与，有效地提高了夕张蜜瓜的影响力和知名度。为了突出夕张蜜瓜的符号而设计的吉祥物"蜜瓜熊"和"夕张夫妻"，进一步提升了夕张蜜瓜的知名度和市场份额。夕张蜜瓜多年来加强产业融合，致力于产品研发，除了新鲜的夕张蜜瓜，人们还能品尝到各种蜜瓜甜品，比如蜜瓜水果塔、蜜瓜松饼、蜜瓜舒芙蕾、蜜瓜蒙布朗、蜜瓜冰淇淋等。此外，围绕夕张蜜瓜的制作加工食品也很多，比如果汁、蜜瓜酒、果肉布丁、巧克力、蜜瓜包等；围绕夕张蜜瓜的制作加工食品也丰富多样，包括蜜瓜汁、蜜瓜酒、果肉布丁、巧克力、蜜瓜包等。

（3）经济带动作用强。

夕张蜜瓜的魅力不仅仅源于其独特的口感，更体现在其背后承载的夕张市丰富的农业资源和深厚的文化底蕴。夕张市政府致力于将夕张蜜瓜塑造成为一个具有历史传承和现代创新精神的代表性农产品。在夕张蜜瓜的种植过程中，传统与现代相互融合，农业工作者们充分利用科技手段提升生产效率，同时保留了许多古老的农耕技艺，使得夕张蜜瓜既有传统的深厚底蕴，又散发着现代的时尚气息，其在经济上的价值和丰富的文化内涵使其成为夕张市的一张独特名片，吸引着世界各地的游客前来品尝和购买，为当地旅游经济注入活力。此外，夕张蜜瓜的拍卖会也成为一个重要的社交活动和商业盛事，吸引了全球范围内人群的广泛关注和参与，拍卖会不仅促进了当地经济的繁荣，更充当了国际交流的"桥梁"，在这个商业盛事中，不同国家的代表们不仅是商业伙伴，更是文化的传播者，通过夕张蜜瓜这个共同的媒介，人们在交流中增进了对彼此文化的了解和尊重，也进一步提升了夕张蜜瓜的品牌影响力，促进了当地水果产业经济的发展。

（二）日本夕张蜜瓜品牌建设措施

1. 强化技术支持，保障品牌质量

夕张蜜瓜品牌的成功离不开当地农业协会对种植技术、销售等全方位的专业技术指导和支持。农业协会不仅关注夕张蜜瓜如何选择合适的播种时间、面积、品种，甚至对授粉、浇水，施肥时间、施肥量等方面都会给予详尽的指导，通过科学的测定和数据分析，农业协会为夕张蜜瓜制定了精准的施肥时间和施肥量，确保了作物的养分充足供应，提升了蜜瓜的口感和甜度，保障了蜜瓜的生长环境和质量，使得夕张蜜瓜在同类产品中脱颖而出，赢得了消费者的青睐。此外，农业协会不仅仅在生产环节提供支持，更在销售方面发挥了关键作用，面对市场的激烈竞争，农业协会为夕张蜜瓜挑选并对接销售渠道，避免了过度种植可能导致的价格下滑，通过与零售商、超市等多方渠道的合作，夕张蜜瓜得以进入更广泛的市场，提高了产品的曝光度和销售机会，这种深度参与为夕张蜜瓜提供了坚实的技术保障和市场支持，帮助夕张蜜瓜建立了稳定的品牌形象，并成功拓宽了销售渠道和提高了市场销量。

2. 创新营销策略，增强品牌认同

城市名片与农业品牌相辅相成，品牌营销应紧密结合当地气候环境和品种特色，深入挖掘市场需求设计文创周边。夕张蜜瓜品牌营销牢牢抓住了这一点，制定并选用了精准的品牌营销策略，成功吸引了消费者的关注和购买。例如面对日本离婚率居高不下这一当前热点，夕张蜜瓜品牌通过设计"夕张夫妻"形象灵活运用"幸福"关键词，成功抓住了社会热点；设计的"蜜瓜熊"形象则是巧妙融入日本主流的"可爱"文化，独树一帜，吸引了众多眼球。自"蜜瓜熊"和"夕张夫妇"创立以来，夕张市成功建立了鲜活的城市形象，极品蜜瓜与幸福感成功打造成城市 IP，形成了极其自然的情感品牌营销，塑造了夕张蜜瓜自己的品牌形象。此外，结合夕张蜜瓜本身具有的卓越品质，高甜度和浓郁的香气，具有发展成奢侈品的潜质，夕张市通过精确的定位，将夕张蜜瓜打造成水果中的奢侈品，满足消费者对高品质产品的需求，有效地提高了夕张蜜瓜的市场影响力。

3. 强化政府支持，保障品牌基础

夕张蜜瓜品牌发展离不开政府全方位支持。一方面，政府通过提供财政支持、技术指导和市场调研等手段积极介入，整合资源，为夕张蜜瓜品牌的发展创造良好的环境。在夕张市的经济政策中，夕张蜜瓜作为特色产业受到特别关照，享有税收优惠和土地资源保障等相关政策支持。政府与企业、科研机构等多方力量协同合作，共同推动夕张蜜瓜的发展。政府还在市场准入、质量检测等方面制定标准，规范夕张蜜瓜产业，为其长期可持续发展创造有利条件，确保夕张蜜瓜的生产环节达到高标准，为其品质奠定了坚实基础。另一方面，政府高度重视夕张蜜瓜的宣传工作。通过制订并执行全面的宣传计划，全方位展示夕张蜜瓜的生产历程、品质优势以及与地域文化的紧密关联，并充分结合夕张市的特色和城市文化，设计了独特的吉祥物"蜜瓜熊"和"夕张夫妇"，这一创意不仅赋予了夕张蜜瓜可爱的形象，更通过情感营销吸引了游客和消费者的关注，成为夕张蜜瓜品牌传播的亮点，使夕张蜜瓜在激烈的市场竞争中脱颖而出。

（三）日本夕张蜜瓜品牌建设经验启示

1. 树立品牌意识，加大政策支持力度

政府应当加大农产品品牌建设政策支持力度，设立专项资金支持农业产业的科研创新和技术提升，以提高农产品的附加值。通过制定更有利于农产品品牌建设的法规政策，提供更多的财政和税收支持，为农产品品牌的培育创造更加宽松的环境，帮助农户和企业增强对品牌的认同感和自豪感，使其充分意识到品牌的重要性，深化人们对品牌的认知，使品牌成为农产品生产、加工和销售各个环节的核心理念，强化品牌培育。政府、企业及农户在协同作用中加大精品培育力度，优化产品品质，提高品牌定位，同时建立健全的市场监管机制，以打击假冒伪劣产品，维护良好的市场秩序，从而提高消费者对农产品品牌的信任度，推动农产品品牌建设向更高水平发展。

2. 强化品牌营销，突出品牌形象

品牌形象应立足于产品自身，挖掘当地的气候环境和特产品种，同时结合市场的需求来设计文创周边。夕张蜜瓜的成功很大程度上得益于采取了一系列成功的营销策略，因此农产品品牌营销要善于结合热点，发挥品牌情感营销，提高农产品品牌形象和知名度。

3. 实施精细化管理，创新培育技术

农业品牌建设中要善于整合各类资源，加强对农产品的精耕细作。农业生产应当由传统的粗放式管理向精细化管理转变，以促进现代农业科技与传统农业生产方式的有机融合。为此，需要强化农产品品牌培育标准，严格控制农产品种植、生产、加工等过程品质，制定统一的品牌标准，推动农产品的规模化生产和标准化管理，从而提高整个产业链的效益，加强对农产品品牌的认证和评定工作，提升农产品品牌的信誉度，推动消费者更加信赖农产品品牌，鼓励农业企业和农民利用科技手段，开发独特的农产品品种，推动农业产业的创新发展。政府还可以设立农业科技创新基金，以支持农业科研机构和企业在农产品品牌建设中的创新工作，促进农产品品牌的不断升级。

三、"水果之王"新西兰奇异果

(一)新西兰奇异果概况

1. 新西兰奇异果简介

一百多年前原产于中国的猕猴桃被引入新西兰,因其外表与新西兰的国鸟——奇异鸟(kiwi)毛茸茸的羽毛相似而得名奇异果。新西兰奇异果的独特风味吸引了当地果农大量栽种。新西兰独特气候促进了奇异果生长,昼夜温差增加了奇异果的甜度,充足的阳光使奇异果果实个头更大,得益于这样理想的生长环境,新西兰成为全球优质奇异果供应者。1996年新西兰果农联合成立了"新西兰奇异果国际行销公司",目前该公司是世界上最大的奇异果销售公司,是新西兰奇异果销往国外的唯一出口,其每年生产的奇异果99%供出口,产品销往全球70余个国家和地区,销售量占到了全球奇异果市场的28%。

新西兰一直相当重视对奇异果的培育以及奇异果有益人体健康方面的研究,研究发现奇异果中富含维生素C、维生素A、维生素E、奇异果酵素、钾元素等多种对人体有益的营养成分,被营养师誉为"营养活力的来源"。如今,新西兰已经成为全球奇异果市场中营销、研发和价格方面的领导者。许多国家和地区的居民对这种口感甜美、营养丰富的水果赞誉有加,其独特的口感和丰富的营养价值在世界各地广受欢迎,使其成为许多人日常饮食的一部分,作为中华猕猴桃的改良品种,新西兰奇异果正在不断发展和创新,为全球消费者提供更多美味和健康的体验。

2. 新西兰奇异果发展现状

新西兰作为富含多种有益人体健康的水果品牌,在全球范围内广受欢迎,成为人们日常饮食中健康的首选。在新西兰奇异果不断发展和创新下,新西兰奇异果品牌知名度和价值不断攀升,产业规模呈现出持续增长态势,市场份额不断扩大,产业发展前景越来越广阔。

(1)产业规模持续增长。

1988年为了整合原有各自出口的奇异果产业组织,新西兰政府出面成立"新西兰奇异果营销局"，其使命在于加强从选育品种、果园生产、包装、冷藏、运输、配售及广告促销等环节的配合，以推动整个产业的协同发展，这一战略的实施不仅使新西兰奇异果成为新西兰最大的产业，还确立了其在全球奇异果市场中的领导品牌地位。1989 年，科学家开始开展果园种植方法与水果品质、味道等方面的研究，以为奇异果的持续优质产出提供科学支持。经过长达十多年的培育，1991 年首度结出黄金奇异果的果实，为奇异果的品质和口感奠定了坚实基础。1997 年，为提升新西兰奇异果在全球市场的知名度，推动全球行销，新西兰果农成立了新奇果贸易有限公司，并以"ZESPRI"为品牌名称。新奇果贸易有限公司百分之百由新西兰果农拥有，为全世界最大的奇异果行销公司。佳沛新西兰奇异果年产量达 7000 万箱，其中 99% 出口，占据全球奇异果市场总生产及营销量的 33%，稳居世界之首。在 1999 年进入中国市场之初，佳沛品牌在中国的销售额还不到全球销售的 2%。然而，经过多年的发展，财报数据显示，佳沛在大中华区的销售额已达 9.1 亿新西兰元，约合 39 亿元，占全球销售的 25%，遥遥领先于第二名日本成为佳沛全球最大的市场。2020 年，佳沛全球总销售收入达 33.6 亿新西兰元，约合 152.11 亿元。在 2021 年，佳沛奇异果在北半球产量激增，阳光金果产量增加近 300 万箱，同比增长 27%，绿果产量增加近 200 万箱，同比增长 23%。时至今日，奇异果已经成为新西兰的支柱产业之一，产业规模日益壮大。

（2）市场前景越来越广阔。

新西兰奇异果坚持"全球策略，本土实施"的营销方式，在各国的促销活动、广告等方面，公司通过结合本土特点进行演绎，巧妙制定了与当地特色相契合的品牌推广策略及执行方案，但是在品牌调性、产品品质等方面，新西兰奇异果均采用全球统一策略确保公司在全球范围内维持一致的形象。在全球市场开发上，采用派遣区域经理深入全球各地寻找代理商的模式，市场覆盖欧洲、日本、中国、韩国、东南亚、美国等全球 70 多个国家和地区，且其最大的销售额来源于中国和日本。在中国市场，佳沛与经销商佳沃鑫荣懋和佳农建立了战略合作关系，形成了中国北方市场和南方市场两大阵地。公司根据北京、上海和广州市场的差异，巧妙地制定了不同的品牌推广策略及执行方案，以更好地满足不同地区的市场需求。目前，随着新西兰奇异果品牌的发展和产业规模的扩大，新西兰奇异果市场将越来越广阔，发展前景充满了希望和可能性。

（3）品牌价值日益提升。

新西兰奇异果坚持要在品牌定位上摆脱大众心智中的日常消费水果形象，专注打造代表健康生活方式的高端水果品牌，通过加强奇异果在健康领域的品牌资产积累，提升消费者心智认知，实现品牌的溢价效应。一方面通过建立涵盖了从新品育种到种植园生产管理、质量检测、标准化分包、储藏运输等一系列产业的完整产业协作链条，健全标准化的质量标准和生产程序，确保了所有奇异果的良品率和稳定的消费者预期，保障了口感的最佳状态；另一方面通过整合分散种植果农的力量，形成利益共同体，有效克服了原本存在的抗风险能力弱、盈利能力差、劳动效率低等弱点，保证了奇异果的统一、稳定的产品质量，还能整合资源并利用农业科技进行育种改良，不断创新产品。凭借几十年的持续品牌宣传和高品质的产品作为基石，佳沛赢得了消费者市场的信任，创造了品牌溢价。Kantar品牌力排名显示，Zespri品牌目前在全球3个市场中稳居水果品牌的第一位，在10个市场中均跻身前三。

（二）新西兰奇异果品牌建设措施

新西兰奇异果在全球取得了较高知名度，主要在于三点：技术创新、统一标准和政府助推。

1. 改良种植品种，优化产品品质

新西兰奇异果种植户重视技术创新，通过持续改进奇异果的品种和口味，以迎合市场消费者需求，从而使品牌形象在市场中与其他相似品种区分开来，进而提高品牌溢价。新西兰奇异果最早源于中国的猕猴桃，经过不断改良培育，成功转变成奇异果。更为显著的是，新西兰通过不断创新，将原本口味偏酸的绿色奇异果改良为口味偏甜、果肉呈黄色的黄金奇异果。新西兰奇异果一经推出便在亚洲市场获得了广泛好评，并取得了良好销售业绩。

2. 统一标准体系，突出品牌形象

新西兰奇异果通过标准化的生产管理和高度统一形象品质，保证了其在全球能够畅销。佳沛奇异果的严格要求体现在从包装到水果的颜色、大小和形状上，确保果品品质的高度统一。对于不同品种，佳沛建立了相应的标准，不符合标准的奇异果将不被出口。此外，在出口之前，奇异果将储存在0℃~2℃的冷藏库中，以确保其在海洋运输过程中保持最佳状态，为消费者提供优质口感。不仅如此，佳沛奇异果还实施了完善的可追溯系统，每一箱都标记有专属溯源码，使消费者和渠道商能够追踪奇异果的采摘、运输等各个环节，实现生产到销售的透明化管理，为消费者提供放心的奇异果。另外，鉴于佳沛奇异果主要出口国外，其在包装上下足了功夫，保证了产品鲜度，同时彰显其独特品牌形象和高品牌价值。

3. 强化质控管理，保障产品质量

产品品质是农产品品牌建设的基石。佳沛专注于奇异果的生产，用一个单品打入全球市场并保持持续增长状态。通过建立严格的质控体系确保产品的高品质，在选址种植到采摘运输等各个生产链环节上实施全方位的质量管理。1977年，新西兰奇异果营销局创立了"ZESPRI产品质量保证体系"，并随着市场形势和消费者需求的变化不断完善质量监控标准体系，使得奇异果的生产销售全过程有据可依，保证奇异果的产品品质。坚持创新，用科技帮助产业增长。佳沛新西兰奇异果国际行销公司秉持创新理念，在技术研发方面专门设立研发部门，每年投入大量研究经费，以培育新品种、调研健康价值和探索新方法，为种植者提供高品质、可持续生长的水果。每一颗奇异果的生产都要经过外观筛选、糖度测试、干物质测试、去毛和分装等多道工序，大型的自动筛选机先将形状不佳、有瑕疵或大小不合格的奇异果剔除，然后按照重量分等级进行分类装箱，在包装上，佳沛采用全面的再生性材质，通过在盒子设计上打洞维持通风，以保持奇异果的新鲜。

4. 精确产品定位，规范营销系统

新西兰奇异果以统一的国家品牌成功进入国际水果市场，发挥独特的竞争优势，并最终占据了领导地位。佳沛制定了适用于全球不同市场的分阶段开拓策略，根据不同市场的实际情况划分了探索、启动、稳固和提升四个阶段，决定相应的市场投入级别。品牌定位高端，主打营养与健康。1990 年新西兰奇异果占据世界总出口量的 3/4，但由于其他国家奇异果产业的快速发展，尤其是意大利和智利等国产量的增加，到 2000 年新西兰向世界出口奇异果的份额降至不足 1/3。面对市场的变化，佳沛奇异果结合高生产成本决定走高端路线，通过在生产体系、组织结构和品牌营销等方面实施变革，最终以"优质高价"的形象成功面向全球市场，将核心消费人群定位于高级白领和年轻女性。另外，佳沛公司在宣传新西兰奇异果时，宣扬健康生活的品牌主张，品牌传播方面，佳沛强调奇异果的高营养价值，将其定位为"水果营养之王"，是水果中营养指数最高的产品，除了向消费者传达产品的营养价值，还致力于倡导一种时尚健康的生活方式，面对现代人特别是忙于工作忽视健康问题的白领人群，佳沛还倡导一种时尚健康的生活方式。最关键的是新西兰奇异果在全球传播过程中始终坚持用同一个品牌名称，即 ZESPRI 佳沛，给消费者传递一种"买新西兰奇异果，就买佳沛"的思想。在具体的传播过程中，佳沛采取"全球策略，本土实施"的方式，在不同国家的促销活动和广告等方面，具体根据本土特色进行差异化演绎，但在品牌调性、产品质量等方面的诉求上均保持全球统一的定位和策略，规范有序的营销策略既有效扩大了新西兰奇异果的影响，又促进了新西兰奇异果的销量，推动了新西兰奇异果的品牌发展。

5. 强化政府支持，夯实品牌基础

新西兰奇异果以国家的名义出口，将水果产业上升为国家战略，设立营销局垄断奇异果销售，这离不开新西兰政府背后的全力支持。在营销局成立初期，政府颁布相关法令，明确规定果农不得擅自向国际销售新西兰奇异果和严格规定奇异果的生产，必须严格遵循国家奇异果有限公司设定的技术、质量标准、级别标准、包装物设计和管理等方面的规定和标准，并接受公司的监督。此外，政府一直提供长期、稳定的经费，资助奇异果产业的基础性研究，新西兰政府的大力支持为佳沛奇异果在全球市场的销售提供了坚实的后盾。在政府的协助下，新西兰奇异果果农成立了国际行销公司，通过获取政府特定扶持计划，规定新西兰奇异果必须通过该公司以统一品牌进行出口，不断强化资源整合，控制奇异果出口数量和质量，保障了奇异果的价格，避免了同业的恶性竞争，增强了品牌的可信度和消费者的认同感，推动了地方经济的发展。

（三）新西兰奇异果品牌建设经验启示

1. 强化品质建设，夯实品牌基础

品质是产品的核心竞争力，是消费者信任和忠诚度的基石。严控果实品质是新西兰奇异果成功的重要因素。农产品品牌建设，要坚持高标准、严要求，严格控制农产品从种植、生产、加工、流转等环节质量，保障产品质量，从源头抓起，全链条、全过程保证品质，赢取消费者的认可和信任。同时地方政府要加强对农产品品牌建设资金的支持，通过政策扶持、资金支持、市场开拓等多方面措施，大力推动农产品品牌发展，强化与农科院、农业大学、地方院校等科研院所合作，增强对农产品种植、生产等的技术指导，通过设立专门的技术研发部门，不断培育新品种、探索新方法，优化农产品基因，改善农产品口味，以满足消费者对高品质、可持续生长的水果的需求，夯实农产品品牌建设基础。

2. 健全标准体系，统一品牌形象

新西兰奇异果凭借标准化的生产管理和高度统一的产品形象品质，成功进入全球市场，赢得了全球消费者的广泛认可。统一的标准体系是农产品品牌建设的重要保障，建立生产、包装甚至到水果的颜色、大小形状统一的标准化生产管理方式，有利于确保产品品质的稳定性和一致性，使得品牌形象更加鲜明，有利于提升品牌的知名度和影响力。此外，建立产品全过程溯源系统，实现从田间到餐桌的全程可追溯，确保产品的安全、可靠、优质，让消费者和渠道商可以追踪农产品采摘、运输等各个环节，增加消费者对品牌的信任度，提升品牌的形象和价值，不仅满足了消费者对新西兰奇异果质量和安全性的需求，还为新西兰奇异果品牌建设提供了有力支持，巩固了其在市场上的竞争地位。

3. 实施差异化策略，突出品牌特点

在农产品市场中，同质化竞争现象越来越普遍，要想在市场中脱颖而出，农产品品牌建设要立足自身，设计独特、富有创意的包装，可以吸引消费者的注意力，增加其购买欲望和对品牌的识别度，挖掘农产品特点和优势，突出农产品背后的独特故事和历史文化，广泛传播，深入市场调研，了解目标市场的消费者需求和喜好，实施差异化策略，满足消费者差异化需求。例如，以高端市场为目标，主打营养与健康的品牌定位，通过与消费者分享产品的营养功效和倡导时尚健康的生活方式，满足消费者对新鲜、健康、高品质农产品的需求，进而树立独特的品牌形象。

四、"美国花旗橙" 新奇士橙

（一）新奇士橙概况

1. 新奇士橙发展历史

新奇士，一个已有 130 年历史的美国加利福尼亚州柑橘产品的品牌，从一个小小的橘子开始，如今已成为全球知名的柑橘品牌。自 1893 年创立之初，新奇士就以其卓越的品质和独特的营销策略赢得了消费者的青睐。作为一个非营利柑橘营销机构，新奇士由加利福尼亚州与亚利桑那州6000 多名柑橘种植者共同拥有，其中大部分是小型的个体果农，这种区域公用品牌的模式，让新奇士的每一个果实都充满了独特的地域风味和自然甜味①。

作为全球知名的柑橘品牌，新奇士以其新鲜的柑橘水果和果汁而闻名，赢得了全球消费者的喜爱和信赖。新奇士的柑橘产品种类繁多，包括

---

① 资料来源：《一个农业合作社，打造一个享誉全球的柑橘品牌，不得不说是个奇迹》，https：//baijiahao. baidu. com/s? id＝1761078653303872097&wfr＝spider&for＝pc。

柑橘、柠檬、酸橙等，以及由这些柑橘水果制成的各种果汁和饮料。新奇士的柑橘水果和果汁都经过严格的质量控制，以确保其新鲜、天然、美味和营养丰富，新奇士的柑橘产品不仅是消费者的健康之选，也是品位生活的代表。

作为柑橘产品的领跑者，新奇士致力于不断推动柑橘产业的创新和发展。新奇士的研发团队不断探索新的柑橘品种和种植技术，以提高柑橘的品质和产量。同时，新奇士还积极推广柑橘的营养价值和健康益处，为消费者的健康做出贡献。如今的新奇士已经从美国本土走向世界，成为全球消费者信赖的品牌。这背后是新奇士种植者协会不懈的努力与坚持，也是无数个"第一次"的勇敢尝试和创新精神，未来，新奇士将继续秉持其品牌理念，为全球消费者提供更优质的柑橘产品和服务。

2. 新奇士橙发展现状

历经130年演变，新奇士橙从鲜为人知的普通橙子蜕变为享有世界声誉的水果品牌，为全球农业品牌树立了行业典范。在不断地创新与发展中，新奇士橙以其卓越的品质和独特的营销策略成功拓展至全球市场，成为备受全球消费者信赖的品牌，具象化的品牌形象更加贴近消费者，品牌黏性和知名度日益提升，新型高效的运营模式能够更加灵活地应对市场风险，品牌得以持续发展，产业规模持续壮大，发展前景广阔，展现出强劲的发展势头。

（1）产业规模扩大。

新奇士是全球柑橘类产品中最知名的品牌，也是世界上最大的水果蔬菜类合作社。如今新奇士拥有6000多名成员，800多名员工，每年销售水果约8000万箱，是美国十大供销合作社之一①。此外，为了进一步扩大品牌影响力，新奇士采取了与知名品牌合作的策略，通过授权新奇士的产品链得到了极大的拓展，目前全球范围内共有近50家知名公司使用

---

① 资料来源：《新奇士橙：联合体农业品牌的"世界样板"》，https：//baijiahao.baidu.com/s？id=1749819627138100367&wfr=spider&for=pc。

"新奇士"品牌商标，产品范围拓展到生产饮料、维生素、糖果、果干甚至书籍、家居用品等接近700种产品，通过"新奇士"品牌授权，都进一步增强了"新奇士"商标丰富了新奇士的品牌形象，增强了其品牌影响力，使市场和产业规模得以持续壮大，进一步提升了品牌的市场盈利能力。

（2）品牌价值突出。

新奇士橙品牌的价值主要体现在其卓越的品质、独特的口感和丰富的营养价值上。作为世界著名的柑橘品牌，新奇士橙因其鲜美的口感和富含维生素 C 等营养成分而备受消费者青睐。多年来，新奇士橙坚持持续升级品牌理念，精准化营销，先后实施"微笑"、举办新奇士"新奇士柑橘庆祝"活动、征集食谱、"Sunkist Kid"计划等传播策略，实现了品牌的符号化，品牌形象更加具象化，在消费者心中建立品牌认知，拉近了和消费者之间的距离，扩大了新奇士在全球市场的影响力，据估算"新奇士"品牌价值曾高达70亿美元，在全世界商标排行榜中曾长期位列前50，年销售额达11亿美元。

（3）运营机制更加合理。

新奇士采用了"品牌联盟+协会"模式，在这种模式下，种植户和联合体企业分工明确。种植户专注于生产，按照联合体企业的要求打造标准化、具有辨识度、差异化特点的产品。而联合体企业则负责品牌保护，对外执行整合营销传播、渠道开发、品牌资产保护等职能，有效克服了果农们各自为政、小农经济无序竞争等不利于做大水果产业的问题，有效提高了新奇士运营专业化水平，有效降低了成本，能够更好地应对市场变化，抓住市场机遇，为品牌的持续发展提供了坚实的保障，品牌运行效率大大提升。

（二）新奇士橙品牌建设措施

1. 组建种植协会，统一品牌标准

标准化、统一化是维护新奇士品牌价值的核心措施。新奇士始终秉持"一个主导产业，构建一个主体企业，塑造一个主打品牌"的品牌经营理念，组建新奇士种植者协会，实行公司化管理模式，农户跟合作社签订合作合同，通过拥有新奇士品牌，加入合作社的农户每年缴纳会费，合作社成立运营公司，聘请职业经理人管理企业，实现了统一的生产和销售。在新奇士种植者协会的整体规划下，果农专注于种植，而协会则负责购买农药、化肥等生产资料，并推广新的种植技术，协会对于所种的每株果树种植时间、品质特性及成熟期等信息实行电子化档案管理。基于这些信息和全球市场的变化，协会制订种植计划，实现了价格的统一制定和广告宣传的一体化，对于采摘和收获的水果，经过人工筛选、自动流水线选果和包装后，进行逐一检测并标记，以确保一旦出现问题可以迅速追溯到经办责任人，实现了新奇士种植技术和生产标准化的统一，产前、产中和产后的统一化运营，新奇士柑橘产品在市场上的竞争力得到了显著提升。

2. 创新经营模式，提升品牌价值

新奇士积极推行商标授权计划，品牌授权中新奇士并非亲自制造其所授权的产品，公司只负责审批申请者、监管产品质量、设置包装和广告标准，通过品牌授权，新奇士不仅获得了不菲的授权费，还提升了品牌价值。目前，新奇士公司已经在全球范围内与约 45 个国家的企业和分销商建立了合作关系，合作涵盖了水果汁、碳酸饮料、点心、糖果、维生素等多个产品范畴甚至扩展至书籍、家居用品等近 700 种产品，其中新奇士公司主要授权的三大类别主要为汁类、汁饮料和碳酸饮料，有效拓展了新奇士产业链，进一步加强了全球范围内"新奇士"品牌的知名度与市场渗透率。此外，为了应对品相较差或市场滞销的柑橘产品，新奇士公司还建立了专门的饮料生产线，推出了"新奇士橙汁"等饮料产品，有效提高了柑橘产品的利用率，为柑橘产品注入了新的市场活力。

3. 实行精准化营销，提升品牌影响

围绕柑橘水果的营养价值，从健康出发，逐步探索发掘其在平常生活中饮食中的价值，1916 年，新奇士策划实施了"喝一个橙子"的广告语，突出"味佳且有利健康"的产品价值，通过不断的广告引导，并首先提出补充维生素 C 营养健康概念，使得新奇士橙"健康"的品牌灵魂也渐渐确立。在此基础上，2008 年新奇士品牌一百周年之际，新奇士制定了一项"微笑"（Smile）传播策略，利用一个切开一角的橘子，形似咧开嘴微笑的样子，借此实现品牌的符号化，让新奇士的微笑品牌形象走向全球，在消费者心中建立品牌认知，拉近与消费者之间的距离。此外，新奇士还积极探索柑橘产品在主食领域的推广和消费场景，通过征集食谱，建立数据库，搜集和分享利用柑橘让饮食更美味、更健康的方法。在全球推广方面，则根据各地消费偏好，进行精准营销。比如新奇士还研究各地消费者的不同需求，指导消费。例如他们发现日本人喜欢吃鱼，而柠檬能去除鱼腥味，就向日本出口柠檬；而中国人喜欢吃甜，就把新奇士产品中最甜的脐橙和柑橘销往中国。

4. 实行利益共享，平衡品牌利益

新奇士种植协会成员产出的柑橘尽管都会使用统一的"新奇士"商标。但为避免公用品牌谁都可以用、谁都不珍惜的弊端，在管理上会根据各种植者的柑橘产品品质，分成不同的档次，每个档次统一定价，最大限度维护公用品牌的整体价值；在运营机制方面，盈利不是按照资本比例来分配，而是根据成员当年与新奇士之间的业务交易额分配，除去各个环节成本费用，剩余盈利归种植者所有，按比例获得利润分成。管理层是协会聘请的专业人员，对于生产环节、销售环节进行规划和指导，但无权利干预种植选择，只能根据市场走向提供一些规避风险的建议。

（三）新奇士橙品牌建设经验启示

1. 组建专业合作组织，统一品牌管理

组建专业合作组织有利于实现农产品产前、产中和产后的统一化运营，提升农产品在市场竞争力。在农产品品牌建设中，应积极组建专业合作组织，注重人才培养和引进，通过培训、引进等方式，提高合作组织成员的素质和能力，培养一批懂技术、会管理、善营销的专业人才，统一品牌管理，加强自身建设，完善内部管理机制，制定统一的生产标准和技术规程，在产前阶段，合作组织可以统一采购农业生产资料，降低生产成本。在产中阶段，合作组织可以统一技术指导和生产管理，提高生产效率和产品质量。在产后阶段，合作组织可以统一销售和物流配送，减少中间环节和物流成本，提高产品附加值和市场占有率，确保产品质量，提升农产品品牌价值和市场影响力。

2. 创新经营模式，提升品牌价值

新奇士推行商标授权计划，将品牌授权给其他企业使用，并负责审批申请者、监管产品质量、设置包装和广告标准。通过品牌授权，新奇士不仅获得了不菲的授权费，还提升了品牌价值。此外，针对品相较差的柑橘产品或因市场原因而滞销的柑橘产品，新奇士建立了饮料生产线，生产"新奇士橙汁"等饮料，提高了柑橘产品的利用率。在农产品品牌建设中，应注重创新经营模式，探索与其他产业的品牌进行合作等方式，与餐饮、食品加工等行业开展合作，共同开发新产品，共享市场资源，从而拓展农产品提高市场份额，提升品牌价值。同时，要注重开发新产品，融入健康等元素，开发多功能产品，满足消费者多样化需求，提高产品附加值。

3. 精准化营销，提高品牌影响

在农产品品牌建设中，应注重精准化营销，根据消费者需求和市场变化制定营销策略。首先，要坚持优化农产品产品质量，从农产品种植、生产工艺到产品检测等各个环节的把控，健全质量管理体系，以及严格的质量检测标准和方法，确保产品的质量符合要求。其次，农产品品牌建设需要注重创新包装，包装设计力求简洁明了，突出品牌形象和产品特色，兼顾环保和可持续发展。包装材料选择也要考虑到安全性和成本等因素，提高产品的附加值，吸引消费者的眼球，增强品牌的认知度，提高产品知名度和美誉度。最后，立足农产品产品特点，利用电商平台和社交媒体等新型渠道，拓展销售范围和受众，根据目标消费者的需求和购买习惯，制定不同的销售策略，实现精准化营销，满足消费者个性化需求，采取线下活动如品酒会、农产品展销会以及抖音、直播新媒体平台等多种方式进行宣传，突出品牌的差异化优势和核心价值，让消费者了解品牌的独特之处，提高品牌的曝光度和影响力，增强品牌的认知度和美誉度。

4. 平衡各方利益，实现共赢发展

新奇士品牌的成功并非偶然，核心因素在于能够兼顾各方利益的运营机制，既提高了品牌知名度，又推动了整个区域农产品产业的发展。实施农产品品牌建设，要以区域农产品公共品牌打造为抓手，注重平衡各方利益实现共赢发展，在农产品品牌建设过程中充分考虑农户合作社企业等各方的利益诉求，建立合理的利益分配机制，保障各方利益，确保每个参与者都能从中获益，具体而言，对于农户来说，他们需要得到公平的价格和合理的收益。对于合作社和企业来说，他们需要确保供应链的稳定和产品的质量。对于消费者来说，他们希望获得高质量的农产品和良好的购物体验。只有当所有这些因素得到有效的协调和管理，才能实现真正的共赢。为进一步促进各方的合作和发展，建立分散的个体种植农户和营销渠道结成互惠互利的产业联盟，有助于更好地发挥各自的优势，共同抵御市场风险，进而提升区域农产品的市场价值和效益，促进地方特色农产品走出本地、走向全国和世界，推动农产品品牌建设的可持续发展。

第四章　江西省农业品牌建设的现状

第一节　江西省推进农业品牌建设的主要做法

一、优化环境，营造品牌农业发展氛围

实施农业品牌战略是发展现代农业的必由之路，品牌也是企业转型升级与核心竞争力提升不可逾越的发展之道。中央一号文件已连续多年对农业品牌建设作出重要部署，已经上升为我国农业参与全球农业竞争的国家战略。江西省积极响应国家的战略落实，高度重视农业品牌建设，助力农业农村现代化发展，深入推进农业强省建设。

（一）加强顶层设计，高位推进品牌农业发展

近年来，江西省高度重视农业品牌建设，出台了一系列相关政策，极大地促进了江西品牌农业发展。2006年，出台了《江西省名牌农产品评选认定管理办法》，要求实施农业品牌化发展战略，提高农产品质量水平，提升农产品的市场竞争能力，推进农业结构的战略性调整，促进农业和农村经济的发展，增加农民收入。"十三五"时期，江西省出台了《关于加强农产品品牌建设工作的意见》《关于推动全省茶叶品牌整合的实施

意见》《关于加强"泰和乌鸡、崇仁麻鸡、宁都黄鸡"等地方鸡品牌建设的指导意见》《关于批准开展江西省 2018 年稻米区域公用品牌建设的通知》《关于实施乡村振兴战略加快推进现代农业强省建设的意见》等政策文件，在全省范围内启动农产品区域公用品牌建设工作，打造"四绿一红"（狗牯脑、婺源绿茶、庐山云雾、浮梁茶、宁红茶）五大茶叶品牌，创建"鄱阳湖水产"、"江西地方鸡"（泰和乌鸡、崇仁麻鸡、宁都黄鸡）、"沿江环湖"水禽以及 9 个稻米区域公用品牌建设。2019 年江西省委一号文件进一步明确提出，大力发展品牌农业，深入实施"生态鄱阳湖·绿色农产品"品牌战略，做大做强一批产业优势品牌。同年，江西省农业发展大会提出发展绿色生态农业，坚定走绿色化、优质化、标准化、品牌化之路，让"生态鄱阳湖·绿色农产品"叫响全国、走向世界。江西省品牌强农战略进入新的历史时期，更加注重生态、绿色高品质农产品品牌培育。2021 年，为推动江西农业品牌向更高质量发展，破解江西农业品牌"小、散、弱"的困局，江西省农业农村厅通过公开招标方式引进全国知名品牌策划公司，共同编制了《江西农产品品牌总体策划方案》，在坚持"生态鄱阳湖·绿色农产品"宣传主旋律不变的基础上，提出了全域品牌"赣鄱正品"和 LOGO 形象。"赣鄱正品"认定品牌"赣鄱正品"代表着江西省高端农业、食品品牌、优质放心品质、独具特色品相和先进技术集成的新名片。2021 年，根据《江西省农业农村厅关于印发江西"赣鄱正品"品牌创建三年行动计划（2021-2023 年）的通知》，省农业农村厅开展了"赣鄱正品"认证品牌，纳入"赣鄱正品"认证体系。到 2023 年末，"赣鄱正品"认证品牌达 360 个，其中第一批认证品牌 50 个，第二批认证品牌 100 个，第三批认证品牌 110 个，第四批认证品牌 100 个。自 2020 年开始，每年都会评定江西农产品"二十大区域公用品牌"和江西农产品"企业产品品牌百强榜"。2022 年出台制定了《江西省优质农产品品牌创建实施方案（2022-2025 年）》，将品牌打造贯穿于农业农村重点领域、重点规划，确定品牌发展目标，召开品牌培训会，推动品牌目录建设。2022 年出台了《江西省人民政府关于印发江西省农业七大产业高质量发展三年行动方案（2023-2025 年）的通知》，提出要大力实施"生态鄱阳湖·绿色农产品"品牌战略，推进"赣鄱正品"全域品牌创建，建立品牌目录，实行动态管理。引导赣南脐橙、南丰蜜桔、奉新猕猴桃、广昌白莲、新余（寻乌、新干）蜜桔、广丰马家柚、赣南蔬菜、江西山茶油、赣南茶油、"四绿一红"等茶叶、崇仁麻鸡、铅山红芽芋、井冈山农产品、鄱阳湖渔业、军山湖水产、湘赣红等区域公用品牌做大做强，加快构建富硒"1+N+N"的全域、区域、企业品牌体系。力争到 2025 年，打造农产品区域公用品牌 50 个、"赣鄱正品"认证品牌稳定在 300 个左右，富硒功能农业综合产值达 1600 亿元。借助农业品牌化，助推江西省七大产业实现高质量发展。

（二）发挥财政引领作用，促进品牌农业发展

近年来，江西省积极大力发展农业品牌，通过多渠道、多维度给予资金支持，做大做强农业品牌，大力发挥品牌溢价增效作用。2017～2018 年，省财政安排 2.4 亿元资金，开展了"生态鄱阳湖·绿色农产品"品牌央视广告宣传，实现了央视一套重要新闻栏目广告全覆盖，其中鄱阳湖大米、"四绿一红"茶叶品牌、绿海茶油、乐平蔬菜等一大批品质上乘的绿色农产品先后亮相央视电视台，有效占领了品牌宣传制高点。在品牌打造方面，积极给予资金扶持，如 2015～2020 年，对茶叶品牌每年投入 1 亿元做赣茶品牌；2018 年省财政整合 2.55 亿元，用于创建 9 个稻米区域公用品牌建设，极大地提升了品牌价值，社会反响巨大。在品牌奖补方面，省财政从 2016 年起，每年统筹安排 1000 余万元用于农产品认证登记奖补，近两年来增至 3000 余万元。奖补政策体现"保存量、扩增量"原则，既覆盖新认证的也兼顾续展的绿色食品、有机农产品和名特优新农产品。安排专项资金支持入驻专馆专店，对入驻省内外"赣鄱正品"旗舰店、全国农业展览馆（绿色有机专营区）及全省各地绿色有机地理标志农产品专营店的农产品生产经营主体，按照年度内产品销售额的 10% 进行奖补。同时在农业科技方面，不断加大科技创新力度，提升农产品科技含量，逐步建成了涉及水稻、生猪、大宗淡水鱼、茶叶、猕猴桃、蔬菜、

柑橘、油菜、家禽、特种水产、中药材、稻田综合种养、牛羊、蜂业、休闲农业、葛业、花卉、花生芝麻、薯类、食用菌、农机装备应用、棉花22 个省级现代农业产业技术体系，为推进农业农村现代化提供了有力的科技支撑。在这方面，仅 2016~2020 年江西省财政就累计投入资金1.53 亿元，并将长期支持下去。《江西省人民政府关于印发江西省农业七大产业高质量发展三年行动方案（2023-2025 年）的通知》规定，支持在央视等主流媒体开展农产品品牌宣传；对入围全国区域品牌（地理标志农产品）百强的江西省农产品区域公用品牌，按品牌价值排名顺序给予前 10 名品牌主体 300 万~600 万元奖励，用于品牌宣传和市场开拓；对"赣鄱正品"新认证品牌给予适当奖励，用于品牌打造和提升，积极支持"赣鄱正品"认证品牌开展提升品牌产品包装、品牌全链数字化建设及各类品牌宣传活动，省级财政给予补贴。充分发挥省财政资金引领作用，积极吸引社会资金、工商资本大力发展农业品牌，壮大江西省农业品牌战略集群，构建集农产品区域公用品牌、地理标志农产品、农产品品牌和企业品牌协同发展的良好格局，提升江西省农业品牌的影响力和知名度。

二、多措并举，夯实农业品牌发展基础

（一）大力培育农业品牌新型经营主体

龙头企业、农民经济合作组织、农业行业协会是农业品牌经营的主体。江西省以培养优质农业企业为抓手，带来推进经营主体的发展，提供支持与帮助。目前，江西省累计建成农民专业合作社 7.92 万家，其中示范合作社 4944 家，农民专业合作社联合社 415 家，参加合作社的普通农户成员 162 万人；在龙头企业引领方面，江西近年来大力实施"头雁领航、雏鹰振飞"行动，累计培育省级以上农业产业化龙头企业数达 1058家，国家级重点龙头企业 68 家；江西省亿元以上农产品批发市场有 17家；积极培育发展休闲农业与乡村旅游经营主体 2.5 万多家、从业人员110 万人，年接待游客 8500 万人次、休闲农业和乡村旅游总产值近千亿元。建成全国休闲农业示范县 16 个、中国美丽乡村 33 个，省级田园综合

体 35 个、精品线路 33 条。江西省积极壮大农业新型经营主体队伍，有效地实现了农业产业的规模化发展，助力企业品牌、农产品品牌的打造。

（二）着力推进农业标准化生产

江西省高度重视农业农村标准化工作，推动品牌农产品标准化，切实保障农产品质量安全。2020 年出台的《关于加强农业农村标准化工作的实施方案》、2021 年出台的《江西省农业农村厅关于印发全省农业生产"三品一标"提升行动实施方案的通知》以及 2022 年出台的《江西省农业农村厅关于加快推进农业农村标准化工作的通知》，都不断加强对农业全产业链标准体系的建设，优化标准体系、强化标准实施，创新标准服务，不断提高农业农村标准化发展水平。江西省大力推进农产品"三品一标"四大行动，持续推进农产品质量安全大数据智慧监管工作，实时呈现各地各企业农产品质量安全状况和综合排名，打造"全域监管一张网，全程追溯一条链，全面评价一幅图"的"江西农安·数智监管"新模式。完善对农产品质量的监管，积极构建"五员"网格化监管体系（市级指导员、县级管理员、乡级监管员、村级协管员和企业内控员），落实农产品质量安全监管对象名录制度，并对入网主体进行风险等级实时评价。推广"区块链溯源+合格证"合二为一开具模式，落实"四必链两鼓励一查询"（落实主体信息、检测结果、巡检巡查、农事记录四项必须入链，鼓励链入标准等级信息、电商平台信息，开通"三品一标"查询），实现质量安全闭环管理，促进优质优价。自 2023 年以来，平台共开具合格证 2500 万余张。建立江西省农产品质量管理标准化技术委员会，制修订农业地方标准 767 项，推进农业标准化生产"三上墙、三到户"（操作规程上墙、投入品科学使用上墙、风险等级上墙，农业技术推广服务到户、农业标准化生产手册发放到户、投入品科学使用宣传到户），认真落实"一标一证"进市场行动（通过"三品一标"认证，以及产自国家农产品质量安全县的农产品，一律张贴相应标识，规范开具承诺达标合格证），逐步实现企业贯标自觉，提高标准应用显示度。同时，启动了全省农产品质量监管追溯体系建设，依托江西智慧农业"123+N"三大核心平台，建立了覆盖省市县和生产流通各环节的农产品质量安全追溯信息系统，实现了全省主要农产品质量安全可追溯。在品牌标准把控方面，2022年，"赣鄱正品"品牌体系实行了《"赣鄱正品"品牌臻品级别产品认定标准》《"赣鄱正品"农产品品牌评价规范》《"赣鄱正品"品牌全链数字化建设规范》3项省级地方标准，从产品规范、评价标准、数字农业等方面，全面建立"赣鄱正品"品牌标准规范，保障了"赣鄱正品"品牌的高品质。

（三）以农产品认证带动规模化生产

牢固树立保护优先、绿色发展的理念，大力实施绿色生态农业"十大行动"，助推农业发展质量与生态环境稳步提升，让绿色生态成为江西农业的鲜明标识。产地环境更优，农药、化肥用量连续四年负增长，农药、化肥利用率分别达44.0%、41.5%，均高于全国平均水平。江西省把开展无公害、绿色和有机农产品认证登记工作作为农业品牌培育的重要基础。截至目前，全省共培育"二品一标"农产品（绿色食品、有机农产品、地理标志农产品）达6204个。创建全国名特优新农产品达218个；全国绿色食品原料标准化生产基地48个，面积达1695.34万亩。通过大力实施农产品质量认证，强化企业在农产品生产中的主体地位，有效地促进了农业品牌的规模化效应和名牌效应。此外，江西省不断加快推进农业全程全面机械化进程，截至2022年底，主要农作物耕种收综合机械化率超过78.87%，其中水稻耕种收综合机械化率达83.93%，为产业规模化、标准化发展创造了条件。

（四）提升产业集群实力做大农业品牌

江西省印发的《江西省人民政府关于印发江西省农业七大产业高质量发展三年行动方案（2023-2025年）的通知》提出，深入实施农业七大产业高质量发展三年行动，壮大产业基础，打造优势产业集群，以产业培育品牌、以品牌提升效益，为农业品牌的发展创造良好的产业基础。积极实施特色农产品优势区建设行动，高标准打造赣南脐橙、南丰蜜桔、婺源绿茶、崇仁麻鸡、广昌白莲、广丰马家柚、狗牯脑茶、军山湖大闸蟹、樟树中药材、井冈蜜柚 10 个中国特色农产品优势区；创建省级现代农业产业园 53 个，国家优势特色产业集群 6 个，国家现代农业全产业链标准化示范基地 6 个；大力推进农产品产地冷藏保鲜设施建设，2023 年新增库容 151 万立方米，增加冷藏保鲜能力 60 万吨左右。通过实施"百县百园"工程，初步形成了"以点带面、梯度推进"的现代农业示范园区建设格局，全省共创建国家级农业产业强镇 39 个，国家现代农业产业园 8 个、省级现代农业产业园 37 个，省级现代农业示范园 291 个，市县级现代农业示范园 760 个。产业集群的发展促进了农产品区域公用品牌的建设，可以进一步增强农产品市场竞争力，提高农业经营层次和水平。

（五）加大宣传推广力度做响农业品牌

近年来，江西省积极扶持通过各种渠道推广、宣传农业品牌，积极鼓励利用央视等主流媒体、直播电商等网络自媒体以及电视、广播、报纸等传统媒体和高铁、地铁站等实体媒介进行宣传推广农产品品牌、农文旅品牌等。2017 年开始，省财政每年安排 1 亿元用于江西农产品在中央电视台进行广告宣传，先后组织 21 个区域公用品牌和 26 家企业参与广告投放。并安排资金支持展示宣传活动，对参加中国绿色食品博览会、中国国际有机食品博览会、中国国际农产品地理标志专展、中外地理标志产品博览会、江西省"生态鄱阳湖·绿色农产品"博览会以及绿色食品宣传月活动的各类农产品生产经营主体，按照参展实际产生交通费、住宿费、展位费、物流费等进行奖补。

第二节　江西农业品牌建设主要成效

创建农业品牌是实现产业振兴的重要路径，品牌农业的发展将极大地促进江西农业农村经济发展，对于推进产业兴旺、助力乡村振兴具有时十分重要的意义。

一、农业品牌发展战略不断深入

近年来，江西省以省部共建江西绿色有机农产品基地试点省为契机，依托绿色生态优势，加快发展绿色农业、生态农业、特色农业、品牌农业，大力实施"生态鄱阳湖·绿色农产品"品牌战略，积极做好品牌强农及"土特产"文章，持续推动农业品牌品质提档升级。在国家层面，江西农业农村厅推动赣南脐橙、崇仁麻鸡、赣南茶油、泰和乌鸡、广昌白莲5个品牌成功入选农业农村部农业品牌精品培育计划。在省级层面，江西农业农村厅重点打造"赣鄱正品"全域公用品牌，认定四批共360个"赣鄱正品"品牌，如表4-1至表4-4所示，覆盖全省11地市，涵盖的品牌产品超过2000多种。各地市依据自身农业产业实力，积极企业积极参与认证，以获得更好的扶持与宣传，如图4-1所示。经相关媒体数据披露可知，截至2023年末，全省"二品一标"农产品达6204个，其中，有机农产品3762个，居全国第四位；发展名特优新农产品218个、居全国第七位；认证富硒农产品1846个。在社会层面，江西农业农村部门推动赣南脐橙、南丰蜜桔、赣南茶油、庐山云雾茶、狗牯脑茶、崇仁麻鸡6个品牌入选2023全国区域品牌（地理标志）产品百强榜，上榜数量居全国第五、中部第一。江西省农业品牌在数量方面、质量方面增长较快，在总部地区、全国具有一定的地位，知名度不断提升。

表4-1 "赣鄱正品"第一批认证品牌名单

地市	品牌名称	企业名称
南昌市（6家）	军山湖大闸蟹	江西省进贤县军山湖鱼蟹开发公司
	煌上煌	江西煌上煌集团食品股份公司
	绿滋肴	江西省绿滋肴实业有限公司
	阳光	江西阳光乳业股份有限公司
	汪氏	江西汪氏蜜蜂园
	稻香园	南昌稻香园调味食品有限公司

续表

地市	品牌名称	企业名称
九江市（6家）	鄱阳湖	九江凯瑞生态农业开发有限公司
	庐山云雾茶	九江市庐山绿丰茶业有限公司
	修水宁红茶	江西省宁红集团有限公司
	修水金丝皇菊	江西修江源实业有限公司
	仙客来	江西仙客来生物科技有限公司
	溢流香	瑞昌市溢香农产品有限公司
鹰潭市（1家）	轩斛	鹰潭市天元仙斛生物科技公司
赣州市（9家）	宁都黄鸡	江西省惠大实业有限公司
	赣南茶油	兴国红天下山茶油有限公司
	赣南脐橙	江西杨氏果业股份有限公司
	上犹绿茶	上犹犹江绿月食品有限公司
	齐云山	江西齐云山食品有限公司
	五丰	江西五丰食品有限公司
	橙皇	安远县橙皇现代农业发展公司
	百丈泉	江西国兴集团百丈泉食品饮料有限公司
	橙天下	赣州市信立农产品有限公司
宜春市（7家）	奉新大米	江西奉新天工米业有限公司
	靖安白茶	江西九岭白茶开发有限公司
	宜春大米	宜春市中州米业有限公司
	春丝	江西省春丝食品有限公司
	金特莱	高安市盛发粮油有限公司
	隽钰	江西德辉粮油有限公司
	谷晶	高安市清河油脂有限公司
上饶市（8家）	婺源绿茶	婺源县郐公山茶叶实业有限公司
	广丰马家柚	江西丰广实业有限公司
	万年贡米	万年贡集团有限公司
	玉山怀玉	江西三山实业有限公司
	远泉	江西远泉林业股份有限公司
	好鱼道	江西东海食品有限公司
	憨农	江西鹏辉高科粮业有限公司
	恩泉	江西恩泉油脂有限公司

续表

地市	品牌名称	企业名称
吉安市（6家）	泰和乌鸡	江西汪陂途泰和乌鸡发展有限公司
	狗牯脑茶	江西御华轩实业有限公司
	井冈翠绿	江西井冈山茶厂
	一江秋	江西一江秋粮油有限公司
	吉田	江西井冈山粮油集团有限公司
	绿海 GREEN SEA	江西绿海油脂有限公司
抚州市（7家）	崇仁麻鸡	崇仁县国品麻鸡发展有限公司
	广昌白莲	致纯食品股份有限公司
	南丰蜜桔	江西桔花香食品有限公司
	稻草人	江西博君生态农业开发有限公司
	麻姑	江西麻姑实业集团有限公司
	广雅	江西广雅食品有限公司
	罗山峰	江西罗山峰生态科技有限公司

表4-2　第二批"赣鄱正品"认证品牌名单

序号	地区	品牌名称	单位名称	类别
1	上饶鄱阳	鄱阳湖	鄱阳湖生态农业股份有限公司	大米
2	南昌新建	林恩	江西林恩茶业有限公司	茶叶
3	上饶铅山	鹅湖山	江西江天农业科技有限公司	蔬菜、大米
4	抚州临川	新农人	抚州民生农业有限公司	肉类、大米
5	宜春万载	千年	江西万载千年食品有限公司	蔬菜、果品、其他特色产品
6	宜春丰城	天玉	江西天玉油脂有限公司	食用油
7	南昌南昌	鄱湖骄子	南昌市鄱阳湖农牧渔产业发展股份有限公司	水产
8	景德镇浮梁	昌南雨针	浮梁县昌南茶叶有限公司	茶叶
9	宜春铜鼓	铜鼓春韵	江西铜鼓县茶业有限公司	茶叶
10	赣州经开	齐云山	江西齐云山油茶科技有限公司	食用油
11	萍乡经开	吉内得	江西吉内得实业有限公司	大米
12	抚州东乡	润邦	江西润邦农业开发集团有限公司	水产、大米、其他特色产品

续表

序号	地区	品牌名称	单位名称	类别
13	南昌南昌	神珠田园	江西神珠田园食品有限公司	蛋品、食用油
14	宜春万载	恒晖大	江西恒晖大农业科技有限公司	蔬菜、果品、茶叶、水产、蛋品、大米、食用油、其他特色产品
15	宜春	温汤佬	江西温汤佬食品有限责任公司	蛋品
16	宜春丰城	老实人	丰城市老实人食品有限公司	其他特色产品
17	南昌进贤	高正	江西高正生物科技集团有限公司	食用油
18	宜春上高	圣牛	江西圣牛米业有限公司	大米
19	宜春靖安	三爪仑	江西三爪仑绿色食品开发有限责任公司	蔬菜、大米、其他特色产品
20	南昌高新	正邦	正邦集团有限公司	肉类、水产、乳品、大米
21	宜春上高	汇银	江西金农米业集团有限公司	大米
22	上饶横峰	葛佬	江西观山月葛业开发有限公司	其他特色产品
23	宜春靖安	友和	江西友和食品有限责任公司	其他特色产品
24	景德镇浮梁	赣森	江西赣森绿色食品股份有限公司	茶叶、食用油、其他特色产品
25	鹰潭高新	天虹	江西丹霞生物科技股份有限公司	其他特色产品
26	抚州乐安	爱杰鑫	江西鹏鑫食品有限公司	蔬菜
27	抚州临川	龙鑫飞天凤	抚州市临川龙鑫生态养殖有限公司	肉类、蛋品
28	萍乡安源	叶尔 YEL	江西新农园实业有限公司	肉类、蛋品
29	新余	谷韵	江西金土地天然食品饮料股份有限公司	乳品
30	鹰潭	龙虎山	鹰潭市龙虎山天然茶油有限公司	食用油
31	南昌南昌	人之初	江西人之初营养科技股份有限公司	其他特色产品
32	抚州广昌	远泰	江西利财食用菌有限公司	蔬菜
33	赣州瑞金	瑞京的金山上	江西绿野轩生物科技有限公司	食用油
34	景德镇浮梁	严台	江西浮梁贡茶叶有限公司	茶叶
35	九江瑞昌	天兴	九江天兴农业发展有限公司	食用油、特色农产品
36	抚州宜黄	军峰	宜黄县军峰山茶业有限公司	茶叶
37	景德镇昌南新	孚钉	景德镇市金桂园农业开发有限公司	茶叶
38	吉安井冈山	井之绿	井冈山市井之绿特产有限公司	茶叶、大米、食用油

续表

序号	地区	品牌名称	单位名称	类别
39	南昌新建	绿源井冈	江西绿源油脂实业有限公司	食用油
40	赣州大余	南安板鸭	江西南安板鸭有限公司	肉类
41	鹰潭贵溪	蓑衣佬农	江西蓑衣佬农农业开发有限公司	大米
42	赣州宁都	固村三甲	江西翠微三甲酒业有限公司	大米
43	赣州寻乌	七婶小米辣王	寻乌县羊角园果蔬有限公司	蔬菜
44	吉安泰和	半边天	江西半边天药业有限公司	其他
45	上饶玉山	得尔乐	玉山县大成仓食品有限公司	食用油
46	抚州临川	田园梦	抚州田园梦食品有限公司	蔬菜、大米、其他特色产品
47	萍乡湘东	天芽	江西天涯种业有限公司	他特色产品
48	吉安泰和	嘉泰	江西嘉泰精制米业有限公司	大米、食用油
49	上饶鄱阳	元宝山	江西元宝山农业发展有限公司	果品、茶叶、食用油
50	吉安遂川	五百里井冈	江西五百里井冈特产有限公司	食用油
51	九江彭泽	旺宏兴	九江市彭泽县宏兴油脂有限公司	大米、面粉、食用油
52	吉安新干	港达兴	新干县港达米业有限公司	大米
53	抚州资溪	正鸿祥	江西正鸿祥茶业有限公司	茶叶
54	景德镇浮梁	天祥号	浮梁县天祥茶号有限公司	茶叶
55	鹰潭余江	鱼米农夫	江西神农氏生态农业开发有限公司	水产、大米
56	赣州南康	三清源	赣州丰泰农业发展有限责任公司	大米
57	新余	仙女湖	江西金土地食品集团股份有限公司	大米
58	宜春靖安	心愿	江西意蜂实业有限公司	果品
59	宜春丰城	子龙	丰城市子龙冻米糖厂	其他特色产品
60	抚州南丰	果劲	江西省鸿远果业股份有限公司	果品
61	吉安井冈山	普正	江西普正制药股份有限公司	其他特色产品
62	赣州安远	橙市果农	安远县阳光果业有限公司	果品
63	南昌经开	菲乐奇果	江西新西尾生态科技有限公司	果品
64	赣州大余	牡丹亭	大余县牡丹亭旅游食品有限公司	其他特色产品
65	上饶婺源	婺荷	婺源县江源科技农业发展有限公司	水产
66	九江德安	秀姜坊	九江鸿立食品有限公司	其他特色产品
67	吉安井冈山	井冈红	江西井冈红茶业有限公司	茶叶
68	南昌南昌	鄱湖鸭舍	江西天韵农业开发股份有限公司	肉类、蛋品、大米

序号	地区	品牌名称	单位名称	类别
69	上饶广信	绿露	江西茗龙实业集团有限公司	茶叶
70	新余	百舸	新余市华乐食品有限公司	其他特色产品
71	赣州崇义	君子谷	江西君子谷野生水果世界有限公司	果品
72	赣州会昌	吉麟	江西华达昌食品有限公司	大米
73	宜春樟树	东荣	江西东荣实业集团有限公司	其他特色产品
74	赣州安远	维鲜	安远县金丰利农产品有限公司	果品
75	赣州信丰	友尼宝	江西友尼宝农业科技股份有限公司	食用油
76	鹰潭贵溪	洪剑丰	贵溪市金土地农业发展有限公司	蔬菜、果品、茶叶、肉类、水产、蛋品、乳品、大米、其他特色产品
77	九江共青城	皖赣王后	江西皖赣鄱阳湖生态农业发展有限公司	水产
78	宜春万载	金世本香	江西金世本香实业有限公司	食用油
79	南昌南昌	鑫瑞	江西新和源绿色农业开发有限公司	蔬菜
80	宜春奉新	陈狝	江西新西蓝生态农业科技有限责任公司	果品
81	萍乡上栗	宏明	江西宏明食品有限公司	
82	南昌南昌	梅氏	江西梅氏实业发展有限公司	蛋品
83	九江彭泽	画眉龙	江西群鹿实业有限公司	肉类、其他特色产品
84	新余	中田菇爷	江西中田现代农业科技有限公司	蔬菜
85	鹰潭高新	良路	江西省良路食品有限公司	其他特色产品
86	抚州资溪	源之源	江西香檀山茶业有限公司	茶叶
87	宜春丰城	乡意浓	丰城市乡意浓富硒生态科技有限公司	蔬菜、大米、食用油
88	赣州章贡	沁怡玫瑰香	赣州江洪果业发展有限公司	果品
89	萍乡安源	万龙松针	萍乡市万龙山茶场	茶叶
90	南昌市	本无尘	江西省本无尘健康饮品集团有限公司	茶叶乳品其他
91	九江庐山	庐星绿地	庐山市绿游生态农业开发有限公司	大米、食用油
92	吉安遂川	天景湖	遂川县珠田乡洋湖板鸭厂	其他
93	九江庐山	山茶果	江西神州通油茶投资有限公司	食用油

续表

序号	地区	品牌名称	单位名称	类别
94	赣州安远	彭城莲花	赣州市彭城莲花农业发展有限公司	果品
95	吉安遂川	凤龙顶	江西深海现代农林科技有限公司	茶叶
96	景德镇浮梁	西湖珍芝	景德镇市西湖珍芝天然食品有限公司	茶叶
97	赣州信丰	信明	江西信明科技发展有限公司	蔬菜
98	九江柴桑	礼涞	九江礼涞生物科技有限公司	大米
99	抚州黎川	船屋·仙之源	黎川县船屋农业开发有限公司	茶叶、其他特色产品
100	抚州东乡	华绿	江西东华种畜禽有限公司	肉类、蛋品

表4-3 第三批"赣鄱正品"认证品牌名单

序号	地区	品牌名称	申请单位	类别
1	赣州市	鲜甜多	江西田润农业科技股份有限公司	水果
2	吉安市	金佳	江西金佳谷物股份有限公司	大米
3	宜春市	大观楼	北京二商（江西大观楼）食品有限公司	其他特色产品
4	九江市	纱坦太阳红	江西省太阳红茶业有限公司	茶叶
5	鹰潭市	龙虎山	鹰潭市龙虎山御茗食品有限公司	茶叶
6	赣州市	翠微橙源	江西乐友现代农业开发有限责任公司	蔬菜、果品
7	宜春市	中禾良安	江西天稻粮安种业有限公司	大米、其他特色产品
8	吉安市	井岗缘	江西联正现代农业科技有限公司	果品
9	吉安市	琴联	新干县琴联米业有限公司	大米、食用油
10	宜春市	新田岸	江西星火农林科技发展有限公司	蔬菜、食用油、其他特色产品
11	抚州市	华南虎	江西惠农种业有限公司	其他特色产品
12	九江市	东谷潭	修水县东谷潭有机茶茶场	茶叶
13	赣州市	农山哥	江西于都县鲜可农产品有限公司	果品
14	九江市	新合豆条	九江市柴桑区新合豆条厂	其他特色产品
15	赣州市	俊萍	赣州市南康区俊萍果业发展有限公司	果品
16	九江市	西海博鱼	江西山水武宁渔业发展有限公司	水产

续表

序号	地区	品牌名称	申请单位	类别
17	上饶市	白云	江西白云科技发展有限公司	其他特色产品
18	南昌市	利邦土蛋蛋	安义县利邦绿色农业有限公司	蛋品
19	吉安市	永叔公	江西永叔府食品有限公司	蔬菜、水产、其他特色产品
20	南昌市	易佰家	江西小才子食品集团有限公司	其他特色产品
21	南昌市	脯	江西映泉农副食品有限公司	蔬菜
22	九江市	燕山青	江西燕山青茶业有限公司	茶叶
23	新余市	穗穗满福	分宜县钤阳米业有限公司	大米
24	宜春市	煮饭仔	高安市瑞前米业有限公司	大米
25	宜春市	维宝	江西维尔宝食品生物有限公司	
26	九江市	东林雨露	庐山市东林雨露现代农业有限公司	茶叶
27	南昌市	声耀	江西正味食品有限公司	其他特色产品
28	鹰潭市	宝贝山	江西康益禽业发展有限公司	蛋品
29	九江市	梁天柱	江西梁天柱茶业有限公司	茶叶
30	吉安市	井江万安湖	江西万安湖生态农业发展有限公司	果品、茶叶、大米、食用油、其他特色产品
31	宜春市	阳光奇异	江西菲乐奇果农业开发有限公司	果品
32	上饶市	玉雾茗	江西玉雾茗农业有限公司	茶叶、大米
33	景德镇市	松树岭	乐平市大洪山茶业有限公司	茶叶
34	宜春市	豪荣	樟树市豪荣粮油食品有限公司	肉类、大米
35	抚州市	莲豪	江西莲豪农业开发有限公司	蔬菜、果品、水产、大米
36	宜春市	百庄源	江西华村现代农业发展有限公司	大米
37	赣州市	晶星	江西晶星食品有限公司	大米、面粉、其他特色产品
38	赣州市	橙先森	江西赣州轩辕春秋农业发展有限公司	果品
39	赣州市	巧耕人家	赣州巧耕人家农业发展有限公司	蔬菜、果品、茶叶、肉类、水产、蛋品、乳品、大米、食用油、其他特色产品
40	赣州市	云台山	江西云台山有机茶实业有限公司	茶叶

续表

序号	地区	品牌名称	申请单位	类别
41	吉安市	遂穗如意	江西遂穗如意现代农业有限公司	大米
42	赣州市	翠泰龙	兴国蒙山果业发展有限公司	果品
43	抚州市	出云峰	资溪县逸沁茶业有限公司	茶叶
44	抚州市	临玉	江西竹海农业发展有限公司	蔬菜
45	景德镇市	浮兰云珍	景德镇浮兰云珍茶业有限公司	茶叶
46	九江市	丛生雾上春 WU SHANG CHUN	江西雾上春茶业有限公司	茶叶
47	宜春市	弋洋	江西丰城华英禽业有限公司	肉类
48	九江市	赣小白	江西清元生态农业发展有限公司	茶叶、其他特色产品
49	萍乡市	赣优紫红	芦溪县一村食品有限责任公司	大米
50	吉安市	井岗绿宝	江西井冈绿宝股份有限公司	食用油
51	九江市	愚哥	江西大家食品有限公司	肉类、水产
52	赣州市	赣南龙门	江西龙门白茶开发有限公司	茶叶
53	赣州市	高山梯田	江西海山农场有限公司	大米
54	萍乡市	武功一叶	江西江莲实业发展有限公司	茶叶
55	赣州市	永承	江西永记果业有限公司	果品
56	赣州市	华紫仁	江西华紫仁农业开发有限公司	蔬菜、茶叶、其他特色产品
57	宜春市	龙共	丰城市三星食品有限公司	蔬菜、其他特色产品
58	宜春市	仙源澡溪	奉新汉良生态农业发展有限公司	果品、茶叶、大米
59	赣州市	老橙农	定南县华鹏果业开发有限公司	果品
60	抚州市	广莲珍	广昌莲香食品有限公司	蔬菜、茶叶、其他特色产品
61	宜春市	绿万佳	江西绿万佳生态功能农业开发有限公司	茶叶、大米
62	鹰潭市	鲁家源	余江县亲农果蔬专业合作社	蔬菜、果品、其他特色产品
63	宜春市	秋瑶	江西九源丰农业开发有限公司	蔬菜、果品、茶叶、肉类、水产、蛋品、大米
64	赣州市	峻岭	江西峻岭茶业综合开发有限公司	茶叶
65	吉安市	皇脂	泰和县皇脂茶油开发有限公司	食用油

续表

序号	地区	品牌名称	申请单位	类别
66	南昌市	凌代表	江西绿能农业发展有限公司	大米
67	赣州市	虔茶	江西虔茶茶业有限公司	茶叶
68	萍乡市	武功稻香	江西康亦源农业发展有限公司	大米
69	新余市	铃鸿	江西鸿启米业有限公司	大米
70	赣州市	梓得福山茶油	赣州市金溪农业开发有限公司	食用油
71	宜春市	晶升	江西晶升粮油食品有限公司	大米
72	萍乡市	胜龙牛业	江西胜龙牛业有限公司	肉类
73	九江市	湘赣	九江市湘赣食品有限公司	其他特色产品
74	赣州市	南茶园	江西南茶园生态农业发展有限公司	茶叶、食用油
75	赣州市	马槽山	赣州龙灵农场	果品、其他特色产品
76	赣州市	赣鳗	瑞金市红都水产食品有限公司	水产
77	鹰潭市	圣锦芳	江西锦程农业开发有限公司	菊花茶
78	上饶市	YL	弋阳县艺林农业开发有限公司	蔬菜
79	宜春市	小禾刀	江西源禾农业发展有限公司	大米
80	宜春市	谷物源	江西谷物源食品有限公司	其他特色产品
81	新余市	风景里	江西一鸣生态农业科技有限公司	蛋品
82	南昌市	梁氏农旺	江西农旺水产养殖开发有限公司	水产
83	赣州市	梦江南	江西梦江南农场股份有限公司	果品
84	南昌市	大石佬	南昌天日成实业有限公司	大米
85	赣州市	蒙氏	大余县蒙氏果业有限责任公司	果品
86	南昌市	畅欣	江西畅丰农业发展有限公司	果品
87	赣州市	橙天然	信丰鑫达农业发展有限公司	果品
88	赣州市	方太妹	兴国益香园茶业有限公司	茶叶
89	南昌市	伊蓝美	江西春晖生态蓝莓发展有限公司	果品
90	上饶市	鄱艾堂	江西鄱艾生物科技有限公司	其他特色产品
91	吉安市	井岗鑫润荣	江西鑫润荣农业开发有限公司	水产、大米
92	南昌市	百伯利	江西思科食品有限公司	果品、其他特色产品
93	南昌市	西山白露	江西萧坛旺实业有限公司	茶叶
94	上饶市	葛湖	江西康之缘农业开发有限公司	大米、食用油
95	吉安市	灵华山	江西灵华山白茶开发有限公司	茶叶

续表

序号	地区	品牌名称	申请单位	类别
96	上饶市	茅山灵斛	江西圣诚实业有限公司	其他特色产品
97	赣州市	金利果	金皇国（江西）农业科技有限公司	果品
98	赣州市	犹江红	江西犹江红网络科技有限公司	果品
99	抚州市	山土御品	江西山土农业发展有限公司	蔬菜、果品、大米等
100	赣州市	韶琳	赣州韶琳茶业有限公司	茶叶
101	九江市	漫江红	江西宁红有限责任公司	茶叶
102	萍乡市	奇彩果缘	萍乡市七彩生态农业科技有限公司	果品
103	吉安市	伊禾农品	江西伊禾农产品科技发展有限公司	果品
104	宜春市	泓秀梦	江西新世嘉农业科技有限公司	茶叶、其他特色产品
105	赣州市	沃垚贝贝	于都沃垚农业种植有限公司	蔬菜、果品、其他特色产品
106	宜春市	春晓	江西春晓米业有限公司	大米
107	南昌市	喻家湾	南昌市德庆生态农业发展有限公司	蔬菜、果品、水产、蛋品
108	赣州市	雪竹春	江西上堡茶叶有限公司	茶叶
109	宜春市	雷代表	江西粒粒香生态农业发展有限公司	大米
110	上饶市	婺	婺源县华源茶业有限责任公司	茶叶

表4-4　第四批"赣鄱正品"认定品牌名单

序号	地区	品牌名称	申请单位
1	上饶市	湖家妹	余干江南水产食品有限公司
2	九江市	舜叶	江西舜叶生态农业发展有限公司
3	萍乡市	格林米特	江西银河杜仲开发有限公司
4	新余市	青春康源	江西青春康源中药股份有限公司
5	宜春市	肆博业态	江西鑫隆农业发展有限公司
6	赣州市	馨阳岭	江西馨阳岭实业有限公司
7	景德镇市	浮南香	浮梁县湘湖镇东安粮食加工厂
8	南昌市	祥橱	江西省祥橱实业有限公司
9	九江市	石钟山	九江石钟山豆制品有限公司
10	宜春市	雅因乐	江西广来健康产业有限公司

续表

序号	地区	品牌名称	申请单位
11	新余市	农供	分宜县兴康农牧有限公司
12	宜春市	润心	江西青龙高科油脂有限公司
13	景德镇市	荻湾	浮梁荻湾乡村振兴有限公司
14	上饶市	枫树辣	余干县伟良枫树辣椒开发有限公司
15	萍乡市	葛溪正太	江西葛溪正太禽业开发有限责任公司
16	新余市	黄金果	新余市岳洲油脂有限公司
17	赣州市	璞实	江西璞实生态农业有限公司
18	吉安市	和万安	江西禾天下农业科技有限公司
19	吉安市	福鲜语	江西鼎盛生态农业有限公司
20	南昌市	爱进	江西爱进特色农业发展有限公司
21	景德镇市	盘圣	江西盘圣食品酿造股份有限公司
22	景德镇市	鸡冠红	江西合源春茶叶有限公司
23	九江市	霞森	江西大椿茶业有限公司
24	上饶市	仙葛莱	德兴市宋氏葛业有限公司
25	九江市	公和厚	江西公和厚茶业有限公司
26	鹰潭市	阳际峰	江西阳际峰茶业有限公司
27	新余市	稻花缘	新余市稻花缘食品有限公司
28	宜春市	渡头牌	丰城市飞煌禽业有限公司
29	景德镇市	得雨	江西得雨活茶股份有限公司
30	上饶市	齐力	江西齐力实业发展有限公司
31	南昌市	悦美滋	江西悦美滋科技有限公司
32	新余市	春龍芽峰	新余品茗农业开发有限公司
33	赣州市	信丰南山	信丰恒隆麦饭石酒业有限公司
34	上饶市	正稀茗茶	婺源县正稀茗茶有限公司
35	抚州市	莲尚品	江西健达食品有限公司
36	赣州市	百凤谷	江西客家农业发展有限公司
37	抚州市	登仙桥	江西登仙桥食品有限公司
38	九江市	神安洞	彭泽县金篓籽农业开发有限公司
39	赣州市	宋瑞 SONG RUI WHITE TEA	兴国春赐福生态茶场
40	九江市	瑞之参	江西步前农业发展有限公司

序号	地区	品牌名称	申请单位
41	景德镇市	吴大督	浮梁县都得农业开发有限公司
42	九江市	红色鄱湖	江西康嘉生物科技股份有限公司
43	鹰潭市	丹霞滴水	余江区建兰家庭农场
44	抚州市	乡村佬	江西力源农业科技开发有限公司
45	吉安市	承康	新干县皇城粮油实业有限公司
46	萍乡市	一统庄园	江西一统有机林农科技有限公司
47	吉安市	胡伢子	江西胡伢子生态食品有限公司
48	宜春市	百丈山	江西百丈山食品有限公司
49	九江市	绿色沙洲	九江市绿色沙洲科技有限公司
50	吉安市	良豪	江西新干良豪米业有限公司
51	赣州市	清溪村	江西一粒红尘农业发展有限公司
52	九江市	弘萱堂	江西弘盛药业有限公司
53	吉安市	井岗好口福	江西诚惠农业开发有限公司
54	上饶市	洪东东	德兴市东东农业科技开发有限公司
55	九江市	同林	江西山谷春生态农业发展有限公司
56	赣州市	盘古	于都县盘古龙珠茶业有限公司
57	赣州市	千园绿	石城县雄达白莲有限责任公司
58	吉安市	山牯佬	江西天锦农业发展股份有限公司
59	九江市	阿基山	修水县眉新茶业有限公司
60	九江市	海庐	江西海庐云雾茶有限公司
61	吉安市	顺福堂	江西玉峡药业有限公司
62	吉安市	忆庐陵	万安县好景农业发展有限公司
63	宜春市	红圣银叶	江西春大地农业生态发展有限公司
64	宜春市	百峰岭	江西百峰岭林业生态综合开发有限公司
65	赣州市	芈月橙	江西诚谦农业发展有限公司
66	鹰潭市	道都山	鹰潭市龙虎山景区龙福山板栗专业合作社
67	九江市	鑫农康	江西鑫农康食品有限公司
68	景德镇市	浮品会	江西浮品会农业综合开发有限公司
69	九江市	铁釜太平红	江西太平山茶业有限公司
70	上饶市	慈母家	江西慈母家生态农业发展有限公司

续表

序号	地区	品牌名称	申请单位
71	宜春市	青山排	铜鼓县赣峰茶叶专业合作社联合社
72	宜春市	老福山	江西瑞龙药业有限公司
73	新余市	凤扬	新余景源农业开发有限公司
74	南昌市	康滋肴	江西新赣食用菌科技有限公司
75	新余市	草之灵	新余市欣欣荣农业科技有限公司
76	上饶市	葛小叔	江西葛青食品有限公司
77	吉安市	状元郎	江西小牧童生态农业发展有限公司
78	吉安市	富滩	吉安市富吉粮油有限公司
79	九江市	圣鹏	江西圣鹏现代农业开发有限公司
80	南昌市	穗圣	南昌市腾飞粮油有限公司
81	上饶市	宇源	上饶碧源茶业开发有限公司
82	九江市	云凤稻甲	江西云山农垦农业发展有限责任公司
83	鹰潭市	阳际峰	江西阳际峰生态农业有限公司
84	萍乡市	赤山郎	上栗县金泰农业发展有限公司
85	景德镇市	三田李记	景德镇市三田有机农业开发有限公司
86	赣州市	水原树 NATURAL TANGERINE	寻乌县桔都果业有限公司
87	萍乡市	盼盛	江西省富盛食品有限公司
88	鹰潭市	菌盛园	江西东来农业开发有限公司
89	宜春市	辉明	万载县辉明有机农业科技开发有限公司
90	赣州市	龙回香	江西东坚农业发展有限公司
91	景德镇市	古镇流方	江西鸬鹚生态农业发展有限公司
92	九江市	谷配坊	江西黑芝麻食品科技有限公司
93	吉安市	三湾	永新县晨风米业有限公司
94	抚州市	十二统	南城县万年米业有限责任公司
95	新余市	鑫叶大岗山	江西鑫叶生态农业开发有限公司
96	吉安市	腊月红	江西腊月红生态果业有限公司
97	九江市	修河春	江西抱云农业开发有限公司
98	鹰潭市	百佳侬	鹰潭市龙虎山百佳食品有限公司
99	宜春市	蜂连社	江西景福实业有限公司
100	赣州市	臻果然	江西果然食品有限公司

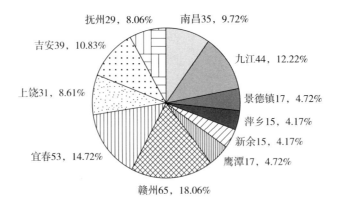

图 4-1　截至目前，江西省"赣鄱正品"认证品牌地域分布情况

二、农业品牌发展体系逐渐完善

近年来，江西省大力实施"生态鄱阳湖·绿色农产品"品牌发展战略，以"做大做强产业优势品牌、培育壮大企业自主品牌"为目标，按照"政府培育区域公用品牌、企业培育产品自主品牌"的思路，不断创新工作思路，强化宣传推介，江西农业品牌建设呈现"新、全、好、广"的发展局面。江西推出了以品牌认证为核心的"赣鄱正品"品牌体系，推动"区域公用品牌、企业品牌、产品品牌"兼容并进、融合发展，已逐步构建"赣鄱正品"标准、管理、发展、运营四大体系，成功注册了"赣鄱正品"商标，并先后授权"赣鄱正品"认证品牌四批 360 个，每年评选江西农产品"二十大区域公用品牌"和江西农产品"企业产品品牌百强榜"，进一步扩大了企业知名度和品牌影响力，如表 4-5 和表 4-6 所示。目前，江西农业品牌产业涵盖果、蔬、茶、油、畜、禽、渔等各类特色产业，培育打造了赣南脐橙、万年贡米、崇仁麻鸡、广昌白莲、庐山云雾茶、军山湖大闸蟹等 50 个省级以上农产品区域公用品牌，煌上煌酱鸭、鄱阳湖大米、天祥号茶叶等 300 个企业产品品牌，并统一实行目录化管理，助推了江西特色优势产业大发展。江西省农业品牌知名度、影响力不断扩散，正在全方位、多角度地发挥着强农、富农的作用。

表4-5　2023年江西农产品"二十大区域公用品牌"名单

序号	地区	品牌名称	单位名称	品类
1	赣州市	赣南脐橙	赣州市赣南脐橙协会	果品—柑橘
2	九江市	庐山云雾茶	九江市茶叶协会	茶
3	上饶市婺源县	婺源绿茶	婺源县茶业协会	茶
4	上饶市万年县	万年贡米	万年县农业农村局	粮食
5	抚州市崇仁县	崇仁麻鸡	崇仁县麻鸡行业协会	畜禽—鸡
6	抚州市南丰县	南丰蜜桔	南丰县蜜桔产业发展中心	果品—柑橘
7	景德镇市浮梁县	浮梁茶	浮梁县茶叶协会	茶
8	吉安市遂川县	狗牯脑茶	遂川县茶产业发展中心	茶
9	抚州市广昌县	广昌白莲	广昌县白莲产业发展中心	药材
10	吉安市泰和县	泰和乌鸡	县泰和乌鸡产业发展中心	畜禽—鸡
11	宜春市靖安县	靖安白茶	靖安县白茶协会	茶
12	南昌市进贤县	军山湖大闸蟹	江西进贤县军山湖鱼蟹开发公司	水产
13	宜春市奉新县	奉新大米	奉新县农业农村局	粮食
14	赣州市南康区	南康甜柚	赣州市南康区果业协会	果品—柑橘
15	宜春市奉新县	奉新猕猴桃	奉新县现代农业技术服务中心	果品—猕猴桃
16	宜春市袁州区	宜春大米	宜春市袁州区农业农村局	粮食
17	上饶市铅山县	铅山河红茶	铅山县河红茶产业发展中心	茶
18	吉安市	井冈蜜柚	吉安市井冈蜜柚发展服务中心	果品—柑橘
19	九江市彭泽县	彭泽鲫	江西彭泽县彭泽鲫产业协会	水产
20	上饶市弋阳县	弋阳年糕	弋阳县农业农村局	粮食制品

表4-6　2023年江西农产品"企业产品品牌百强榜"名单

序号	城市	地区	品牌名称	申请单位	类别
1	南昌市	南昌县	煌上煌 DELIS	江西煌上煌集团食品股份有限公司	赣畜
2	南昌市	青云谱区	阳光	江西阳光乳业股份有限公司	赣畜
3	上饶市	万年县	万年贡	万年贡集团有限公司	赣米
4	南昌市	南昌县	绿滋肴	江西省绿滋肴实业有限公司	综合
5	南昌市	新建区	汪氏 WANGS	江西汪氏蜜蜂园有限公司	赣蜜
6	上饶市	铅山县	鹅湖山	江西江天农业科技有限公司	赣米

续表

序号	城市	地区	品牌名称	申请单位	类别
7	宜春市	樟树市	春丝	江西春丝食品有限公司	赣米
8	抚州市	广昌县	莲爽	致纯食品股份有限公司	赣药
9	九江市	柴桑区	仙客来	江西仙客来生物科技有限公司	赣药
10	上饶市	鄱阳县	鄱阳湖	鄱阳湖生态农业股份有限公司	赣米
11	宜春市	高安市	金特莱	高安市盛发粮油有限公司	赣米
12	赣州市	会昌县	五丰	江西五丰食品有限公司	赣米
13	抚州市	崇仁县	国文	崇仁县国品麻鸡发展有限公司	赣畜
14	上饶市	余干县	湖家妹	余干江南水产食品有限公司	赣菜、赣肉、赣渔等
15	九江市	修水县	漫江红	江西宁红有限责任公司	赣茶
16	九江市	湖口县	舜叶	江西舜叶生态农业发展有限公司	赣茶、赣油
17	南昌市	高新区	正邦	正邦集团有限公司	赣畜
18	上饶市	广信区	恩泉	江西恩泉油脂有限公司	赣油
19	南昌市	南昌县	稻香园	南昌稻香园调味食品有限公司	赣菜
20	上饶市	广丰区	好鱼道	江西东海食品有限公司	赣渔
21	南昌市	南昌县	人之初	江西人之初营养科技股份有限公司	赣米
22	抚州市	南城县	麻姑	江西麻姑实业集团有限公司	赣米
23	赣州市	大余县	南安	江西南安板鸭有限公司	赣畜
24	吉安市	井开区	普正	江西普正制药股份有限公司	赣药
25	萍乡市	芦溪县	格林米特	江西银河杜仲开发有限公司	赣肉
26	新余市	高新区	青春康源	江西青春康源中药股份有限公司	其他
27	宜春市	上高县	肆博业态	江西鑫隆农业发展有限公司	赣药
28	赣州市	崇义县	馨阳岭	江西馨阳岭实业有限公司	赣茶
29	宜春市	万载县	千年	江西万载千年食品有限公司	赣药
30	景德镇市	浮梁县	浮南香	浮梁县湘湖镇东安粮食加工厂	赣米
31	宜春市	高安市	大观楼	北京二商（江西大观楼）食品有限公司	赣菜
32	吉安市	吉水县	吉田	江西井冈山粮油集团有限公司	赣米
33	宜春市	奉新县	天工	江西奉新天工米业有限公司	赣米
34	南昌市	南昌县	祥橱	江西祥橱实业有限公司	其他

续表

序号	城市	地区	品牌名称	申请单位	类别
35	上饶市	余干县	憨农	江西鹏辉高科粮业有限公司	赣米
36	九江市	湖口县	石钟山	九江石钟山豆制品有限公司	其他
37	抚州市	临川区	新农人	抚州民生农业科技有限公司	赣畜
38	吉安市	泰和县	半边天	江西半边天药业有限公司	赣药
39	南昌市	新建区	绿源井冈	江西绿源油脂实业有限公司	赣油
40	南昌市	新建区	林恩	江西林恩茶业有限公司	赣茶
41	宜春市	樟树市	雅因乐	江西广来健康产业有限公司	赣米
42	南昌市	安义县	凌代表	江西绿能农业发展有限公司	赣米
43	九江市	德安市	秀姜坊	九江鸿立食品有限公司	赣菜
44	新余市	分宜县	农供	分宜县兴康农牧有限公司	蛋品
45	南昌市	青山湖区	易佰家	江西小才子食品集团有限公司	赣菜
46	宜春市	高安市	谷晶	高安市清河油脂有限公司	赣油
47	九江市	武宁县	纱坦太阳红	江西太阳红茶业有限公司	赣茶
48	宜春市	靖安县	心愿	江西意蜂实业有限公司	赣蜜
49	宜春市	铜鼓县	铜鼓春韵	江西铜鼓县茶业有限公司	赣茶
50	宜春市	袁州区	状元洲	宜春市袁州区中州米业有限公司	大米
51	宜春市	靖安县	友和	江西友和食品有限责任公司	赣米
52	景德镇市	浮梁县	严台	江西浮梁贡茶叶有限公司	赣茶
53	景德镇市	浮梁县	天祥号	浮梁县天祥茶号有限公司	赣茶
54	宜春市	丰城市	老实人	丰城市老实人食品有限公司	赣菜
55	抚州市	乐安县	广雅	江西广雅食品有限公司	赣菜
56	吉安市	永丰县	永叔公	江西永叔府食品有限公司	赣菜
57	赣州市	上犹县	犹江绿月	江西犹江绿月嘉木文化发展有限公司	赣茶
58	宜春市	袁州区	润心	江西青龙高科油脂有限公司	赣油
59	宜春市	高安市	维宝	江西维尔宝食品生物有限公司	赣油
60	抚州市	乐安县	爱杰鑫	江西鹏鑫食品有限公司	赣菜
61	九江市	庐山市	东林雨露	庐山市东林雨露现代农业有限公司	赣茶
62	景德镇市	浮梁县	荻湾	浮梁荻湾乡村振兴有限公司	赣茶、赣米等

续表

序号	城市	地区	品牌名称	申请单位	类别
63	上饶市	余干县	枫树辣	余干县伟良枫树辣椒开发有限公司	赣菜
64	吉安市	万安县	一江秋	江西一江秋粮油有限公司	赣米
65	萍乡市	芦溪县	葛溪正太	江西葛溪正太禽业开发有限责任公司	赣果
66	宜春市	丰城市	子龙	丰城市子龙冻米糖厂	赣米
67	鹰潭市	余江区	鱼米农夫	江西神农氏生态农业开发有限公司	赣米
68	抚州市	临川区	田园梦	抚州田园梦食品有限公司	赣菜
69	南昌市	南昌县	梅氏	江西梅氏实业发展有限公司	赣畜
70	宜春市	万载县	金世本香	江西金世本香实业有限公司	赣油
71	新余市	高新区	黄金果	新余市岳洲油脂有限公司	赣油
72	吉安市	井冈山市	井之绿	井冈山市井之绿特产有限公司	赣菇
73	吉安市	遂川县	御华轩	江西御华轩实业有限公司	赣茶
74	南昌市	进贤县	高正	江西高正生物科技集团有限公司	赣油
75	九江市	湖口县	愚哥	江西大家食品有限公司	赣渔
76	吉安市	井冈山市	井冈红	江西井冈红茶业有限公司	赣茶
77	赣州市	于都县	璞实	江西璞实生态农业有限公司	赣果
78	鹰潭市	龙虎山	龙虎山	鹰潭市龙虎山御茗食品有限公司	赣茶
79	吉安市	万安县	和万安	江西禾天下农业科技有限公司	赣菜
80	吉安市	安福县	福鲜语	江西鼎盛生态农业有限公司	赣果
81	南昌市	进贤县	爱进	江西爱进特色农业发展有限公司	赣菜、赣茶等
82	抚州市	南丰县	桔花香	江西桔花香食品有限公司	赣果
83	吉安市	永丰县	绿海 GREEN SEA	江西绿海油脂有限公司	赣油
84	九江市	瑞昌市	溢流香	瑞昌市溢香农产品有限公司	赣畜
85	上饶市	广信区	绿露	江西茗龙实业集团有限公司	赣茶
86	景德镇市	乐平市	盘圣	江西盘圣食品酿造股份有限公司	赣果
87	景德镇市	浮梁县	鸡冠红	江西合源春茶叶有限公司	赣茶
88	九江市	修水县	霞森	江西大椿茶业有限公司	赣茶、赣油
89	上饶市	德兴市	仙葛莱	德兴市宋氏葛业有限公司	赣菜
90	景德镇市	浮梁县	昌南雨针	浮梁县昌南茶叶有限公司	赣茶

续表

序号	城市	地区	品牌名称	申请单位	类别
91	南昌市	南昌县	声耀	江西正味食品有限公司	综合
92	吉安市	遂川县	五百里井冈	江西五百里井冈特产有限公司	赣油
93	吉安市	新干县	金佳	江西金佳谷物股份有限公司	赣米
94	九江市	修水县	公和厚	江西公和厚茶业有限公司	赣茶
95	鹰潭市	贵溪市	阳际峰	江西阳际峰茶业有限公司	赣茶
96	新余市	高新开发区	稻花缘	新余市稻花缘食品有限公司	赣米
97	宜春市	袁州区	中禾良安	江西天稻粮安种业有限公司	赣米
98	赣州市	南康区	俊萍	赣州市南康区俊萍果业发展有限公司	赣果
99	宜春市	丰城市	渡頭牌	丰城市飞煌禽业有限公司	赣肉
100	南昌市	南昌县	鑫瑞	江西新和源绿色农业开发有限公司	赣菜

三、农业品牌价值持续提升

江西立足自身的生态优势，坚持以文为媒，讲好品牌故事，深入挖掘江西农耕文明、革命老区等文化资源，推动中华优秀传统文化和传统地方名品融合发展，丰富农业品牌的内涵。持续开展江西"生态鄱阳湖·绿色农产品"品牌推广活动，2017年开始，先后在多个媒体平台上推广；积极利用江西"生态鄱阳湖·绿色农产品"系列展销活动和中国农民丰收节江西活动，充分展示"赣鄱正品"高端品牌形象；通过发布《江西省农产品品牌发展报告》，讲好江西绿色有机及富硒农产品品牌故事；在中国品牌日活动中，积极推介江西农产品品牌，持续开展品牌评价，发布江西农产品"二十大区域公用品牌"和"企业产品品牌百强榜"，提升品牌竞争力和影响力。截至目前，培育全省知名区域品牌56个，其中"四绿一红"茶叶产值超百亿元，全入中国茶叶50强，赣南脐橙以675.41亿元排全国区域品牌（地理标志产品）第七位，水果类第一；赣南脐橙、南丰蜜桔、庐山云雾茶、宁红茶、遂川狗牯脑、泰和乌鸡等10个入选

"2017 最受消费者喜爱的中国农产品区域公用品牌"，赣南脐橙、庐山云雾茶、赣南茶油、余干辣椒入选"2018 中国品牌价值百强榜"，赣南脐橙、万年贡米、宁都黄鸡、庐山云雾、宜丰蜂蜜等 10 个入选"2019 农产品区域公用品牌"。2023 年中国品牌价值信息发布暨中国品牌建设高峰论坛发布了"2023 中国品牌价值评价信息"，赣南脐橙、南丰蜜桔、赣南茶油、庐山云雾茶、狗牯脑茶、崇仁麻鸡六个江西区域品牌（地理标志）产品入选，且在榜单中位次有所提升。

四、农业品牌影响力逐渐增大

江西充分利用得天独厚的生态优势和毗邻粤港澳大湾区的区位优势，以市场为目标、以需求为导向，积极开拓国内、国外市场，推动江西绿色有机及富硒农产品"走出去"。积极打造江西优质农产品营销体系，在北京、广州、上海、南昌、井冈山等地布局江西省农产品品牌运营中心，年度销售额超亿元。大力推进线上、线下融合发展，积极发展"品牌+商超""品牌+电商""品牌+餐饮"，2023 年 1~11 月实现了全省农产品网络零售额 177.3 亿元，同比提升 44.4%；多达 157 款优质农产品进入了华润 Olé、盒马鲜生、山姆会员店、黑珍珠餐厅等国内优质电商、商超餐饮行业；有 46 款产品通过"圳品"认证；建成 208 个粤港澳大湾区"菜篮子"生产基地、8 个京东农场、4 个盒马村、3 个天猫基地，越来越多的江西优质农产品通过电商平台走上消费者的餐桌。在网络销售方面，根据 2023 年京东超市发布《2023 中国茗茶产业带 TOP30 榜》，江西庐山云雾位列 20，表明江西茶产品知名度和影响力在年轻消费者中不断提升。此外在年轻人群占比细分榜单中，庐山云雾成为年轻人（18~35 岁）消费占比最高的茗茶，如表 4-7 所示，江西茶产品市场认可度在增强。

表 4-7　京东超市茗茶产品年轻人群（18~35 岁）占比排序

名次	茗茶品牌
1	庐山云雾

续表

名次	茗茶品牌
2	正山小种
3	武夷岩茶
4	金骏眉
5	浙江龙井
6	安吉白茶
7	太平猴魁
8	白毫银针
9	六安瓜片
10	碧潭飘雪

资料来源：2023 年京东超市发布《2023 中国茗茶产业带 TOP30 榜》。

同时，江西省也高度重视农业国际贸易高质量发展，推动江西品牌农产品出海，米粉、玉米罐头、鳗鱼、蘑菇罐头、茶叶作为江西优势出口产品，江西有机茶约占中国出口欧盟有机茶的一半。

五、农业品牌赋能乡村振兴

（一）农业品牌提高了农业效益，促进农民增收

品牌就是质量，品牌就是效益。通过发展农业品牌，可以有效改造传统农业，大大提高农业效益。首先，农业品牌的建设可以带来更高的品牌溢价，根据品牌经济理论，品牌商品相比于无品牌商品能为生产带来格外的附加值和附加收益，从而促进农业增效，农民增收；其次，农业品牌的建设可以避免同类农产品同质化竞争，恶性竞争，降低农户经营的市场风险，稳定农业经营收入；再次，可以促进先进生产要素如技术、人才、资金等的流入，促进农业生产效率的提高，促进农业提质增效；最后，农业品牌建设有利于农业标准化生产，农业标准化生产是品农业牌建设的内在要求，从而提高了农产品的质量。通过培育、创立农业品牌，一方面可以拓宽农民增收渠道；另一方面可以提高农民综合素质，提升农民的自我发展能力。目前，江西把稻米区域公用品牌培育作为振兴粮食产业的强大

"引擎"，全省稻米区域公用品牌共签订订单面积 222 万亩，订单价格超过了市场托市价 20%~27%，带动农户 41 万户，平均每亩增收 200 元。助农增收效益明显。

（二）优化农业结构，提高了农产品市场竞争力

通过打造农产品品牌，可以有力地促进当地农业结构优化调整，提高在国内国际两个市场的竞争力，扩大农产品市场占有率。以赣南脐橙为例，"赣南脐橙"是我国著名的水果品牌，2022 年种植面积已有 189 万亩，产量 159 万吨，种植面积和年产量分别位居世界第一、世界第三。出口规模也取得了巨大突破，从由早些年的不足万吨到 2022 年的 28.7 万吨，由早些年的不足万吨到如今 20 多万吨的出口量，出口地涉及多个国家和地区，有新加坡、印度尼西亚、泰国、阿联酋、伊朗、沙特阿拉伯、俄罗斯、哈萨克斯坦、澳大利亚等 31 个国家和地区。赣州市凭借着赣南脐橙种植的规模优势、气候优势、科技优势以及品牌优势，逐步形成了从单纯的种植业发展为集种植生产、仓储物流、精深加工于一体的产业集群，成为赣州最有区域特色、最具市场竞争力和发展潜力的农业优势主导产业。目前，赣南脐橙产业带动流动运输、包装印刷、旅游、劳务等关联配套产业共同发展，2022 年脐橙产业集群产值达 195 亿元。

（三）有利于推动乡村人才振兴和文化振兴

乡村人才振兴是乡村振兴的关键所在，从乡村现有的人才中选出适用的人才是解决乡村发展瓶颈问题的关键，通过实施品牌建设战略，可以为乡村引进和培养一批有知识、有文化、懂技术的优秀人才，为促进农村经济发展提供智力支撑。品牌建设是一项综合复杂的系统工程，需要包括农产品品牌、企业品牌等在内的所有主体共同参与。通过创建农业品牌，能够引导社会资本投入，增加就业和创业机会，帮助农民致富，增加农民收入，推进乡村人才振兴。通过农业品牌建设带动农村经济发展和文化繁荣，有利于培养现代新型职业农民。农业品牌的塑造，需要深度挖掘江西客家文化、古色文化、红色文化、绿色文化等优秀传统文化，促进文化的繁荣发展，进而带动农文旅融合发展，助力实现文化振兴。

（四）形成产业集群，提高农业经营层次

实施农业品牌战略特别是农产品区域公用品牌能有利于形成产业集群，产业集群的形成反过来又促进农产品区域公用品牌的建设，通过两者之间的相互推进、相互作用、相互影响，可以进一步增强农产品市场竞争力，提高农业经营层次和水平。比如赣州市凭借着赣南脐橙种植的规模优势、气候优势、科技优势以及品牌优势，逐步形成了从单纯的种植业发展为集种植生产、仓储物流、精深加工于一体的产业集群，成为赣州最有区域特色、最具市场竞争力和发展潜力的农业优势主导产业。赣南脐橙产业集群的不断形成，市场环境的持续优化，对外宣传力度的不断加大，赣南脐橙的美誉度和影响力进一步提升。

第三节　江西推进品牌强农战略的主要问题

一、农业品牌认知滞后，谋划发展不明

农业品牌建设主体主要有政府、企业、行业协会和农民合作社等经营主体，大部分经营主体缺乏品牌理念，存在对品牌强农认识不到位的现象。

（一）农业品牌建设多头管理

江西省各级政府部门缺少对农业品牌建设的整体规划，还未真正建立起品牌跟踪管理制度；由于农业品牌建设涉及农业农村、市场监管、商务、文旅等多个部门，部门间协调机制也不完善，有时会出现脱节、多头管理现象；品牌扶持政策缺乏整合运作，品牌扶持资金存在"撒胡椒面"现象。

（二）经营主体农业品牌意识淡薄

江西省农业经营主体尤其是农民专业合作社的品牌竞争意识淡薄，缺

乏创建品牌、发展品牌、利用品牌的思维和能力，存在"重生产，轻品牌"的现象。调研显示，有些农业企业认为农业品牌建设是政府部门的事情，存在"等、靠、要"思想，认为"注册个商标就等于有了品牌"，很少花精力去挖掘产品的文化、历史、故事等其他无形价值；江西省农民合作社的商标注册比例偏低，截至 2022 年底，江西省农民专业合作社共 7.92 万家，共注册了商标 7247 件，按每家一件计算，注册商标比例仅为 9.2%。而作为全国农民合作社质量提升整县推进试点县的玉山县，全县农民合作社 769 家，其中注册商标的有 86 个，仅占 11.2%。

（三）农业品牌谋划路径不清

很多企业在创建农产品品牌时，定位不清、目标市场不明，忽视了农产品品牌文化内涵的研究挖掘和建设深化，同质化现象突出，常常出现"一品多牌"和品牌内涵单薄等，缺乏对品牌形象的塑造和历史文化资源的挖掘，缺乏对区域文化的包装和传承，如何在"讲好故事"方面仍需要下功夫；在品牌宣传和推广上不愿持久投入，没有意识到品牌对提升农产品档次、提高市场竞争力和市场价值的巨大作用，以致诸多名、优、特农产品尚无品牌，在市场上没有"名分"。

（四）缺乏专业农业品牌策划服务主体

根据调查，目前有两类公司在做策划江西农产品区域公用品牌，一类是省外公司，另一类是本地公司，大多数是规模较小的公司，有个别较大的公司，也只是以销售公司的身份，直接扮演终端销售角色，而不涉及品牌策划。这些公司做品牌很难沉下去，很多公司不了解江西农产品发展历史和文化特点，把品牌策划等同于做广告，缺乏真正具备宏观农业把握、扎根江西，老老实实地以市场营销为目的来做农业品牌的企业。

二、农业品牌扶持欠缺，保护监管有待加强

（一）扶持政策落实不够

许多地方政府对农业品牌建设给予了高度关注，制定了一些地方性的政策和指导性意见，但真正落到实处的不多，真正能解决地方农业品牌建设过程中实际问题的措施不多。农业品牌从开发设计、培育成长到最后形成品牌资源优势，需要投入大量资金，而目前江西省地方政府农业品牌建设投入严重不足，制约了农业品牌发展。

（二）农产品区域公用品牌重申报轻监管

各地对申报、推广区域公用品牌，打造地方特色产业、提升地方形象产业比较重视，但对于区域公用品牌的授权、监督、管理滞后，相应的监管制度和授权与退出机制还普遍没有建立起来，品牌主体（政府或协会）与品牌载体脱节，出现了区域公用品牌"泛用"和未授权生产经营单位"滥用"等问题，存在"劣币驱逐良币"的严重倾向，严重影响江西省区域公用品牌的发展，真正有实力高品质产品，直接拒打农产品区域公用品牌，如赣南的优质脐橙主打"17.6°橙"品牌。同时，对假冒伪劣品牌产品、盗用滥用品牌商标等违法行为打击力度还不够。

三、农业品牌支撑不足，品牌附加值较低

（一）品牌经营主体实力不强

农业企业是品牌经营的主体，尽管江西省内已有一些知名度高、产业效益好的大型龙头企业，如正邦集团、双胞胎集团、煌上煌等，对江西省农业产业化起到了龙头带动作用。但总体来看，江西省农业企业单体规模不大，资本实力偏弱，难以投入大量资金进行产品研发升级，现有农业品牌多集中在鲜活农产品和初级加工农产品，深加工和二次增值产品还不多，农业龙头企业尤其是加工类的龙头企业数量偏少，大部分农业企业规模小、实力弱，产业链短，加工转化增值能力较弱，难以为农产品品牌建设提供有力支撑，品牌创建基础薄弱。2022 年，江西省农产品加工总产值为 7231 亿元，仅为湖南省的 34.3%、安徽省的 46.6%；2020 年底，江西省规模以上农产品加工企业 3257 家，远低于安徽省的 4938 家、湖南省的 5100 家。例如，江西稻米产量全国排名第三位，中国粮食行业协会公示的 2022 年度大米加工企业"50 强"中，江西仅占 3 个，周边的湖北

7个、安徽5个，如表4-8所示。

表4-8　2022年度大米加工企业"50强"名单（排名不分先后）

序号	企业名称	序号	企业名称
1	中粮粮谷控股有限公司	26	湖北京和米业有限公司
2	益海嘉里金龙鱼粮油食品股份有限公司	27	吉林裕丰米业股份有限公司
3	湖北国宝桥米有限公司	28	黑龙江省五常金禾米业有限责任公司
4	湖北省粮油集团有限公司	29	庆安东禾金谷粮食储备有限公司
5	江苏省农垦米业集团有限公司	30	安徽联河股份有限公司
6	湖南农业发展投资集团有限责任公司	31	五常市乔府大院农业股份有限公司
7	江西金佳谷物股份有限公司	32	福建泉州市金穗米业有限公司
8	万年贡集团有限公司	33	黑龙江秋然米业有限公司
9	五常市彩桥米业有限公司	34	方正县宝兴新龙米业有限公司
10	湖北禾丰粮油集团有限公司	35	黑龙江省和粮农业有限公司
11	湖南角山米业有限责任公司	36	湖南金之香米业有限公司
12	江西奉新天工米业有限公司	37	天长市天鑫粮油贸易有限责任公司
13	安徽牧马湖农业开发集团有限公司	38	方正县盛军米业有限公司
14	湖北庄品健实业（集团）有限公司	39	广东穗方源实业有限公司
15	松原粮食集团有限公司	40	南通季和米业有限责任公司
16	光明农业发展（集团）有限公司	41	黑龙江省博林鑫农业集团有限责任公司
17	湖北洪森实业（集团）有限公司	42	安徽省东博米业有限公司
18	宜兴市粮油集团大米有限公司	43	深圳市中泰米业有限公司
19	深圳市深粮控股股份有限公司	44	宁夏兴唐米业集团有限公司
20	北京粮食集团有限责任公司	45	上海垠海贸易有限公司
21	黑龙江省北大荒米业集团有限公司	46	南京沙塘庵粮油实业有限公司
22	东莞市太粮米业有限公司	47	浙江宝隆米业有限公司
23	安徽稼仙金佳粮集团股份有限公司	48	深圳市稼贾福实业有限公司
24	江苏光明天成米业有限公司	49	哈尔滨高氏禾田米业有限责任公司
25	湖南浩天米业有限公司	50	湖北省现代农业有限公司

资料来源：中国粮食行业协会。

（二）农业标准化生产程度较低

一方面，江西省农业标准化整体水平仍较落后。作为生态环境优势省和农产品资源大省，江西省制定和修订的农业地方标准总量仅 767 项，与其他省份相比还有较大差距，如湖南省 2830 项、安徽省 1132 项。如表 4-9 所示，江西省"两品一标"产品数量在全国优势不明显，截至 2023 年 10 月 15 日，江西省地理标志产品 105 个，在中部六省排名倒数第一，全国排名第 18 位，绿色食品认证数 2410 个，在中部六省排名倒数第二，全国排名第 11 位。

表 4-9 江西省"二品一标"产品数量统计

省份	地理标志产品	绿色食品	有机产品	地理标志产品排名	绿色食品排序	有机产品排序
黑龙江	168	3388	2337	5	6	3
吉林	25	1146	684	28	20	17
辽宁	100	1083	783	19	21	14
北京	15	448	813	30	27	12
天津	9	157	54	31	29	31
河北	57	1904	724	25	17	16
山东	351	3965	804	1	3	13
上海	16	2344	341	29	12	24
江苏	141	6938	913	10	1	10
浙江	154	3267	1298	8	7	7
福建	115	1673	1009	17	18	8
广东	63	877	854	23	23	11
海南	42	94	176	26	31	29
陕西	117	956	666	16	22	18
山西	176	1943	394	4	16	22
河南	163	2777	336	7	10	25
内蒙古	135	1982	998	12	14	9
湖北	197	2795	774	3	9	15
湖南	128	3477	559	14	5	20
安徽	119	5395	2442	15	2	2
江西	105	2410	2165	18	11	4
云南	86	3498	2525	20	4	1

续表

省份	地理标志产品	绿色食品	有机产品	地理标志产品排名	绿色食品排序	有机产品排序
贵州	154	460	1420	8	26	6
四川	201	2340	1792	2	13	5
重庆	70	3079	204	22	8	27
广西	165	1320	474	6	19	21
甘肃	137	1968	364	11	15	23
宁夏	60	432	195	24	28	28
新疆	129	834	633	13	24	19
西藏	35	145	145	27	30	30
青海	77	595	221	21	25	26

资料来源：地理标志农产品来自"全国地理标志农产品查询系统"，绿色食品认证数来自国家市场监督管理总局全国认证认可信息公共服务平台，时间截至 2023 年 10 月 15 日。

另一方面，农产品生产过程中标准化执行不到位。例如，赣南脐橙和南丰蜜桔是江西省两大果业"金字招牌"，据调研，两大果业产品标准化生产覆盖面偏低，乱施化肥、果品早采、催红催熟等行为还比较严重，部分果品质量明显下降，严重损害了品牌声誉和形象。尤其是近年来南丰蜜桔品质退化十分严重，价格和市场占有率持续走低，目前产地统货收购价格下降至 1.4~2.6 元/公斤，扣除成本已处于亏损边缘，南丰县南丰蜜桔种植面积也从 2016 年高峰时的 70 万亩下降至 2022 年的 43 万亩，"金字招牌"已黯然失色。例如，近年来江西省水稻品种"多、乱、杂"问题普遍，大米口感稳定性差，难以为规模化、标准化和品牌化米业发展提供稳定原粮，据调研，全省市面上种植的水稻品种近 3000 个，平均一个品种的推广面积才 1.8 万亩，仅高安市当地种植的野香优系列香米品种就有 50 个。

（三）产业化水平偏低

农业竞争力不够强，农产品供给的规模化、标准化、集约化、品牌化水平偏低，总体上依然存在"四多四少"问题，即大路货多、名优特新产品少，普通产品多、专用产品少，低档产品多、高档产品少，初级产品多、高附加值加工成品少，供需结构矛盾依然较为突出。农业产业结构单一，农业产业中粮、猪二元结构特征明显，粮食、生猪所占比重过大。江西在农业品牌方面尚未形成规模效应，辐射带动能力还不够强。在经济作物中，优质、高效、特色农产品产业规模小，所占比重较小，而且大多数为小农户分散经营，集约化程度低。当前江西省超过57%的耕地和近30%的畜禽养殖没有实现规模经营，这给农业机械化和技术推广带来很大障碍，降低了规模收益，影响了农业产业化水平，从而直接影响了农产品质量，难以形成组团出击、集中打响品牌的合力。在2020年中国农业企业500强榜单中，江西省仅有3家上榜，而安徽省有28家，福建省有20家上榜，这对于农业大省的江西来说，实力强的农业企业显然偏少。农业龙头企业的联农带农作用发挥不给力，不利于小农户与大市场的有效衔接，组织化程度低，影响了农业规模化、标准化的发展，不利于农业品牌对农产品的质量的把控，实现优质优价，获得品牌溢价。

四、农业品牌经营管理不力，品牌效应发挥不显

（一）重粗放推广轻精细品牌耕耘的现象普遍

目前，江西省品牌策划缺少差异化。很多企业在创建品牌时，忽视了农产品品牌文化内涵的研究挖掘和建设深化，同质化现象突出。在品牌打造资源分配上，重视觉包装，轻品牌策划，重会展和线下活动，轻线上传播，大量资金投入"品牌广告语""品牌视觉形象""品牌广告发布""品牌展示"。通过调查研究发现，江西茶叶品牌推广费用分配科学性不足，在能查到的江西茶叶推广费用中，如表4-10所示，约37.59%用在会展上，33.57%用在茶主题相关活动上，28.84%用在宣传推广上。而江西省大米品牌打造，则简单等同于发布广告，有的大米品牌，广告都打到了纽约时代广场，广告在那里造势，市场拓展却没跟上。数字化时代，数字媒体是全民传播时代，信息不对称现象越来越小，把大量的钱投入会展和大众媒体，想要拉动市场很难。

表4-10 2018年江西茶叶品牌推广费用分配情况

单位：万元，%

大类	小类	金额	占比	小计
会展类	会展服务	1119.00	37.59	71.16
	茶事活动	999.58	33.57	
宣传类	宣传推广	858.60	28.84	28.84
合计		2977.18		

（二）农业品牌营销策划重视不够

在电商时代，赣字品牌在全国市场处落后阵营。目前，江西省大部分农产品的销售仍然保持由"生产者—批发商—零售商—消费者"的传统模式，品牌传播渠道单一，品牌空间狭小，直接导致品牌投入未带来产品销售量的增长。农产品区域公用品牌的价值提升有效措施归根结底在于品牌的营销和推广。2022年江西茶叶平均品牌宣传与推广投入4448.07万元，在全国处于平均水平，由此说明政府和新型经营主体对于农产品区域公用品牌的宣传和推广力度还不够，品牌价值不高，溢价较低。而且从宣传推广渠道来看，大多数停留在传统的营销模式，利用互联网等营销新模式还比较少。传统营销方式不仅没有仔细分析目标消费者的信息接收习惯和变化趋势，而且内容也缺乏创新，不足以吸引消费者的眼球，导致宣传效果不理想。例如，江西省投入大量资金打造"赣茶""四绿一红"品牌，有违消费接受心理、有违营销策划规律，把区域业态的宏观战略规划简单等同于市场推广策划；江西大米"7+2"品牌宣传，缺少差异化，资源分散，形成品牌内耗。

（三）农业品牌管理不到位

江西省很多农业品牌仅仅注重注册，缺乏后续有效的宣传和经营管理。不少地方把农业品牌建设搞成了面子工程、形象工程，止步于方案公布、LOGO出街、广告语上墙；有的企业因品牌年检、续展费用高等原因，认证过期后不愿意续展、复查换证或者重新申报认证，从而导致优质农产品有品牌无供应，有些地方特色农产品产量甚至满足不了本地市场的供应，品牌效应无法充分显现出来；农产品区域性品牌由于具有"外部性"特点，完全可以实现区域内共享，但江西一些区域性品牌却处于各自为政的状态，品牌难以整合；战略不落地，方案悬半空，存续的品牌也仅仅注重识别功能和促销功能，品牌营销手段单一、传统，对新媒体营销、网红带货等新兴电商形式利用不够充分；农产品区域公用品牌的授权、监督、管理滞后，出现了区域公用品牌"泛用"和未授权生产经营单位"滥用"等问题，缺乏行之有效的管理举措，保护、惩罚措施不到位，存在"劣币驱逐良币"现象。例如，据调研反映，每年赣南脐橙成熟季节，都有湖南、湖北生产的脐橙进入赣州市场冒充"赣南脐橙"的情况。

五、品牌同质化严重，差异化程度低

（一）农产品同质化严重

江西省农产品"好的不多、多的不好"与"优而不特、特而不名"并存。一方面，长期以来，作为粮食主产区，江西省稻谷产量位居全国前列，但绝大多数是籼稻，质优、口感好的品种较少，与新时代人民日益增长的美好生活需要不匹配。万年贡米、奉新大米等质量优、具有历史传统的名品，由于生产标准化程度低，品质不稳定等原因，产量难以扩大，市场占有率不高，目前江西大米在传统销售市场（如广东、上海）份额有日渐缩小的趋势。赣南脐橙种植面积、产量都居先，但优质果比重不高。全省柑桔产量很大，但像寻乌蜜桔、易家河蜜桔这种化渣好、口感好的高品质柑桔产量少，其他农产品也存在类似状况。民间流传的江西农产品"好的不多、多的不好"状况依然如故。另一方面，江西农产品不少内在品质很好但缺乏鲜明特色，或者特色还可以但知名度不高。比如浮梁茶、狗牯脑、婺源绿茶、庐山云雾等，前三个早在 1915 年就获得万国博览会金奖，庐山云雾也获得 1959 年新中国十大名茶称号，应该说在绿茶中品质都是上乘的。但是，实事求是地说，在外形上不如浙江龙井、江苏碧螺春那么特色鲜明，在口味不像福建铁观音、云南普洱茶那么味重。广丰马

家柚个大色黄、心红汁多，在柚子中特色也算明显，可惜名气不大，市场占有率不高。总体来说，江西农产品"优而不特、特而不名"仍是普遍现象。

（二）农业品牌同质化竞争严重

江西省现有农业品牌停留于概念、口号层次上的较多，定位不清晰，差异化不足，常出现"一品多牌"和品牌内涵单薄等情况，忽视了对农产品特色和文化内涵的挖掘，相同种类的产品，除产地上的差异外，其品质差异彰显不足，品牌经营同质化竞争和内耗现象严重。例如，目前江西省主推的"四绿一红"茶叶品牌和"7+2"稻米品牌，这些品牌在发展中突出自己区别于其他米类、茶叶品牌的特色还远远不够，消费者对这些品牌产品特性难以识别、鉴别，更别谈忠诚度，品牌市场占有率难以提升。同时，有些地方对本土特色农产品中的"特色"成分调查不够细致。例如，江西省"富硒"产品中，目前品牌纷杂众多且同质化，有些地方的"富硒"仅仅是噱头，产地土壤元素质量状况都未摸清，这样的产品难以长久自立。又如，赣菇历史悠久，产品质量好，但是知名度低，全省84个县（市区）都开展了食用菌产业扶贫，产品同质化和品牌同质化严重。江西省广昌县是茶树菇生产起源地，产品规模与质量均具有优势，但品牌建设滞后，多被福建古田等地收购后以它们的品牌销售。

六、知名品牌相对较少，市场竞争力偏弱

（一）农业品牌价值较低

近年来，江西省农业品牌数量上有了很大增长，但品牌"散而不强、杂而不亮"问题突出，品牌知名度不高，知名品牌相对较少，品牌溢价偏低。江西"贡"号农产品达40多个，曾经都是响当当的皇家贡品，但目前多数品牌影响力还仅停留在省内甚至地市内，具有全国影响力的农业品牌很少，在市场上有"名"无"分"或无"名"无"分"。2023中国品牌价值信息发布暨中国品牌建设高峰论坛发布的"2023中国品牌价值评价信息"中，除赣南脐橙荣登2023年中国品牌价值榜第五位之外，其他如南丰蜜桔、赣南茶油、庐山云雾茶、狗牯脑茶、崇仁麻鸡都排名靠后，甚至像婺源绿茶、浮梁茶等均榜上无名。例如，茶叶是江西千百年来对外交流的主打名片，全省茶叶品牌数量多达 700 多个，但江西茶叶品牌价值和市场占有率较低，2023 年中国茶叶区域公用品牌价值前 30 名榜单中，仅庐山云雾上榜，排名第 16，品牌价值 41.02 亿元，仅为排名第 1 的"西湖龙井"品牌价值的 51.89%，江西省狗牯脑茶、浮梁茶、婺源绿茶、宁红茶等名茶品牌价值排名较前几年均出现不同程度的下降，与全国其他有名的茶叶区域公用品牌仍有较大差距；而在企业产品品牌价值评估方面，根据中国茶叶企业品牌价值评估课题组对全国 141 个品牌进行评估（见表 4-11）可知，江西有 7 个企业产品品牌价值评估结果进入前 100 位中，但不容忽视的是，品牌之间价值差异巨大，除位于第 2 的宁红品牌价值为 15.62 亿元外，其他企业产品品牌价值维持在 1 亿~3 亿元，企业品牌影响力小，带动作用小，品牌知名度低，市场竞争力弱。在 2022 年由《中国品牌》杂志社、中国品牌网发布的"2022 中国区域农业形象品牌影响力指数 TOP100"中江西仅有崇水山田及浔品真悠两个农业品牌上榜，而且排名分别为第 91 位和第 98 位，在全国存在感较弱。

表 4-11　2023 年中国茶叶企业产品品牌价值评估结果前 100 位中江西分布情况

单位：亿元

排名	省份	企业名称	品牌名称	品牌价值
2	江西	江西省宁红集团有限公司	宁红	15.62
46	江西	婺源县郬公山茶叶实业有限公司	郬公山	3.64
53	江西	江西犹江绿月嘉木文化发展有限公司	犹江绿月	2.67
73	江西	江西御华轩实业有限公司	御华轩	1.92
92	江西	江西三山实业有限公司	玉山怀玉	1.08
95	江西	庐山市东林雨露现代农业有限公司	东林雨露	1.02
99	江西	江西省太阳红茶业有限公司	纱坦太阳红	0.95

资料来源：胡晓云，魏春丽，施金敏. 2023 中国茶叶企业产品品牌价值评估报告［J］. 中国茶叶，2023，45（07）：15-28.

（二）主导产业品牌价值低

作为粮食主产区的水稻产业，江西稻米品牌有近千个，但真正具有全国影响力的企业和品牌较少，如表4-12所示，2023年《国家地理标志米品牌价值排行榜》统计中，中国目前共有来自全国28个省份的187个国家地理标志米，其中，五常大米品牌价值837.62亿元，排名第1，鄱阳大米品牌价值145.11亿元，排名第28，大米品牌价值远远落后，影响力、知名度较低。各省份国家地理标志米上榜数量分别为：山西19个，黑龙江17个，湖北14个，湖南和内蒙古各10个，贵州、河北、广西和吉林各9个，江苏、安徽、陕西和山东各8个，江西和云南各7个，广东和辽宁各6个，河南5个，四川4个，宁夏3个，重庆、福建和上海各2个，海南、天津、甘肃、西藏和新疆各1个。在网络销售方面，从品牌网站"牌子网"全国大米品牌排行榜前20名来看，江西省仅有1个，即排名第16的万年贡米，黑龙江占5个；2023年天猫商城大米品牌热销榜前50名中，江西省仅有1个（鄱阳大米），且排名靠后，位列第42位。这与江西省粮食主产区地位明显不相符，稻米品牌发展落后。

表4-12　全国187个国家地理标志米品牌价值排行榜前30名

单位：亿元

排名	品牌名称	品牌价值	产地
1	五常大米	837.62	黑龙江
2	建三江大米	812.05	黑龙江
3	佳木斯大米	726.17	黑龙江
4	赤峰小米	515.29	内蒙古
5	射阳大米	357.21	江苏
6	怀远糯米	327.95	安徽
7	监利大米	309.33	湖北
8	盘锦大米	308.12	辽宁
9	京山桥米	290.02	湖北
10	长春大米	285.62	吉林
11	汉中大米	278.25	陕西

续表

排名	品牌名称	品牌价值	产地
12	常德香米	262.45	湖南
13	泰来大米	233.75	黑龙江
14	通河大米	233.71	黑龙江
15	兴化大米	231.76	江苏
16	宿迁籼米	231.72	江苏
17	庆安大米	226.33	黑龙江
18	方正大米	199.36	黑龙江
19	宁夏珍珠米	194.25	宁夏
20	朝阳小米	192.03	辽宁
21	宁夏大米	187.26	宁夏
22	兴安盟大米	181.26	内蒙古
23	小站贡米	177.58	天津
24	北林香米	166.29	黑龙江
25	延寿大米	155.39	黑龙江
26	肇源大米	155.24	黑龙江
27	古辣香米	145.66	广西
28	鄱阳大米	145.11	江西
29	铁岭大米	144.02	辽宁
30	香磨山大米	143.27	黑龙江

　　作为四大名菇之一的赣菇，发展历史悠久，品牌发展滞后，品牌价值低，品牌合力不足。在 2022 年中国食用菌区域品牌价值榜单涵盖了156 个食用菌区域品牌，江西有 4 个品牌上榜，如表 4-13 所示，分别为排名第 71 的黎川茶树菇、排名第 103 的龙南太平香菇、排名第 126 的临川虎奶菇、排名第 133 的黎川草菇，其中位次最高的黎川茶树菇的品牌价值只有 6.63 亿元，龙南太平香菇、临川虎奶菇、黎川草菇的品牌价值分别为 3.55 亿元、1.53 亿元、1.09 亿元，仅为排名第 1 的随州香菇品牌价值（106.76 亿元）的 6.20%、3.33%、1.43%、1.02%，还不足随州香菇的零头，市场影响力低、品牌价值低。

表4-13 2022年中国食用菌区域品牌价值榜单中江西食用菌品牌价值统计

单位：亿元

排名	区域品牌名称	品牌价值
71	黎川茶树菇	6.63
103	龙南太平香菇	3.55
126	临川虎奶菇	1.53
133	黎川草菇	1.09

参考文献

［1］江西省农业农村厅．江西：描绘品牌强农出彩画卷［N］．人民日报，2023-12-22（12）．

［2］江西再添52个"国字号"特产！［N］．江西日报，2014-01-14．

［3］唐莹．品牌强农：江西推动农业品牌建设　提高农业竞争力［EB/OL］．中国日报网，2023-12-23，https：//baijiahao.baidu.com/s?id=1786059220909711742&wfr=spider&for=pc．

第五章 基于生命周期理论的农业品牌培育与乡村产业振兴关系及特征

生命周期理论应用十分广泛，该理论在将研究对象寿命化和阶段化的基础上，对研究对象完整寿命区间的发展规律和特征进行探析，然后通过划分阶段对各个寿命区间发展问题开展针对性研究。产业和品牌均有完整的发展规律与生命周期。产业的核心是产品，乡村产业属于产业一大类，其典型的生命周期分为 4 个阶段：产业开发期、成长期、成熟期和衰退期。农业品牌与一般的产业品牌相比，有区域性、稳定性、公共属性的特殊特征，但它仍然属于品牌的范畴，所以生命周期理论也适用于农业品牌，其典型生命周期也分为 4 个阶段：品牌开发期、成长期、成熟期和后成熟期。

第一节 乡村产业生命周期与农业品牌生命周期关联性分析

品牌终究要代表一定的产品，它必须依附于一定的产品才真正具有存在的意义；而产品必须实施品牌战略才可能赢得市场。世界营销大师菲利普·科特勒认为：品牌的生命周期源于产品的生命周期，但又高于产品的生命周期。乡村产业是农业品牌的物质载体，但农业品牌发展到一定程度可以超越产业而存在。

一、乡村产业生命周期从属于农业品牌的生命周期

（一）乡村产业生命周期是有限的

乡村产业生命周期实质上指的是乡村产业所在产品市场上流通的时间。产业发展规律所决定了，任何产业的发展都经历开发期、成长期、成熟期后，终归要进入衰退期而退出市场，这种必然性是由产业发展规律、产业技术更新换代、生产生活方式的转变等必然因素决定的。一个流通了一段时间的产品，如果消费者有了更好的产品或解决方法，就会放弃这个产品，产品卖不出去，生命周期就完成了，但也有的农业经营主体在产品快死的时候做一定改进，能延续一段时间的产品生命。

与工业产品不同的是，由于农产品的消费弹性不强，替代产品不多，因此，农产品进入衰退期的过程比较长，甚至持续延伸，但最终会以新品种、新品质的产品替代。以农产品区域公共品牌为例，由于农产品生产对于自然条件具有高度的依赖性，因而区域品牌农产品一般都拥有较为独特的区域特征。同时，农产品消费又具有品种相对稳定、产品创新缓慢等特点，所以农产品区域公用品牌形成后所面临的市场竞争威胁主要在于区域优势衰退与产品质量危机，相对于普通产品品牌所面临的市场威胁更少，农产品区域公用品牌也就具有更高的稳定性。如稻米产业，随着科学技术的不断进步，旧品种不断退化，高产、优质新品种不断出现，从而导致原来旧的大米品种不断被淘汰。

（二）农业品牌生命周期可能是无限的

品牌在经历开发期、成长期、成熟期后，与乡村产业生命周期不同的是，此时品牌进入后成熟期，要么品牌逐步衰退最终被市场淘汰，要么通过品牌创新和延续，得以"永葆青春"，就有可能实现品牌的永续经营，使品牌的生命周期趋于无限。所以，当品牌发展到一定程度后可以超越乡村产业而存在，有限的乡村产业生命周期是从属于可能无限的

品牌生命周期。

农业品牌寿命的长短并不完全依附于农产品。农业品牌得以存在和发展的基础是产品，也就是说农业品牌依附于农产品，但当农业品牌发展到一定程度后可以超越农产品而存在，可以作为一种有价值的无形资产而独立存在。也就是说农产品的衰亡并不代表农业品牌的衰落，反而有可能成为另一种价值而永久存在。如当前我国很多地方存在很多"老字号""贡字号"产品，都是"金字"招牌，若能不断创新和产品升级，必将成为一种永存的品牌价值。

二、乡村产业生命周期和农业品牌的生命周期的经营目标高度一致

品牌是产品质量和标准的背书，是市场需求与产品溢价的载体，品牌是让产品离消费者和市场需求最近的载体，品牌的好坏可以倒逼产业发展思路与发展方式转变。乡村产业生命周期和农产品区域公用品牌生命周期经营目标均为提高产业市场份额、销售量以及利润。在两个生命周期的前三个阶段，它们的生命周期曲线经常是重合的，但乡村产业进入衰退期后，其生命曲线将不可避免地画上一个终点，而品牌的生命周期则有可能一直延续下去，进入后成熟期；当然，品牌的生命周期也有可能随着产业生命周期的结束而终止。品牌生命周期如果得以延续，那么在一个乡村产业退出市场之后，可以有效地缩短新产业生命周期的开发期和成长期，不断拉长成熟期，从而减轻衰退期对经营主体的冲击。

乡村产业的生命周期是得益于农业品牌的生命周期的。对于一个乡村产业来说，实施农业品牌战略只不过是一个手段而已，其最终目的还是提高品牌所代表产业的市场份额、销售量以及利润。农业品牌生命周期如果得以延续，那么在一个产品退出市场之后，可以大大缩短新产品的导入期和成长期，延长成熟期，减弱衰退期对乡村产业的冲击。

三、乡村产业和农业品牌生命周期互为内生动力

乡村产业和品牌在市场上是不可分割的。农业品牌代表一定的乡村产

业，农业品牌必须依附于一定的乡村产业才具有存在的意义，而乡村产业必须实施品牌战略才可能实现可持续发展，两者互为内生动力。

（一）乡村产业振兴是农业品牌培育的内生动力

在生命周期各阶段，农业品牌建设需要以乡村产业振兴作为发展基础，与产业提升发展相互促进。乡村产业具有很强的地域性，地域资源特色对农产品生产具有重要的影响，这也是农业品牌开发期的先天优势；乡村产业振兴过程就是产业提质增效的过程，产业的规模聚集能够形成有效的品牌效应，优质标准化的产品能够有力提升品牌价值。

农业品牌建设需要以乡村产业振兴作为发展基础，与产业的绿色化、优质化、特色化、标准化发展相互促进，一方面，乡村产业具有很强的地域性，一个地域的资源决定了其农产品的品质和特点，地域资源特色对农产品生产具有重要的影响。在这些农产品资源的影响下，经过一定的历史传承逐步形成了带有地域资源特色，有很高知名度的特色农产品，这是农业品牌培育的先天优势。另一方面，乡村产业振兴过程就是乡村产业经营规模化、信息化、生产标准化、绿色化、优质化等过程，产业的适度规模聚集能够形成有效的品牌效应，也能够降低集群经营主体的营销成本；优质标准化的产品能够有力提升农业品牌美誉度，提升农业品牌价值。

（二）农业品牌建设也是乡村产业振兴的内生动力

乡村振兴是"三农"工作的抓手，产业兴旺是乡村振兴的抓手，品牌强盛是产业兴旺的抓手。品牌化是乡村产业绿色化、优质化、特色化、标准化的集中体现，是产业振兴的内在要求，为乡村产业的持续发展提供内生动力。乡村产业的绿色、优质、特色生产只有体现在农业品牌要素上，才能增加优质特色农产品的辨识度和市场美誉度，将品牌农产品与同类其他产品进行有效区分，发展忠实的需求方群体，形成稳定的市场容量，为乡村产业的持续有力发展提供有力支持。

品牌在乡村振兴中发挥着至关重要的作用。对于生产、加工企业，品牌化可以卖出好价格，提高效益。当品牌做得很好时，产品就区别于其他大多数同类产品，这时它的产品就不是只有它本身的价值了，品牌的价值就附加到它的产品上，自然可以比普通的产品卖出更高的价格。对于行业来说，品牌保障质量安全。在消费者心中，品牌化农产品代表着信赖、安全和高品质，慢慢地对农产品品牌化的需求从个别种类延伸到农产品全产业链中去，例如品牌化粮油、品牌化蔬菜、品牌化水产、品牌化肉制品等。同时，品牌还能促进乡村旅游发展，能吸引更多产业资本与农户合作，促进农业生产。一些具有特色的乡村品牌可以吸引更多游客前来游玩和消费，从而带动当地经济的发展。

第二节　基于品牌生命周期理论的乡村产业振兴阶段特征

品牌生命周期（Brand Life Cycle，BLC）是指人们对一个品牌的综合感知的发展趋势，这种综合印象并不一定会随着技术的更迭而改变，但与人们认识事物的心理规律以及品牌自身经营情况密切相关。产业振兴特征是指在一个产业特定发展阶段，其具备的特定特征和发展优势。这两者的结合可以帮助我们更好地了解和应对产业的不同发展阶段的挑战和机遇。根据生命周期理论，农业品牌的形成和发展是一个从小到大、从部分到整体的发展，品牌产生效益是一个渐进的过程。根据上述研究，由于乡村产业生命周期与农业品牌生命周期具有高度相关性，生命周期在时间序列上大部分是可以重合的，因此，农业品牌与乡村产业生命周期的影响因素具有高度关联性，也与乡村产业发展阶段性特征具有趋同性。农业品牌是伴随乡村产业的成长而形成的，其不同发展阶段的演进体现的是市场供给和市场需求之间关系的发展过程，乡村产业处于哪一阶段主要是由乡村产业生命周期发展过程以及每一阶段的特征来决定的。结合产业经济学、产业生命周期以及品牌培育效益来看，乡村产业振兴阶段至少应该具备以下要求或特征。

一、乡村产业开发期特征

在农业品牌创建期，品牌随农产品进入市场并被小部分目标市场消费者感知，这个时候市场认可度极低，缺乏广泛的品牌消费者，市场需求增长缓慢，品牌投入的主要方面是市场调查、品牌的市场定位及市场推广。这个阶段乡村产业也处于开发期，属于乡村产业发展初级阶段或者产品开发期，还算不上完整的产业，这个阶段乡村产业发展特征为：

（一）产业供给特征

经营主体以散户和专业大户居多，以粗放经营为主，农业龙头企业介入较少，经营主体之间竞争不明显；产业基地规模小，生产批量少，产品品种单一，目前的区域种养规模还难以支撑农产品加工业的发展；生产技术不稳定，技术含量低，没有统一的生产和管理标准，产品还存在鱼龙混杂的现象；产品的生产成本较高，产品的价格偏高，销售数量少，营销费用高，大部分经营主体的利润微薄甚至亏损。

（二）市场需求特征

产品需求较少，市场消费需求群体单一，市场上不确定风险比较多，市场竞争不明显；消费者主要是根据产品价格、主观意识认为的质量等因素来决定是否购买；对新产品的甄选和使用存在偶然性或需求刚性，习惯于购买相同类型的老产品，对新产品不敢贸然购买。

二、乡村产业成长期特征

在农业品牌成长期，品牌已形成一定市场知名度，不断被目标市场消费者普遍认识和熟悉，市场需求增长迅速，但还未被绝大多数目标市场消费者认同，该阶段品牌投入的重点是品牌形象提升和品牌概念的营销推广。这个阶段乡村产业也处于成长期，这个时期已形成一定产业规模，属于乡村产业和品牌创建的"黄金发展期"，但产业竞争者纷纷进入，产业竞争加剧，其发展特征为：

（一）产业供给特征

产业发展处于急剧上升阶段，经营主体呈现规模化和企业化，三产融合态势逐步形成；产业所需的技术日渐成熟，质量体系与其他统一的标准不断建立与完善，产品质量不断提升；产品基本定型并实现了标准化，产品品类多样化并开始进行大规模生产，并取得良好的规模效益。大批量生产显现出低成本效应，产业利润率较高；市场竞争日趋激烈，产销的垄断性基本消除，但此时进入壁垒较低，吸引大量经营主体进入，"多头竞争"的局面愈演愈烈，产业利润快速增长的同时竞争也逐渐加剧。

（二）市场需求特征

产业市场需求不断扩大，已经拥有一批固定的市场，产品已被消费者所熟悉并重复购买，同时由于消费的蝴蝶示范效应吸引了大量消费者涌入，产品需求迅速增加；此时大多消费者选购产品最先看的是价格，其次是质量和服务。

三、乡村产业成熟期特征

在农业品牌成熟期，品牌的知名度、忠诚度和美誉度广泛形成，但品牌同质化现象严重；虽然品牌具有大片稳定的市场份额，但市场竞争激烈且市场份额的增加逐步缓慢，此时在原有的优势品牌基础上，品牌定位需要更新，通过新市场细分发展子品牌，形成相应的品牌体系。这个阶段的乡村产业也处于成熟期，产业竞争非常激烈，会出现新产品品牌"搭便车""傍名牌"现象，甚至假冒伪劣产品。这阶段乡村产业发展特征为：

（一）产业供给特征

这是产业市场生命周期的一个"鼎盛"时期，它的前半期销售额逐渐上扬而达到最高峰，在稳定一个相对短暂的时期后，销售额开始缓慢回落，这时便进入了一个转折时期，即成熟期的后半期。经营主体众多，其技术水平和生产成本趋于平衡，产业的增长趋于稳定，市场供给集中度高，产品物美价廉，性价比高；产品标准化程度高，技术稳定，产品在性能及质量方面再度改进的余地已经不大；由于成长期大量的经营主体的涌入，产业利润达到最大后，各经营主体在产品品种、性能、价格、质量方面竞争异常激烈，处于"白热化"，经营主体的市场份额很难继续扩大，甚至因为竞争者的增多而使产业内的超额利润得以摊平而趋于下降，新的经营主体进入极少。

（二）市场需求特征

此阶段市场需求集中度高、趋于饱和且日益细分，消费者选购时会关注产品赋予的情感因素，个性化特征明显，也容易受他人主观评价的影响。消费者在使用这类农产品时，已对农产品的质量有所了解，并大胆地进行重复购买，从而大幅度提高了购买量，致使销售额在成熟期的前半期达到顶峰。但是在成熟期的后半期，市场上已经开始出现同类新的农产品，从而将成熟期相同类型的半新半旧农产品的购买量减少，因此，成熟期是一个由"盛"转"衰"的转折时期。

四、乡村产业衰退期特征

农业品牌生命周期进入"后成熟期"会出现两种情况：一种是品牌价值和知名度逐渐下降直至被市场淘汰；另一种是通过品牌战略创新调整、不断赋予其新的内涵、提升品牌价值，从而实现品牌永续经营。这个阶段的乡村产业处于衰退期，产业已经走下坡路并逐渐被市场淘汰，这是产业转型升级的关键时期，可以通过品牌创新管理，不断延续品牌生命周期，减弱衰退期对乡村产业的冲击。这个时期的乡村产业特征为：

（一）产业供给特征

产业内普遍存在的产品产能过剩，产品陈旧，而且日趋老化，产品价格和销量不断下跌，大部分经营主体处于微利或亏损状态；新产品或替代产品日益增多，这些较新的产品不仅吸引了广大消费者的注意力，而且事实上已经占据了同类产品市场的大部分份额；产业内部已开始大规模重组或兼并，通过优胜劣汰产业内经营主体不断减少，产业市场聚集度不断提升；同时，由于产品销路受阻，库存出现严重积压，产业亟待清库存予以转型升级，为了尽量减少损失，经营主体开始大幅度削价处理产品，从而造成亏损；部分经营主体审时度势陆续从该产业撤出转向投资更具有激发市场潜力的新型产业。

（二）市场需求特征

由于技术进步、新产品不断出现和消费者偏好的逐步改变，大部分消费者已经对衰退期的产品不感兴趣，这一时期购买者急剧减少，市场份额不断萎缩，导致农产品销售量开始严重下滑。该阶段消费者会在一段时间内对有信誉的品牌产品的新动向予以关注。

参考文献

［1］康敏．产业生命周期视角下新时代贵州乡村旅游［D］．贵州：贵州财经大学，2019.

［2］孔祥智．实现产业兴旺须强化政策支撑［J］．农村经营管理，2018（08）：1.

［3］李晓敏．浅析产品生命周期与品牌生命周期［J］．商业研究，2014（09）：18-19.

［4］梁如意，白礼宾．浅论农产品市场生命周期与营销策略［J］．内蒙古科技与经济，2011（01）：21-22.

［5］路璐．农产品区域公用品牌建设中地方政府扶持路径优化研究——以"横山羊肉"为例［D］．西安：西北大学，2021.

［6］聂淼．基于生命周期理论的农业产业集群发展战略研究［J］．企业家天地·理论版，2007（08）：33-34.

［7］宋洪远．实施乡村振兴战略的五点思考［J］．吉林农业，2018（02）：12-14.

[8] 魏文川, 方姗. 基于生命周期理论的农产品品牌塑造理论 [J]. 农业经济, 2011 (03): 32-34.

　[9] 叶兴庆. 新时代中国乡村振兴战略论纲 [J]. 改革, 2018 (01): 65-73.

第六章　基于品牌生命周期理论的乡村产业振兴阶段发展策略

从农业品牌和乡村产业生命周期的关系和特征来看，两者生命周期各阶段存在高度关联的内生关系。品牌是推动产业与市场、与消费者紧密衔接的最重要、最直接载体，最能反映产业发展成效，好的品牌代表较高的市场占有率和产品溢价。因此，基于农业品牌尤其是农产品区域公用品牌的公益性和生命周期的阶段特点，政府必须确定好角色定位，充分发挥以农业龙头企业为主的经营主体的带动作用；经营主体应以每一阶段的特点为基础来制定和实施营销方案，而乡村产业在演化过程中也应该充分考虑各阶段的特点，根据每一阶段的推动因素和作用机理，采取有针对性的发展策略，实现乡村产业的健康和可持续发展。

第一节　乡村产业开发期策略

一、经营主体策略

（一）产业定位

产业选择首要原则就是充分发挥和挖掘当地特色，因地制宜。要综合评价乡村区域自然资源特色、区位条件、市场需求、基础设施和科技水平等要素，筛选出优势特色突出、市场竞争力强的乡村产业；要综合考虑自身资源、竞争者的实力以及消费需求对乡村产业进行准确定位，突出地域、环境、物种和文化特色，使得乡村产业定位具有鲜明的区域特征，这也是建立农产品区域公用品牌的基础。

（二）生产策略

经营主体需要更注重技术创新，产业技术创新体现在产业技术的领先以及投入的准确性上。生产经营主体需要不断推行技术创新和引进先进的生产设备，采用先进的管理模式，这样可以促进农产品品牌化和产出效益的提升。投入物的准确配置是指根据不同作物的生长特点、生态环境、土壤肥力等因素，科学精准地安排并管理种子、肥料、农药等投入物，以实现资源的最大化利用和农业生产的高效稳定，这不仅有助于提高农业产业的竞争力和市场地位，还能促进农业生产的可持续发展，实现企业持续增收。因此，区域农产品企业应加大自身农业科技的投入和研发力度，通过技术创新和提高农业生产效率，打造具有市场竞争力的农业品牌。

（三）市场经营策略

经营主体要积极收集市场对新投入的农产品的反应，疏通销售渠道，千方百计打开销路。具体策略为：利用现有产品提携支持，利用特殊手段诱使试用，利用特殊手段诱使中间商经销，利用其他促销手段。采取高品质、高价格策略。

二、品牌塑造策略

乡村产业开发期的品牌塑造策略应先从农产品的品质、技术、包装、原产地、文化等入手，逐渐扩展到农产品品牌的传播，如通过品牌图形、文字、标示等传播品牌的利益。农产品的生产经营可以通过品牌来宣传其质量、功能和利益，并把自己的特色与竞争品牌多少区别开来。宣传品牌意识，加大对各类农业生产企业进行商标和知识产权方面的培训，提高企业品牌和商标的观念与意识；充分挖掘所选产业的资源禀赋、历史文化内涵，在发展特色产业的基础上创建农产品品牌包括农产品区域公用品牌和产品品牌，重点推进特色产品的区域公用品牌建设，树立品牌促进产业发展的意识。

三、政府行为策略

农业品牌包括农产品区域公用品牌和乡村产业的发展都离不开政府的引导，在品牌培育和产业发展之初，政府在产业初级阶段要发挥引导、扶持和协调作用，在产业规划、政策优化、宣传引导等方面要发挥重要作用，对于这一阶段政府需要综合评价乡村区域自然资源特色、区位条件、市场需求、基础设施和科技水平等要素，筛选出优势特色突出、市场竞争力强的乡村产业，制定产业发展规划，以规划引领产业发展。尤其在农产品区域公用品牌规划方面要明确品牌定位，树立特色品牌形象，充分发挥规划引领作用；鼓励农业企业和相关机构积极参与农产品产业技术创新，加强新品种新技术的研发和推广，积极培养有知识懂技术的新型农民，以实现农产品产业技术领先和投入精准这一目标。

第二节　乡村产业成长期策略

一、经营主体策略

乡村产业处于成长期要求经营主体稳定产品质量，扩大生产能力，组织好销售工作。

（一）加强科技支撑，完善相关配套服务

强化科技对乡村产业盈利能力的支撑与引领，加强乡村产业技术集成与创新，推进产业绿色化、优质化、标准化、特色化生产。加强科技支撑体系建设，推动新型经营主体与科研院所、高校等科研单位的合作，加强品牌农产品新品种新技术的研究、开发和技术推广，做到产学研结合；培育和引进一批技术含量高的农产品精深加工企业，延长产业链，提高产业附加值，使得农产品保持高效生产、品质优良，科技含量高、品牌附加值高；建立区域农产品建设所必需的产品展示平台、物流配送平台、销售网络体系，为区域公用品牌的建设营造良好的外部硬环境相关配套服务。

（二）提高农产品质量，推进品牌农产品标准化生产

农业生产标准化是农产品品牌建设的基础，通过经营规模化促进农业生产标准化，保障品牌农产品的质量从而为农业品牌建设夯实基础。因此要加快建立品牌农产品标准化生产体系、农产品质量安全控制体系和质量安全追溯体系建设，统一技术标准，并大力推广和普及品牌农产品生产、加工、物流等标准化技术，鼓励新型经营主体建立标准化农业生产基地、加工基地和物流基地。强化全流程质量管控和标准化体系建设，制定和实施与品牌建设相匹配的生产技术、加工流通和质量安全标准，推进不同标准间衔接配套，积极开展地理标志认证、产品认证和商标注册工作，以标准促品牌，以品牌带产业，这也是提升品牌美誉度和公信力的关键。

（三）扩展销售农产品市场

主要手段有：扩大推销范围；采取多种包装推广新用途；增加经销店和销售渠道；在适当时间降低价格，以吸引对价格敏感的潜在顾客。加强商标地位。采用注册商标，取得商标专用权；改变广告宣传重点，由介绍农产品转向树立农产品形象；争取创立名牌农产品和争取新老顾客。巩固销售渠道的地位，加强与销售渠道的联系。

二、品牌塑造策略

随着市场竞争的加剧，仅靠提高效益已经无法满足经营主体的发展需求。品牌建设已成为提升经营主体竞争力和增强产品附加值的重要手段。特别是在当今消费市场，消费者越来越注重品牌和质量。重点在于品牌美誉度的扩展，并形成良好的口碑，降低品牌的转换率，提升品牌形象和附加值，形成顾客的偏好与忠诚。

（一）通过打造信任策略来培养消费者的忠诚

在品牌塑造的过程中，可以从提供优质的农产品和完善服务资讯；提供在线帮助、交流和设置专门售后服务网点等策略增加消费者的信赖度。

（二）采取特色产品策略

打造农产品的特色，形成差异化的优势，满足不同国家和地区的差异化需求，并获得相应区域的市场优势。如绿色有机农产品、脱水蔬菜等通过绿色、营养类农产品，满足顾客的个性化需求。通过把特色植入品牌，提升品牌的价值。然后通过战略联盟策略，增加品牌资产的价值。

（三）对当地的名优农产品、农产品区域公用品牌进行宣传推广

充分利用当地的广播、电视、报纸、网络等新闻媒体，对区域农产品进行宣传和报道；组织区域农产品参加农产品推介会、展销会、博览会、交易会进行农产品宣传推介。另外，还可以通过举报民俗文化活动，采取"农产品+旅游+文化"的形式，对区域农产品进行宣传推广。

三、政府行为策略

要发挥公共服务作用，充分调动各经营主体主动维护农产品区域公用品牌名誉的积极性，为品牌建设创造良好环境。

（一）政府在该阶段主要发挥扶持和监督作用

引导产业做大规模，保障市场公开、公平，尤其要协调处理好产业规模扩大与产业用地的矛盾关系。

（二）强化新型经营主体的引领作用，推动产业化经营

新型经营主体特别是龙头企业和农民专业合作组织是推进品牌农产品规模化、产业化经营的主导力量，因此，要培育和打造一批具有一定经营规模、具备较强科技创新能力的龙头企业和完善农民专业合作组织制度，引导品牌农产品生产向集约化、产业化方向发展。同时完善农户的利益联结机制，与农户建立更加紧密的利益联结关系，实现集品牌农产品产业化经营格局。

（三）创建区域公用品牌

农产品区域公用品牌创建的主体应为政府部门。区域公用品牌建设既能向消费者传递农产品原产地和质量安全等重要信号，又能克服单个企业参与市场交易的分散性和风险性，形成产业化的规模效益和协同效益，从而推动区域经济发展。同时，区域品牌建设还可以推动整个产业的升级和提质，促进农业产业的转型升级和可持续发展。

第三节　乡村产业成熟期策略

这一阶段的乡村产业品牌农产品生产标准化和规模化程度比较高，产业的主导带动作用主要依靠龙头企业和大型农民专业合作组织；品牌的知名度、忠诚度和美誉度比较高，品牌效应凸显，但是品牌同质化现象严重，产品竞争非常激烈，且随着品牌效应的凸显，容易产生"搭便车"行为，从而出现"劣币逐良币"的情况。此阶段要重点发挥政府的监管作用，引导产业有序竞争。

一、经营主体策略

成熟期的长短直接影响乡村产业开发经济效益的大小，经营主体要千方百计努力延长乡村产业成熟期的时间。

（一）深入实施产品差异化战略

一是农产品改革策略，亦称农产品再推出。此种策略有性能改良，如增加适应性、方便性；有形态改良，如提高农产品的外形美。以产品自身的改变来满足消费者的不同需要。采用新技术以提升产业品牌品质特色，加大品牌保护力度。二是市场改革策略，此种策略不是要改变农产品本身，而是在寻找尚未采用本产品的新市场或市场中的新部分。增加农产品新的用途、创造新的消费方式等，以使农产品的销售量得以扩大不断挖掘产业新功能、产品新款式等手段寻找新的子市场，多功能开发应忌重复，突出特色。

（二）推动产业链融合发展

延伸主导产业链，推动农村一二三产业的交叉重组融合，产业链延伸长度不仅是看加工环节多少，更重要的是看能否有效满足最终消费者需要，不断扩大产业市场规模，形成更多新的增长点。

（三）采取市场组合改革策略

这是指改变某些市场组合的因素，以增加销售量。对农产品品牌、定价、渠道、促销 4 个市场营销组合因素加以改良，延长农产品在市场成熟期的生命力，如通过适当降价策略延长产业获取最大利润的时间。

二、品牌塑造策略

品牌和产业成熟期意味着品牌和产业下一阶段将进入衰退期，为了延长品牌和产业成熟期，需要未雨绸缪，适当采取品牌延伸、创新战略，提升品牌内涵和信誉度。要不断加强这一阶段品牌和产业创新力度，深挖品牌文化内涵，避免品牌形象老化，为品牌形象注入活力，创新品牌营销方式，借助与信息化、数字化等时代相适应的新技术进行品牌营销方式转型。针对品牌的同质化日益严重，品牌的市场份额的增加逐步缓慢等问题，农业品牌塑造要树立整体营销的观念，利用现代信息技术手段，建立立体的品牌传播模式。随着农业品牌的市场规模的扩大，品牌的定位需要更新。在原有的强势品牌基础上，发展新细分市场的子品牌，形成品牌体系。

三、政府行为策略

大力扶持具有一定规模的经营主体，加强政策指导与支持，促进经营主体之间的交流合作或兼并重组，保证农产品区域公用品牌培育成果的深入稳定。

（一）大力扶持农产品加工型龙头企业，推动产业链融合发展

不断培育和壮大农产品加工型龙头企业，提高龙头企业规模化的同

时，加快开发引进农产品精深加工新技术，延长品牌产品链，挖掘品牌产品新功能，提高品牌农产品附加值，增加品牌资产价值。进一步探索更加紧密的利益联结方式，使得品牌农产品龙头企业真正做到带动广大农民走上增收致富的道路。不断延伸农产品区域公用品牌特色产业链，打造全产业链，不断挖掘农产品的生态价值、文化价值，实现三产融合发展，从而推动地区产业兴旺。

（二）加强品牌保护，严格质量监管

一方面，要加大对假冒伪劣产品、破坏品牌行为的惩罚力度，加强执法队伍建设，加强有效监管，对农产品安全生产、假冒伪劣侵权行为等问题制定相应的处罚条例，加大处罚力度，增加农户违约的机会成本，约束农户的行为，对违规者实施严惩。另一方面，设置使用区域公用品牌的主体准入门槛，加强农产品区域公用品牌授权使用管理。完善了农产品质量安全追溯体系，鼓励农户使用追溯码进行自我管理。另外，要加强政府的宏观调控，对品牌滥用、盲目扩大种植面积、忽视农产品质量等问题，从宏观上进行调控，控制总产量的同时，优化产业布局，加速淘汰旧品种，进行土地轮作、休耕。

（三）建立社会化协作和专业化分工机制

在产业成熟期，为避免恶性价格竞争带来的品质恶化问题，必须加强品牌建设各方主体的社会化协作和进行专业化分工。社会化协作和专业化分工是区域公用品牌农产品保持持久竞争力的根本要求。建立社会化协作和专业化分工机制，需发挥政府的行政政策功能，完善品牌建设协同机制，明确品牌建设主体协同职责，推动各主体达成品牌建设共识。同时需要延伸产业链条，细化专业分工，引导产品相近的企业向"精、新、特"方向发展，引导产品互补的企业合作互赢，形成一种既有竞争又有合作的良性互动局面，以此促进产业内部的良性发展。

（四）积极打造产业集群

产业集群是一种由一组相关企业、机构和相关组织在特定地理区域内形成的产业生态系统。它具有区域协同效应、技术创新能力和资源共享等优势，有助于提高企业在市场上的竞争力和创新能力。然而，要使一个产业集群健康发展，需要适当完善和优化，其中包括合理配置要素。产业集群的发展需要各种要素的协同作用，包括人力资源、物质资源、资本资源和技术资源。在要素配置方面，产业集群的竞争力和创新能力需要高水平的人才支撑。因此，人才的引进和培养是首先要考虑的。为此，各地政府需要制定相应的人才政策，吸引高端和优秀人才加入产业集群，并建立人才培养体系，为产业集群提供源源不断的人才支持。近年来，我国在推进"一乡一业""一村一品"战略的过程中，涌现出了一些独具特色的农业产业集群，其中包括山东寿光蔬菜产业集群、甘肃定西马铃薯产业集群、宁夏中宁枸杞产业集群、浙江安吉竹产业集群等。这些集群的快速发展，使得农业产业具备了明显的竞争优势，已成为当地的支柱产业（陈秧分等，2019）。这为农产品产业组织建设提供了重要的参考意义。

第四节　乡村产业衰退期策略

一、经营主体策略

面对处于衰退期的乡村产业，经营主体需要认真研究分析，决定采取什么策略，在什么时间退出市场。

（一）继续经营策略

经营主体继续使用过去的营销策略，直到该产品完全退出市场为止。在目标市场、价格、分销渠道、促销活动等方面保持原状。

（二）集中策略

经营主体把能力、资源集中在最有利的子市场和渠道上，尤其对于无利可图又占用大量资源的产业应放弃经营，也可以适当降低促销水平并且将资源集中到最有利的产业子市场上来。放弃那些没有盈利机会的市场，缩短经营路线，从中获取利润。

（三）放弃策略

当经营主体现有农产品并无潜在市场机会或新一代产品已经上市并且前途看好时，应该当机立断放弃老产品，把经营主体的生产条件、经营渠道、广告宣传等转移到新产品上，为新产品进入市场成长期准备条件。

（四）产业创新和调整策略

经营主体紧紧围绕消费者需求，科学、严谨、系统地开展产品、技术、理念和品牌创新，满足消费者需求，甚至创造消费者需求，实现乡村产业更新换代或转型升级，通过开辟新市场使该产业进入新一轮的产业生命周期。如处于产业衰退期的企业，特别是大型龙头企业，可以通过产业链垂直整合，合并重组产业链上下游企业，通过产业链垂直整合，可以有效地降低企业交易成本，形成新的竞争优势，从而引领带动整个产业调整。

二、品牌塑造策略

在这一阶段如何实现农业品牌的转型，更新品牌的内涵是品牌塑造的重点。如果不能顺利地完成品牌的更新，就会导致品牌的消失，可以通过下面的策略来使品牌的衰退转危为安。

（一）创新策略

品牌创新是品牌持续发展的基础。在品牌衰退时期，企业应在农产品种植、品质、包装、广告等方面进行创新，推陈出新，更新品牌的属性和价值，适应个性化需求的发展。

（二）延伸策略

品牌衰退是由于其农产品本身在市场不再具有竞争导致的，要解决品牌衰退的问题，需要从品牌利益着手，如以农产品的更新换代、农产品繁殖技术的运用等方式来延伸品牌的价值。

（三）放弃策略

如果品牌农产品对区域经济带动能力很弱或者不能给企业带来收益，

则需要及早退出，继而集中资源，打造其他新的品牌。

三、政府行为策略

在保留特色乡村产业核心优势的基础上不断创新，针对产业不利现状，应尽早谋划转型升级，开辟新的产业领域。政府要发挥好引导作用，创新产业政策，抓住产业升级的大好时机，引导产业进行转型升级，优化产业结构，同时做好规划工作。将行政、经济等多种手段相结合，引导处于衰退期产业内企业进行技术改造和技术升级，促进企业进行品牌创新、产品创新，促进企业转型升级。这个时候需要政府和经营主体双向发力，加强技术改良创新，大力推动产业协同创新，积极开发新产品新业态，深入挖掘和开辟新的市场，拓展提升品牌内涵，提高新产业进入新一轮的产业生命周期的效率。

参考文献

［1］陈秧分，刘玉，李裕瑞．中国乡村振兴背景下的农业发展状态与产业兴旺途径［J］．地理研究，2019（03）：632-642．

［2］方志权．以品牌农业建设助力乡村振兴战略［N］．解放日报，2018-08-07（009）．

［3］林恩惠，郑昆苪等．福建省品牌农业的定位、问题及对策［J］．海峡科学，2018（05）：55-57．

［4］欧阳雪灵，张春云，陈紫梅，双巧云．我省"三品一标"发展现状及对策［J］．江西农业，2018（11）：62-64．

［5］孙萍，杨欣．农产品品牌认知度分类研究［J］．中国农机化学报，2015，36（04）：341-343+348．

［6］唐珂．品牌强农与乡村振兴［N］．农民日报，2018-05-10（2）．

［7］唐小翠．特色农产品品牌建设与乡村振兴战略［J］．广西师范学院学报（哲学社会科学版），2019，40（03）：104-108．

［8］万宝瑞．发展品牌农业要把握的几个问题［N］．农民日报，2017-05-02（001）．

［9］于富喜．新常态下我国农产品品牌战略管理研究［J］．改革与战略，2017，33（06）：64-66．

［10］张传统．农产品区域公用品牌发展研究［D］．北京：中国农业大学，2015．

［11］张玉香．牢牢把握以品牌化助力现代农业的重要战略机遇期［J］．农业经济问题，2014，35（05）：4-7+110．

第七章　基于品牌培育效益变化的乡村产业生命周期模型构建与应用

——以江西南丰蜜桔和井冈蜜柚产业发展为例

随着全球经济一体化的不断深入，农业产业面临着前所未有的挑战和机遇，农业产业结构调整和优化升级的压力持续加大。习近平总书记指出，要加快发展乡村产业，适应城乡居民消费需求，顺应产业发展规律，立足当地特色资源，拓展乡村多种功能，向广度深度进军，推动乡村产业发展壮大。2023年中央一号文件对乡村产业高质量做出了具体部署，要求在彰显特色、产业融合、优化布局和联农带农等方面下功夫，把乡村资源优势、生态优势等转化为产品优势、产业优势。在这个过程中，品牌培育作为农业产业发展的重要驱动力，对于提高农产品附加值、增强农业竞争力具有重要意义。农业产业的生命周期特性使得品牌培育在不同阶段呈现出不同的效益变化，这对农业产业的可持续发展具有深远影响。当前我国农业产业品牌建设仍处于起步阶段，品牌培育效益不明显，产业生命周期模型的研究尚不完善。鉴于此，本章旨在构建一个基于品牌培育效益变化的产业生命周期模型，并探讨农业产业兴旺阶段的特征，以期为农业产业的可持续发展提供理论支持和实践指导。

第一节　基于品牌培育效益变化的
产业生命周期模型

根据产业经济理论，产业发展具有规律和生命周期。Vemon 于 1966 年在《国际投资和产品周期中的国际贸易》一文中率先提出产品生命周期理论，众多国内外学者围绕该理论开展研究。其中，Gort 和 KlePeper 基于产业链视角延伸了产品生命周期理论，提出聚焦于产业的生命周期概念（刘思华，2014）。他们将产业生命周期分为引入、大量进入、稳定、大量退出（淘汰）和成熟五个阶段。产业生命周期的概念经过多年的发展，其内涵不断丰富。本章综合国内外观点，得出相应结论：企业常常会经历市场开发、成长、成熟和衰退四个阶段，并呈现出 S 形状，如图 7-1 所示。

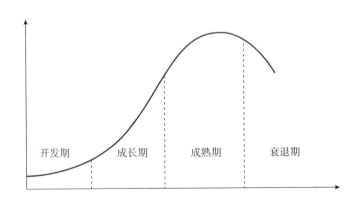

开发期　　成长期　　成熟期　　衰退期

图 7-1　产业生命周期曲线

2018 年，中共中央、国务院发布的《关于实施乡村振兴战略的意见》指出，推动农业由增产导向转向提质导向，培育提升农业品牌，加强地理标志农产品注册和保护，打造"一村一品"的产业格局。由此可以看出，建立地理标志农产品品牌是实现乡村振兴、促进区域经济发展以及增加农民收入的重要手段。因此，品牌建设刻不容缓。品牌可以给企业带来持续超额的利润，但是同产业相似，品牌效益的产生及深化是一个渐进的过程。在品牌投入和产出之间，企业应合理调整，以实现品牌价值从投入大于产出逐渐达到等于产出，再到小于产出的动态平衡。品牌培育产出效益的变化规律可以用"弓"字模型来表示，具体推导过程如下：

假设产业品牌的投入产出比为：

$$Z (X, Y) = Y/X \qquad\qquad\qquad (7-1)$$

其中，Z 表示品牌的投入产出比，即品牌投入产出效益，即产业盈利能力；X 表示品牌的投入，品牌投入广义上指企业等经营主体在品牌培育过程中大量的人力、物力、财力和智力的投入；Y 表示品牌的产出，品牌产出是指能增加品牌附加值的所有因子，例如品牌内涵、品牌知名度、忠诚度、美誉度、品牌联想、品牌文化等，其具体体现为品牌资产为企业等经营主体带来较高的利润率，从而能够全面提升产业的综合竞争力。根据式（7-1）可得出一个完整的品牌培育过程中品牌投入产出效益变化的基本模型，如图 7-2 所示。

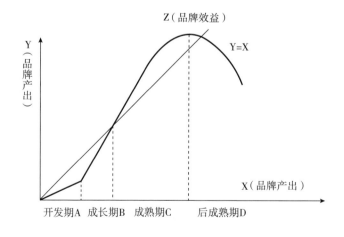

图 7-2　品牌培育效益变化基本模型

综合上述理论，乡村产业的生命周期可分为开发、成长、成熟和衰退四个阶段。这四个阶段与品牌培育效益变化模型高度契合，由此构建了基于品牌培育效益变化的产业生命周期模型（见表7-1）。该模型可用于划分产业的兴旺阶段，并进行特征分析，为产业兴旺路径选择与政策优化提供理论基础支撑。

表7-1　基于品牌培育效益的产业生命周期模型

产业生命周期	开发期	成长期	成熟期	衰退期
产品供给特点	经营主体数量不多 产品售价高 品种单一，品质较差	技术突破 产品售价降低 品类/款式变多	市场集中度提高 不同场景的广告营销 马太效应明显	替代品增多 需要低价清理库存
产品需求特点	不敢贸然购买 不知道甄选 对新产品不能适应	先看价格，后看服务 个性化需求不明显	关注产品赋予的情感因素 个性化特征明显	消费者偏好改变 同行新技术出现
品牌培育周期特点	市场认可度低 投入方向为产品市场定位 注重品质控制	一定的市场知名度 品牌定位 品牌概念推广	品牌市场知名度广泛形成 消费者满意度 品牌忠诚度	品牌竞争激烈 新产品更新慢 模仿者跟进甚至超越
产业发展阶段特点	产品不够成熟 市场不确定风险因素较多 市场前景不明确	核心技术日渐成熟 产品定型并标准化 拥有固定市场	市场日趋饱和且日益细化 市场份额难以扩大甚至下降	产业进入下坡路 产业开始萎缩 一些经营主体开始撤退

表7-1从产品供给特点、产品需求特点、品牌培育周期特点以及产业发展阶段特点四个方面梳理了品牌培育视域下产业生命周期的演变特征，为下文的产业生命周期SWOT分析提供了基础框架。

第二节　基于产业生命周期模型的
乡村产业 SWOT 分析

一、农产品品牌开发期

在农产品品牌开发期：在优势方面，一方面，企业能够利用先发优势迅速抢占市场、建立自身品牌形象和知名度；另一方面，政府也会为特色农产品提供一定的政策支持，以促进其发展。更重要的是，市场缺乏竞争，为新企业和产品带来了机遇和优势。在劣势方面，缺乏管理经验、技术和资金等问题成为企业发展的瓶颈。同时，农产品存在自然风险等问题也容易受到市场需求变化的影响。在机会方面，企业需要提升管理水平，引进先进的生产技术和管理方法，更好地应对市场需求。技术进步和新品种的不断推广也为企业提供更多的机会。在威胁方面，激烈的市场竞争和城市化进程的加快都带来了挑战。此外，市场信息不对称和农产品的周期属性也可能是企业面临的问题。

二、农产品品牌成长期

在农产品品牌成长期：在优势方面，品牌逐渐积累稳定的市场份额和具备市场影响力，能够寻找市场定位，逐渐壮大品牌。特色农产品的生产和加工过程比传统的大规模农业更为精细，价格和产品附加值相对较高。在劣势方面，农产品品牌在成长期需要大量的宣传和推广，成本相对较高，新品牌无法降低或控制成本。在机会方面，品牌成长期的企业通常会不断提高产品质量，当消费者开始认为该品牌的产品质量比其他品牌更好时，他们会更愿意购买该品牌的产品，进而推动该品牌销售额增长。此外，随着电子商务和直播带货的发展，农产品品牌可以拓宽销售渠道，提高产品曝光度，扩大市场覆盖面，进而促进品牌发展。在威胁方面，农产品品牌在成长期往往缺乏足够的品牌知名度和市场份额，需要通过价格来吸引更多的消费者和客户。

三、农产品品牌成熟期

在农产品品牌成熟期：在优势方面，企业在市场中具有较高的知名度和美誉度，树立了良好的品牌形象。经过多年的生产和品牌建设，农产品品质优异，受到消费者的认可。企业已经有较成熟的销售渠道、公司结构和管理经验，积累了大量的客户和市场份额，获利稳定。在劣势方面，市场饱和或者萎缩可能会限制品牌增长。同时，新的竞争者可能进入市场，尝试抢占市场份额，对现有品牌造成威胁。在机会方面，经过多年的资金和技术积累，企业不再受激烈的市场竞争限制，利用专业化和规模优势，开辟蓝海市场、拓展新领域，实现持续增长和发展。随着人民生活水平的提高和消费观念的转变，农产品的市场需求逐渐增长，为企业提供更大的发展机遇。在威胁方面，新技术手段的应用可能影响企业原有的经营模式和市场份额，形成新的威胁。随着农产品市场竞争的加剧，来自同行业企业的竞争压力增大，企业面临更大的市场挑战。建议企业不断提升产品品质，积极寻求拓展新市场的机会，提高企业核心竞争力。

四、农产品品牌后成熟期

在农产品品牌后成熟期：在优势方面，企业在市场中具备较高的知名度和美誉度，树立了良好的品牌形象。经过多年的生产和品牌建设，农产品品质优异，受到消费者的认可。企业已经有较成熟的销售渠道、公司结构和管理经验，积累了大量的客户和市场份额，获利稳定。在劣势方面，市场饱和点或者萎缩可能会限制品牌增长。同时，新的竞争者可能进入市场，尝试抢占市场份额，对现有品牌造成威胁。在机会方面，建立健全的决策机制和科学的管理体系，通过数据分析、市场调研和顾客反馈等方式了解市场需求和趋势，为企业的运营决策提供有力的支持。制定品牌退出策略，企业可以适时减少投入、控制成本，从而保护企业的利益和声誉。在威胁方面，竞争对手不断进入市场时，它们可能会提供更具吸引力的产品或服务，并在消费者中建立忠诚度，从而占据市场份额。随着市场竞争加剧，消费者流失可能成为企业面临的一个严重问题。消费者流失会导致销售额下降，企业利润降低，甚至可能导致企业退出市场。

第三节　井冈蜜柚和南丰蜜桔两大产业发展和品牌建设概况

一、井冈蜜柚

（一）产业情况

井冈蜜柚是指在吉安市生产栽培的具有地方特色的优质蜜柚产品的总称。吉安市主推的井冈蜜柚品种包括 9 月中下旬成熟的桃溪蜜柚、10 月上中旬成熟的金沙柚和 10 月中下旬成熟的金兰柚，通过品种搭配，可满足中秋、国庆、元旦和春节的市场需求。江西省农业科学院相关数据统计显示，截至 2022 年，蜜柚总种植面积达 41.2 万亩，2022 年蜜柚产量为 10 万吨。据吉安市果业局测算，井冈蜜柚栽植第 4~5 年可投产，第 8~9 年进入盛果期，成年柚树平均产量可达 3300 公斤/亩（种植密度为 33 株/亩），按 3 元/公斤销售价格计算，产值为 9900 元/亩，除去当年成本 1600 元/亩，纯利为 8300 元/亩，投入产出比为 1.0∶5.1，且至少可维持 30 年以上的盛产期，经济效益十分明显。

（二）品牌发展

多年来，井冈蜜柚产业以"规模化、标准化、生态化、品牌化"发展，不断壮大产业规模，建立健全生产标准，优化产业发展生态，持续提升品牌影响力，扎实推进产业绿色高质量发展，已成为带动农业增效、农民增收、最具吉安特色的富民支柱产业。井冈蜜柚品牌发展历程如表 7-2 所示。

表 7-2　井冈蜜柚品牌发展历程

时间	品牌事件
20 世纪 80 年代	井冈山地区开始种植蜜柚，逐渐形成产业规模
2010 年	井冈蜜柚种植面积达到历史新高，成为当地支柱产业
2013 年	井冈蜜柚荣获中国农业博览会金奖
2015 年	井冈蜜柚品牌战略发布会在北京举行，品牌形象得到提升。井冈蜜柚产业链逐渐完善，包括种植、加工、销售等环节，形成产业集群效应
2016 年	井冈蜜柚成功入驻天猫、京东等电商平台，拓展线上市场
2017 年	成功注册国家地理标志证明商标
2019 年	入选湘赣两地共同打造的"湘赣红"区域产品品牌
2020 年	第十三届亚洲果蔬产业博览会 2020 年最受欢迎果品区域公用品牌 100 强
2021 年	2021 年亮相央视电视综合频道，擦亮吉安特色农业品牌名片
2022 年	入围 2022 果品区域公用品牌价值榜；入围 2022 果品区域公用品牌声誉榜；被评为 2022 消费者喜爱果品品牌

（三）经济效益

1. 带动农业发展

目前，井冈蜜柚是江西省果业三大金字招牌之一，种植面积近 40 万亩，规模位居全省第一。井冈蜜柚的种植、收获、加工和销售都需要大量的劳动力和物资投入，因此蜜柚产业的发展将带动当地农业和相关产业的发展，促进当地经济的繁荣。

2. 提高农民收入

井冈蜜柚种植户和加工企业可以通过销售蜜柚获得收入，这对当地农民来说是一种重要的收入来源。井冈蜜柚的高价值也意味着农民可以获得更高的利润。2020 年，江西省吉安市井冈蜜柚中国特色农产品优势区被农业农村部等七部门认定为第四批中国特色农产品优势区，帮扶带动近 6 万户低收入户，已成为革命老区乡村的"摇钱树"。

3. 推动乡村旅游发展

井冈蜜柚种植区域的自然风光和文化底蕴都非常丰富，这为当地乡村旅游的发展提供了很好的机会。由于井冈蜜柚已注册国家地理标志商标，是江西省果业三大金字招牌之一，许多游客慕名而来，在这里不仅可以品尝到美味的井冈蜜柚，还可以了解当地的历史文化和风土人情。

（四）产业禀赋

地理位置优越：井冈山区地处江西省中部，东邻浙江、福建两省，南接广东、湖南两省，地理位置十分优越。井冈山气候温和、雨量充沛，日照充足，昼夜温差大，是蜜柚生长的理想区域。土壤质量优异：井冈山区域土壤富含有机质，土层深厚，矿物质含量高，水分充足，非常适合井冈蜜柚的生长。生态环境优美：井冈山区域自然生态环境良好，空气清新，水质优良，没有任何污染源，符合绿色食品的生产标准。

（五）产业政策优越

近年来，吉安市委、市政府高度重视水果产业发展，出台了一系列扶持政策，重点推进了井冈蜜柚、井冈蜜桔两大主导产业和横江葡萄、遂川金橘等县域特色果业，产业发展规模和质量都有显著提升。尤其是井冈蜜柚产业，被列为吉安市六大富民产业之首和乡村振兴的首选产业，且历经十余年的发展，种植面积突破 40 万亩，年总产量为 10 万吨，成为江西省三大果业金字招牌之一，取得了系列杰出成绩。同时，吉安市果业部门还大力推广大苗假植移栽等柑橘早结丰产"五项"实用技术以及单产倍增等井冈蜜柚提质增效"五大"技术工程，开展了井冈蜜柚水肥（菌）一体化等系列技术攻关，果业科技水平大幅度提高，设施柑橘栽培、生态建园以及容器育苗等技术推广应用均走在全省乃至全国前列。

二、南丰蜜桔

（一）产业情况

南丰蜜桔是江西省抚州市南丰县特产，中国国家地理标志产品。南丰蜜桔又称南丰蜜橘，富含氨基酸、硒等 40 多种维生素和微量元素，自唐代开始就为皇室贡品。南丰蜜桔是"中国驰名商标""中国名牌农产品""绿色食品"，年均产量达 30 亿斤，行销全国以及 40 多个国家和地区，单一品种种植规模和产量均为世界之最，出口量和出口国家数全国第一，是江西省抚州市第一个"百亿"农业产业。南丰蜜桔栽培历史悠久，具体演进历史如表7-3所示。

表7-3　南丰蜜桔历史演进表

时期	产业演进特征
唐朝开元年前	据专家考证，当年从江西进贡给唐玄宗和杨贵妃享用的乳桔即南丰蜜桔
宋、元年间	南丰蜜桔作为皇室贡品得到延续并进一步发展
明代后	南丰县的蜜桔生产渐趋兴旺，由于营养系芽变与株变的利用，便逐渐形成新株系，进而发展成为具有不同特色的品系，构成多样化的品种群，出现了以蜜桔生产为专业的村落
18世纪末	南丰蜜桔逐渐成为著名特产，已成为南丰的主要农副产品。清代后期有一个发展高峰，年产量曾达3000吨以上
19世纪中期	南丰蜜桔经济价值高，产品供不应求，刺激了经济较大发展。光绪元年（1875年）《清朝文献通考》记载："南丰产桔极佳，秋间可售一二十万元。"清同治《南丰县志》载："果之有桔，四方知名，秋末篱落丹碧累累，闽广所产逊其甘芳，近城水南、杨梅村人不事农功，专以为业。"南丰县境内出现了以蜜桔生产为主的专业村落，开始了专业化生产，形成了相当规模的商品生产基地。专业种桔的农户有500余家，2000余人口赖以为生
民国期间	因屡遭天灾和战乱，南丰桔园荒废，产量下降，生产基本处于停滞状态，年产量仅1000~1500吨
中华人民共和国成立后	南丰蜜桔生产迅速发展，尤其是1978年党的十一届三中全会后，南丰蜜桔产业不断发展壮大，形成了农工贸相连合、产供销一体化的多元化发展格局，全县5万多农户几乎家家户户均种有蜜桔，并带动了包装、加工、农资、流通、服务等相关产业的发展，已经成为南丰县的支柱产业和富民产业
2013年后	南丰县农民人均纯收入13776元，列江西省前茅、抚州市第一，其中有2/3来自蜜桔产业

（二）品牌发展

自中华人民共和国成立以来，南丰蜜桔先后取得了诸多荣誉，多次被评为全国优质水果和名牌产品。南丰县先后被授予"中国南丰蜜桔之乡""全国柑桔商品生产基地""全国园艺产品出口示范区"等，为"全国绿色食品原料（南丰蜜桔）标准化生产基地"，是中国首批"出口水果质量安全示范区"之一。其品牌发展历程如表7-4所示。

表7-4　南丰蜜桔品牌发展历程

时间	品牌事件
1962 年	南丰蜜桔被评为全国优质水果
1988 年	南丰县被确定为全国柑桔商品生产基地县
1995 年	南丰县被授予"南丰蜜桔之乡"称号
2003 年	南丰蜜桔被认定"绿色食品 A 级产品"，并颁布了《南丰蜜桔》国家标准
2004 年 9 月	原国家质检总局批准对"南丰蜜桔"实施地理标志产品保护
2006 年	在南丰蜜桔质量安全管理方面成绩突出，南丰县获得"食品安全地方政府突出贡献奖"
2006 年	"琴城贡桔"被评为"中国名牌农产品"
2007 年	南丰蜜桔被评为宽皮相桔类首个"中国驰名商标"
2010 年 9 月	中华人民共和国农业部批准对"南丰蜜桔"实施农产品地理标志登记保护
2020 年 5 月	经第四个中国品牌日"2020 中国品牌价值评价信息发布"线上评选，入选区域品牌 100 强榜单
2020 年 7 月	南丰蜜桔入选中欧地理标志首批保护清单

（三）经济效益

蜜桔种植在南丰有1700多年历史，是当地的主导产业，百姓的"致富树"，至今已创造超百亿元经济效益。南丰县农民收入的70%来自蜜桔产业，蜜桔总产稳定在 24 亿斤左右，全县柑桔总产值突破 30 亿元。自2009 年起，南丰县农村居民人均可支配收入连续 13 年稳居江西省第一位，其中，蜜桔种植"功不可没"。

1. 带动农业发展

南丰蜜桔产业的发展，体现在农业产量和质量的提升上。根据《中国农业统计年鉴》，南丰蜜桔的种植面积从 1998 年的 18.8 万亩增长到2022 年的 43.0 万亩，产量从 2003 年前的不到 1 亿斤增长至 2022 年的26 亿斤，而根据南丰县人民政府预计，仅南丰县 2023 年的蜜桔产量就高达 8 亿斤。

2. 提高农民收入

南丰蜜桔产业的发展极大地推动了农民的收入增加。其种植和销售为农民提供了新的就业机会，通过参与蜜桔的种植、采摘、加工和销售等环节，农民可以获得稳定的收入来源。同时，蜜桔产业的发展也带动了相关产业链的发展，如物流、包装、加工等，进一步增加了农民的就业和收入机会。据统计，南丰蜜桔产业的直接就业人数从 2000 年的 1 万人增长到 2020 年的 10 万人，间接就业人数从 2000 年的 5 万人增长到 2020 年的 50 万人。农民通过种植南丰蜜桔，不仅可以获得稳定的收入，还可以通过参与加工、销售等环节，获取更多的收益。

3. 改善农村环境

为了支持南丰蜜桔产业的发展，政府加大对农村基础设施的投资力度，包括道路、水利、电力等方面的建设。这些基础设施的建设不仅有利于南丰蜜桔的生产和运输，也为其他农产品的流通提供了便利，促进了整个农村经济的发展。此外，南丰蜜桔的发展使得农村经济不再依赖于传统的农业生产模式，而是向多元化方向发展。除了蜜桔种植外，农村还可以发展相关的农产品加工业、旅游业等产业，进一步拓宽了农民的收入渠道，提高了农村经济的抗风险能力。

(四) 产业禀赋

1. 基地建设基本完善

受惠农政策和市场拉动的共同作用，群众发展南丰蜜桔的积极性空前高涨，一批种桔致富的典型户和典型村不断涌现。因本县土地受限，有些个体户还自筹资金到广昌、黎川、南城、宜黄、临川等周边县市开垦荒山建立自己的南丰蜜桔基地，对拉动南丰县蜜桔产业起到了有力的推动作用，为当地社会主义新农村建设奠定了坚实的产业基础。

2. 生态果园建设取得新成果

很多园艺场紧紧抓住农业综合开发的机遇，大力加强生态果园建设，并取得了显著的成效。33.33 公顷以上的果园全部实现了自动喷灌，成为全县柑桔节水灌溉示范园；加强果园路网建设，实现果园作业半机械化；建设柑桔采后商品化处理生产线，不断提高市场竞争力，综合效益明显提高。

3. 中介服务组织蓬勃发展

2006~2007年各乡镇组建了6个南丰蜜桔产销协会，吸收会员达400余人。在各类中介服务组织大力发展的同时，南丰蜜桔专业化生产初步形成，全县出现了一批专业果品采摘工、柑桔包装专业户、柑桔分级打蜡商、果树苗木嫁接工及专门从事南丰蜜桔运输营销的个体户，产业分工日趋专业化，产业链条不断延伸。

（五）政策支持助力产业发展

随着人民生活水平的提高，人们对水果品质的要求也越来越高。南丰县人民政府自2016年以来不断出台针对蜜桔产业的惠农政策，涵盖蜜桔的生产、销售、市场监管全过程，旨在规范南丰蜜桔采收行为，维护市场秩序，提升南丰蜜桔品牌形象，促进丰产增收。为加快南丰蜜桔产业转型升级，全面提升南丰蜜桔产业市场竞争力，促进蜜桔产业高质量发展提供了政策保障。

第四节　井冈蜜柚和南丰蜜桔产业生命周期模型构建与应用

一、井冈蜜柚产业生命周期模型构建

（一）产业生命周期模型

根据前期的生命周期模型报告，结合井冈蜜柚实际情况，依照前文表7-1产业生命周期模型对基于品牌培育效益变化的井冈蜜柚产业生命周期进行分析研究。

（二）判断井冈蜜柚所处的产业生命周期

1. 产品供给特点

井冈山地区拥有得天独厚的自然条件，如充足的阳光、适宜的气候、肥沃的土壤等，为井冈蜜柚的生长提供了得天独厚的优势，从而保证了井冈蜜柚的优质品质；井冈蜜柚果皮色泽金黄、光滑，果肉甜度高、口感细腻多汁，含有丰富的维生素 C 和抗氧化物质等，深受消费者的青睐；井冈蜜柚供应季节一般在每年的 11 月至次年的 2 月，主要集中在冬季，因此具有季节性供应的特点；井冈蜜柚的市场需求较高，尤其是在冬季，因为它可以提供丰富的维生素 C，帮助人们增强免疫力，防止感冒。但由于井冈蜜柚主要生长于吉安井冈山及周边县区，产业发展初期未形成集中大范围种植园区，大多为当地农户或小型企业进行分散种植，经营主体数量不多。

2. 产品需求特点

人们对柚子的需求除了营养健康、品质优异外，针对像井冈蜜柚这样的产品还有可能会产生礼品需求、季节性需求等，井冈蜜柚是一种颇具特色的地方特产，消费者常常将其作为礼品送给亲朋好友或商业伙伴，因此在一些节假日、商务场合等特定时期，其礼品需求量较大。且井冈蜜柚作为井冈山地区的特色农产品，具有浓郁的地方文化特色，这也成为消费者购买井冈蜜柚的重要因素之一，一些消费者希望通过购买井冈蜜柚来体验当地的文化和风味。但由于国内柚产业发展较好，柚子的消费群体对于柚子都有固定的消费品种选择，而大多消费者在同样的情况下会倾向于选择自己熟悉的柚子品种进行消费，鉴于对井冈蜜柚的了解较少，挑选水果时消费者对能否挑选到好吃的水果没有把握，不能甄选，这也就成为消费者无法贸然购买的重要原因。

3. 品牌培育周期特点

（1）时间周期较长。

品牌培育是一个长期的过程，需要长期的持续投入和努力。井冈蜜柚品牌培育需要从品种选择、生产加工、市场营销等多个方面进行全面协调，整个过程可能需要数年或更长时间。

（2）投入资金大。

品牌培育需要大量的资金投入，包括品牌策划、广告宣传、市场推广等方面。在品牌培育的早期阶段，品牌本身并没有太多的知名度和美誉度，需要通过大量的投入来提高品牌的知名度和美誉度。

（3）市场反应缓慢。

在品牌培育的初期阶段，由于品牌的知名度和美誉度还不够高，市场反应较为缓慢，产品销售较难得到有效的支持和促进。

（4）需要全行业合力。

井冈蜜柚品牌培育需要产业链上下游各方的共同努力，需要通过整个行业的共同努力，才能够让品牌更好地被市场认知和接受。

4. 产业发展特点

（1）产业基础稳固。

井冈山地区自古以来就是柚子的主产区之一，因此在种植技术、生产经验、市场渠道等方面具备较为稳定的产业基础。

（2）品牌建设成果显著。

井冈蜜柚在近年来积极推进品牌建设，通过打造"井冈山蜜柚"等品牌，提高了产品的知名度和美誉度，增强了消费者的购买信心。

（3）科技创新支持。

随着农业科技的发展，井冈蜜柚产业也得到了农业科技一定程度的支持，如推广新品种、改良种植技术、优化生产流程等，不断提高了产品的质量和产量。

（4）地方政府支持。

当地政府在井冈蜜柚产业的发展中发挥了重要作用，通过政策扶持、资金支持、市场开拓等方式，促进了产业的稳定发展。

（5）市场前景广阔。

随着消费者对健康饮食的重视和对地方特色农产品的认知度提高，井冈蜜柚在市场上的前景广阔，未来发展潜力较大。

二、基于生命周期阶段分析井冈蜜柚产业问题

（一）处于开发期末期、成长期初期的井冈蜜柚存在的问题

1. 产业现状

井冈蜜柚处于整个产业生命周期的开发期末期，是起步阶段。此时农民和小规模种植户已经开始种植和生产井冈蜜柚，产量和销售额都较小，市场份额有限。在有了一定的种植和销售经验后，井冈蜜柚进入快速增长阶段，随着井冈蜜柚的口感和品质不断提升，逐渐获得市场认可，井冈山蜜柚的产量和销售额开始快速增长，种植面积不断扩大，市场份额逐渐提升。

2. 存在的问题

（1）生产规模小，产品种类单一。

井冈蜜柚主要生长种植于吉安井冈山及周边县区，生产规模相对较小，主要集中在个体农户和小规模农业企业。产业发展初期未形成集中大范围种植园区，大多为当地农户或小型企业进行分散种植，经营主体数量不多；蜜柚生产的成本以及品质难以控制，故售价比其他柚类高，且各家产出果实质量高低不一；此外，由于品种单一，产量难以满足市场需求，导致市场供需失衡。

（2）生产管理不规范，标准化水平低。

井冈蜜柚在生产管理方面存在问题，许多农民在种植、管理、采摘等方面缺乏标准化操作，导致产品质量和产量不稳定，难以满足市场需求。因此，井冈蜜柚产业需要加强标准化管理，提高产品质量。

（3）品牌知名度低，消费者认可度低。

井冈蜜柚品牌知名度低，市场营销不足，导致消费者对井冈蜜柚的认可度不高。因此，井冈蜜柚产业需要加强品牌建设和市场营销。目前井冈蜜柚的销售产品仍旧以鲜果为主，销售品类单一，副线产品以及加工农副产品较少；且由于鲜果不易运输保存，运输途中的磕碰极易导致果实损坏甚至腐烂，运输方面的技术短板也是井冈蜜柚无法更好地走出省门、打响

品牌的原因之一。

（4）产业不够成熟，市场风险较大。

井冈蜜柚产业发展相对较新，尚未形成完整的产业链和市场体系，市场风险较大。因此，井冈蜜柚产业需要加快产业升级和转型升级，提高市场竞争力。

（二）对即将到来的阶段进行展望

1. 成长阶段

随着井冈蜜柚市场份额的提升，种植面积不断扩大，市场竞争会加剧，井冈蜜柚的生产商和种植户将采取不同的策略来维持市场地位，如不断创新、改进品质和包装，提高销售渠道和服务等，以保持市场竞争力和市场份额。

2. 成熟阶段

井冈蜜柚产业进入成熟期后，市场增长率开始减缓，市场份额达到饱和状态，产业内企业之间的竞争日益激烈。在这一阶段，井冈蜜柚产业生产商和种植户需要继续进行创新和改进，以提高产品差异化和市场竞争力。

3. 衰退阶段

井冈蜜柚产业进入衰退阶段后，市场需求会逐渐减弱，市场份额开始下降，产业生产商和种植户开始面临市场淘汰的风险。在这一阶段，产业内的企业和从业者需要考虑调整产业结构、扩大市场范围和升级产品质量，以延长产业生命周期并提高市场竞争力。

需要注意的是，这只是一个大致的预估，实际的产业生命周期可能会受到多种因素的影响，例如政策、市场需求、技术变革等，因此蜜柚产业生命周期的实际情况可能会有所不同。

三、南丰蜜桔产业生命周期模型构建

相较于井冈蜜柚，南丰蜜桔产业发展历时更为久远，其产业所处生命周期阶段较难判断，而产业生命周期理论对四大产业生命周期阶段的界定

亦较为模糊。为了准确判断产业的发展阶段，此处采用定性分析与定量模拟相结合的方法。

（一）产业生命周期模型

1. 定性分析法

选取产业规模、产业结构、技术进步以及政府角色、产业发展的地位和作用等指标进行定性分析，由于各个指标在不同的发展阶段表现出不同的特征，把所表现出的特征作为发展阶段的评价标准，具体见前文表7-1。

2. 定量模拟方法—Logistic 模型

判断产业所处生命周期阶段的常用方法包括增长率法、经验判断法与生长曲线法等。生长曲线法凭借其准确性与便捷性被学术界广泛采用，其中又以皮尔模型（Logistic 曲线法）最具代表性。囿于传统 Logistic 曲线法难以刻画产业衰退期状态，本章借鉴黄由衡和段丽丽（2013）的改进模型，将年份区间选定为 1991~2022 年江西省农业农村厅公布的数据，以种植面积为标的划分南丰蜜桔的产业生命周期阶段，而后根据所处年份的实际值定量识别南丰蜜桔所处阶段。

Logistic 的一般函数为：

$$Y_t = \frac{K}{1+ae^{-bt}} \tag{7-2}$$

其中，a、b 表示未知系数，决定南丰蜜桔在不同发展阶段的增长速率；t 表示累计年份；K 表示南丰蜜桔年播种面积的饱和值。

当 t 趋于无穷时，曲线将持续收敛至南丰蜜桔播种面积的上限值，而难以模拟其衰退状态。由此，本章参照前人研究，找到合中心点构造垂线，而后翻转 Logistic 曲线得到衰退曲线。其中，中心点的计算方程为：

$$y_{center} = \frac{t_2-t_1}{2}\beta + t_2 \tag{7-3}$$

其中，y_{center} 表示中心点；t_1 表示导入期进入成长期的拐点；t_2 表示成长期进入成熟期的拐点；β 表示生命周期曲线成熟期长同其成长期长的比值。

试用皮尔模型与南丰蜜桔产业的多项数据拟合，拟合前，首先对 Logistic 曲线与南丰蜜桔产业生命周期的曲线拟合模型的显著性和拟合优度进行检测。参考类似于农业产品产业生命周期模型的阶段划分，对南丰蜜桔的产业发展过程及发展阶段进行划分。

（二）南丰蜜桔产业发展历程及阶段判断

1. 定性分析

以南丰县为例，从蜜桔产业规模、产业结构、技术进步，以及政府角色、产业发展的地位和作用来看，目前南丰蜜桔产业呈现的特征为：产业规模趋于稳定增长，产业结构不断向二三产业转移，资本和技术相对密集，种植技术已处于中高水平，蜜桔生产经营收入已成为主产区农民的主要收入来源。政府目标也逐步转向以精品引领、品质提升、品牌打造为主攻方向，实施高品质蜜桔产业化发展行动。对比表 7-1 中不同阶段的特征进行分析，可以初步判断目前南丰蜜桔产业处于成长期后期或者成长期向成熟期过渡阶段。

2. 定量模拟

基于式（7-2）与式（7-3），得到南丰蜜桔产业生命周期的拟合结果如表 7-5 所示。

表 7-5　基于 Logistic 曲线的南丰蜜桔产业发展阶段划分

产业 Logistic 曲线	拟合优度	产业生命周期阶段	时间	种植面积（万亩）
$\dfrac{73.790}{1+12.139\times e^{-0.222(46.996-t)}}$，t>23.496	0.991	开发期	1991~2002 年	(0.00, 15.59)
		成长期	2003~2008 年	(15.59, 58.20)
		成熟期	2009~2014 年	(58.20, 70.00)
$\dfrac{73.790}{1+12.139\times e^{-0.222t}}$，t≤23.496		衰退期	2015 年	(70.00, 0.00)

由表 7-5 可知，南丰蜜桔产业生命周期曲线的第一个关键年份为

2002 年，标志着南丰蜜桔产业正式迈过开发期，种植面积已逐步扩大到 15.59 万亩，在此阶段，南丰蜜桔产业初具雏形，但种植面积仍然较小。第二个关键年份为 2008 年，表明南丰蜜桔产业成长期为 2003～2008 年，在此区间，产业处于高速增长状态，农民种植热情高，政府扶持政策到位，种植面积大幅扩张至 58.20 万亩。第三个关键年份为 2014 年，表明 2009～2014 年为南丰蜜桔产业的成熟期。此时，南丰蜜桔产量逐渐饱和，产业发展相对停滞，种植面积扩张速度逐渐放缓，最终维持在 70.00 万亩左右。第四个关键年份为 2015 年，南丰蜜桔产业跨入衰退期，种植面积将持续缩减。

可以判断，目前南丰蜜桔产业正处于衰退期。结合实际看，近年来南丰蜜桔产业不振，部分农户甚至停止种植，产量急剧下降，果实稀少、萎缩等现象屡见不鲜。此外，南丰蜜桔的市场价格频繁且大幅波动，2018 年更是跌入冰点，产地收购价徘徊在 1.0～1.4 元/公斤，生产基本处于亏损状态，2020 年价格依然走低，售卖 1 斤桔子的收入甚至抵不上采摘所需人工费，部分桔园弃收弃管，大部分桔农已嫁接换种。上述情况使得蜜桔产业进入"价格低—投入少—品质差—价格低"的恶性循环，曾经的"富民"产业已成为"愁民"产业。

四、基于生命周期阶段分析南丰蜜桔产业问题

(一) 自然因素影响蜜桔质量

2019 年秋季因为发生了严重旱灾，而整个秋季正是蜜桔果实的生长期和成熟期，需要大量水分滋养以保证其正常生长成熟。正是这种季节性严重缺水，使得 2019 年南丰蜜桔生产在整体上出现了果实严重偏小，果肉酸味重，并且大量果肉内囊泡含水量少，让人感觉食之无味。所以，南丰蜜桔整体上市后便遇到了前所未有的销售困境。近几年，南丰蜜桔产业已经处于"价格低—少投入—品质差—价格低"的恶性循环，曾经的"富民"产业已成为"愁民"产业，尤其是 2021 年初的冰冻导致大量桔树冻死，自然环境的影响已经成为南丰蜜桔产业的一大难题。

（二）果树栽培模式不完善

近 10 年来，南丰蜜桔栽培生产基本上属于对土壤资源掠夺性的栽培生产方式，缺少科学的栽培管理措施。主要表现在：一是基本上没有施有机肥料，广泛使用化肥，从而导致土壤发生一定程度上的质变；二是在蜜桔栽培种植过程中，没有对土壤进行深翻，造成当地土壤板结现象越来越严重。2019 年由于受降水影响，蜜桔果实严重偏小，品质下降严重，市场销售困难。南丰蜜桔经营模式以家庭小规模种植为主，通过农村经纪人、商贸加工企业带动销售。这种模式下果树栽培的管理也存在一定的困难。

（三）品牌意识淡薄

市场上许多农产品仍存在包装设计感差、无规范、产品不成体系等尚待解决的问题。另外，南丰蜜桔在产业发展过程中，缺少对品牌进行有效保护的措施。有大量桔农为了追求短期收益，把周边非南丰本地生产的桔子充当南丰蜜桔卖给客户，这种以次充好的现象，严重影响了南丰蜜桔的品牌和形象，从而导致南丰蜜桔市场竞争力严重下降，市场需求和市场价格大幅下降，在很大程度上导致南丰广大桔农现在赚钱难、亏损易的问题。

第五节　井冈蜜柚和南丰蜜桔产业生命周期判断与应对策略

一、开发期末期——井冈蜜柚

（一）提升种植水平，严格经营管理制度

支持和引导农业企业和农民合作社进行规模化种植，形成生产联合体或合作社，以提高生产效率和规模经济。鼓励和支持农业企业和农民合作社开发新品种，增加产品的差异化和多样性。

各个县（市、区）农业和果业部门以及相关单位应积极与省内外的研究院、高校还有研究机构进行合作，引入人才与技术，实施农业技术培训，提高技术水平。通过宣传和培训，提高农民种植、管理、采摘等方面的标准化水平。支持农业企业和农民合作社实施标准化管理，提高产品质量和规范化水平。

积极推广井冈蜜柚的新品种和新技术，引进新的种植模式，不断发展新机械和新设备，提高蜜柚生产商和运营商的科技水平和管理效率。

（二）扩大生产，完善产业链深加工等

1. 加强技术培训和推广

针对种植户和农民，加强技术指导和培训，提高井冈蜜柚种植的技术水平和产量，保证产品质量。同时，对于消费者，加强对井冈蜜柚的推广，让更多人了解这个品种的特点和营养价值，扩大市场需求。

2. 提高种植技术和管理水平

优化种植管理措施，包括肥料、灌溉、病虫害防治、采收等环节，提高井冈蜜柚的品质和产量。同时，推广现代化种植技术，如温室栽培、遮阴网栽培等，增加生产周期，满足市场需求。

3. 完善产业链深加工

在保证原料供应充足的情况下，延伸井冈蜜柚的产业链，进行深加工，生产出更多的附加值产品，如果汁、罐头、果酱等。这不仅可以增加产品的附加值，还可以有效延长产品的保质期和销售期。

（三）提升服务质量，扩大市场份额

1. 提供高品质的产品和服务

井冈蜜柚应确保产品的品质和口感一致，保证消费者的口感体验。同时，提供良好的售后服务和回应消费者反馈，提高消费者的满意度和忠诚度。

2. 与消费者建立联系

建立品牌与消费者之间的联系是增强消费者认知的重要一环。可以通过在线社区、客服热线、反馈问卷等方式与消费者建立联系，及时回应消费者的需求和问题，提高消费者的满意度和忠诚度。

3. 加强供应链管理

从种植、采摘到运输和销售，都应建立科学的供应链管理体系，确保井冈蜜柚的品质和安全。同时，加强与供应链中各个环节的沟通和协调，提高整个供应链的效率和安全性。

4. 探索新的市场渠道

除了传统的超市和商店销售渠道，还可以考虑通过电商平台、农产品电商等新渠道扩大销售范围。可以考虑与知名电商平台、生鲜配送平台等合作，打开新的销售渠道。

（四）打响品牌，增强消费者认知

1. 宣传品牌特点

井冈蜜柚作为一种特色水果，应该强调其与其他柚子的不同之处，比如品质、口感、营养价值等。可以通过品牌宣传、广告等方式，让消费者了解井冈蜜柚的特点和优势。发展有差异化、有竞争力的农业，打造蜜柚特色品牌，增加当地农民收入和乡村经济活力。

2. 建立品牌形象

品牌形象是消费者对品牌的总体印象，包括品牌名称、标志、口号等元素。井冈蜜柚可以设计一个独特的品牌标志和口号，使其与其他柚子区分开来，并通过宣传和广告等方式让消费者认识并喜爱该品牌。

3. 增加产品附加值

除了提供高品质的井冈蜜柚产品，还可以考虑为消费者提供更多的产品附加值，比如礼盒包装、营养价值介绍、优惠券等。这些措施可以增加消费者对品牌的好感和信任。

4. 加强市场推广

可以通过多种渠道进行市场推广，如社交媒体、电视广告、公众活动等，提高品牌知名度和美誉度。同时，要注意推广内容的准确性和真实性，避免虚假宣传或误导消费者的情况发生。

5. 相关政策支持

建立健全乡村产业发展扶持政策：加大财政、税收等政策扶持力度，引导企业、投资者等加大对乡村产业的投资，推动乡村产业快速发展。加强乡村人才培养：加大对乡村人才培养和引进的支持力度，培养一批专业化、有实践经验的乡村产业人才，提高乡村产业发展的人才保障能力。加强对乡村品牌建设的支持：引导和支持乡村品牌建设，加大品牌推广力度，提高品牌影响力和竞争力，促进乡村产业的可持续发展。

井冈蜜柚作为地方特色农产品，具有浓厚的地域文化特色，可以通过品牌营销、地方特产展销等方式进行推广，增强消费者对井冈蜜柚的认知度和购买意愿。

二、衰退期初期——南丰蜜桔

（一）强化农产品品牌意识，完善优化品牌形象管理

农产品品牌不能只注重产品质量和卖情怀、卖文化，产品包装设计以及品牌形象设计也是十分重要的。在设计上，应统一系列产品设计风格，按照相应的设计规范准则等进行设计，规范和强化品牌形象体系。以完整、成熟的产品及品牌形象面向市场和消费者，提升自身产品在同类产品中的视觉吸引力，吸引消费者的注意力，最终达到促进销售的效果。

1. 提升品牌意识

加强农业生产经营者培训，树立正确的品牌意识。通过政府部门和高校的共同努力大力推广新型职业农民培训课程。在这些课程体系设置上有意识增加与品牌相关的课程内容，形成科学系统的市场营销意识并且树立正确的品牌观念。

2. 鼓励品牌个性化

由于品牌区域化明显，使得很多农产品品牌产权不清，利益只能共享，再加上农产品生产经营者知识水平有限，企业无心或无力进行农产品品牌建设，导致品牌建设陷入困境。对此，政府可以鼓励企业在品牌建设过程中凸显品牌个性化。南丰蜜桔作为柑橘类的佼佼者，无论是历史文化

还是产品质量都具有优势。但是在产品推广宣传过程中，南丰蜜桔缺乏传递给消费者的是南丰蜜桔的历程，种植的方式，独特的生长环境，同样是橘子，但是在消费者心里很难做到每一粒橘子都能叫南丰蜜桔。南丰蜜桔要想打造强有力的品牌，就需要让消费者吃的不仅仅是橘子，而是一种品牌文化。

3. 加强品牌定位战略的运用

品牌定位不是营销战略的唯一内容，而是核心内容。品牌定位一经确定，企业相应的价格策略、渠道策略、促销策略都要围绕企业的品牌定位展开。农产品品牌定位可以有效区分公司产品和竞争者产品，从而使消费者有充分的理由选择公司产品，消费者在消费过程中通常会选择企业口碑好、定位清晰的产品，清晰的品牌定位可以增加消费者的购买欲，使企业营销战略决策更加科学，提高企业的整体影响和效益。而南丰蜜桔要想获得绝对的市场优势，必须具备唯一性。根据蜜桔的特性定位较多，包括产地、生产技术、生产过程等，这些特性都可作为农产品定位的参考因素。

（二）推动以品牌为龙头的产业联盟，重振南丰蜜桔品牌价值的影响力

1. 提升区域品牌影响力

加强宣传保护和规范使用公共品牌，探索建设有效的品牌运行模式，创立各种形式的品牌联盟，促进品牌引领市场。尽快启动"南丰蜜桔"县域公用品牌建设，加速推出南丰蜜桔产品整体品牌形象，做精、做特、做靓"琴城""市山"等精品品牌，鼓励以镇、产业园为单位成立精品桔园产业联盟，汇聚蜜桔龙头企业组建股份制产业化经营公司，推行"五统一"（统一生产标准、统一绿色投入品、统一购销、统一保鲜、统一品牌）服务，主推一个品牌，提升市场美誉度，迅速提高南丰蜜桔品牌价值。

2. 提升优势品牌扩张力

瞄准北上广及国际高端消费市场，鼓励品牌营销企业与精品园联合，

发展特色有机高品质蜜桔供应基地，在沿海城市设立南丰蜜桔直销窗口；实施南丰蜜桔消费升级"旺客"促销活动，在采摘期间举办蜜桔文化节和开展评选年度"桔王"擂台赛，促进消费升级。建立冷链物流和仓储配送中心，畅通"捷运"渠道。

3. 提升企业品牌竞争力

制定和实施南丰蜜桔的生产、加工、流通和销售全程标准，设立质量品牌标杆，以品牌区分市场，以市场引领质量提升。抓好蜜桔质量追溯体系建设，构建网上交易平台，通过示范引导，将全县蜜桔品牌产品开展网上交易，拓展销售区域和渠道，增强企业市场竞争力。

4. 推进精品桔园建设

扩大"三品一标"种植面积，为南丰蜜桔产业转型升级提供物质基础支撑。按照调减结合、种养结合、三产融合的要求，着力打造一批高标准的精品桔园，引导南丰蜜桔标准化生产，为增加绿色优质产品供给打下坚实的基础。

随着科技的进步，人力成本的提高，在大规模种植的基础上，广泛利用机器代替人工，以有效降低生产成本。比如利用机械化进行土壤翻耕、喷洒农药、果园动态监测和水利浇灌等。为便于机器操作，果园要实行稀植模式。另外，建议严冬到来前将树上的桔子全部采下，一是给树体节约养分，二是可以将这些桔子做肥料。当然，不能把树上采下的桔子直接堆放于树苑，必须堆放于池中，经过堆沤发酵后，作为生物肥料用于有效改良土壤和植物生长环境，这也是一种很好的有机肥料，值得所有农户推广应用。

参考文献

[1] 陈建明，封国林，张志清，杨小玲. 南丰蜜桔产业发展的几大

亮点、问题及对策 [J]. 中国果业信息, 2008 (10): 8-11.

[2] 高荣伟, 马书琴, 李桃. 黑龙江省地理标志农产品品牌培育策略探究 [J]. 北方园艺, 2022, 509 (14): 139-145.

[3] 黄由衡, 段丽丽. 基于生命周期和 Logistic 模型的产业集群发展阶段识别——一个物流产业集群案例研究 [J]. 物流技术, 2013, 32 (17): 136-139+150.

[4] 贾伟强, 杨佳雨. 农产品区域公用品牌建设问题的系统研究 [J]. 系统科学学报, 2023 (03): 133-136.

[5] 姜学青. 南丰县重抓蜜桔产业 [J]. 江西农业, 2019 (11): 24-25.

[6] 刘恩华. 基于产业生命周期的产业链整合研究 [J]. 商情, 2014 (04): 60-61.

[7] 罗日钦, 王伟雄. 关于南丰蜜桔品牌推广的思考 [J]. 南方农机, 2015, 46 (12): 82.

[8] 聂晓梅. 不同生命周期的品牌形象设计策略 [J]. 包装工程, 2015, 36 (20): 12-16.

[9] 聂扬眉. 乡村振兴下我国柑橘产业发展情况——基于价值链模型的实证 [J]. 中南民族大学学报(自然科学版), 2023, 42 (02): 283-288.

[10] 潘成云. 品牌生命周期论 [J]. 商业经济与管理, 2000 (09): 19-20.

[11] 饶玉梅. 南丰蜜桔生产现状调查报告 [J]. 现代园艺, 2020, 43 (15): 53-54.

[12] 魏文川, 方姗. 基于生命周期理论的农产品品牌塑造理论 [J]. 农业经济, 2011, 286 (03): 32-34.

[13] 徐雪高, 侯惠杰. 产业兴旺的定位、特征与促进建议 [J]. 江苏农业科学, 2019, 47 (17): 1-4.

[14] 游海华, 饶泰勇. 政府提振与特产复兴: 苏区革命后赣闽边区

的经济复苏——以江西南丰蜜桔产业为例 [J]. 苏区研究，2020（05）：59-71.

[15] 赵玉山. 江西："南丰蜜桔"成为一张享誉海外的"中国名片" [J]. 中国果业信息，2021，38（06）：46.

第八章 农业品牌培育路径与实践

——以农产品区域公用品牌和新"三品一标"为例

第一节 农产品区域公用品牌培育路径

农业是国家经济的重要支柱，担负着粮食安全、劳动就业、环境保护、社会稳定的重任。随着乡村振兴战略的提出，深化供给侧结构性，加快农业产业结构升级，推进优质农产品生产，成为壮大农业新产业、推动农业高质量发展的重要措施。农产品品牌建设被认为是助推农业转型升级和提高农产品市场竞争力的重要支撑和引擎。2021年中央一号文件提出走中国农业品牌发展化道路，要将品牌建设作为农业经济高质量发展的迫切要求和推动农业供给侧结构的现实途径，农产品品牌建设具备重要的战略意义。近年来，随着人民生活水平的提高和消费理念的改变，消费者日益重视农产品的品质、安全性和健康性等方面的属性。然而，农产品质量具有隐蔽性的特点，且生产者与消费者之间信息不对称，这使得消费者难以准确评估农产品的品质、安全等属性，导致农产品市场出现了"劣币驱逐良币"的现象，损害消费者利益，不利于农产品市场的稳定和良性发展。在此背景下，农产品的品牌化，一方面，可以外显化农产品的特征和品质，使消费者更清晰地了解农产品的品质和性能，增强消费者的购买决策能力，提高消费者对品牌的认同感和信任度，提升农产品的黏性和美誉度；另一方面，农产品品牌化有利于增加农产品的附加值，促进农产品生产向规模化、专业化发展，提高农产品的生产效率和质量标准，增加农产品的国内外市场竞争力。

随着"品牌强农"战略的提出与落实，我国农业农产品区域公用品牌的数量与知名度均得以提升。然而，长期以来我国农业生产主要依靠个体农户分散经营，面临规模效应不足和经营管理方式落后等问题，严重影响了农产品品牌的发展。此外，农产品品牌培育主要集中于针对特定区域的农产品展开，因此，迫切需要解决如何构建农产品区域公用品牌建设路径，提高农产品区域公用品牌建设效果的问题。基于此，以品牌建设理论为基础，详细分析农产品区域公用品牌形成过程，并构建农产品区域公用品牌建设路径框架，以期为农产品区域公用品牌实现长期发展和稳定增长提供理论指导，促进乡村振兴战略的实现。

一、理论分析

（一）农产品品牌建设

农产品区域公用品牌是基于特定区域内具备自然资源优势和特色农产品，经过长期积累和巩固在市场上具有较高知名度、市场份额和影响力的品牌。农产品区域公用品牌的形成和发展直接依赖于该地区的气候、土壤和水源等自然资源，独特的自然条件和资源优势赋予了农产品区域公用品牌独特的品质和口感，因此，培育农产品区域公用品牌需要充分挖掘和利用该区域内的特色农产品和资源优势。此外，农产品区域公用品牌的培育是一项系统性和长期性的工程，不仅需要大量资金、技术、人才等要素的投入，还需要各利益主体之间协调合作。政府在品牌建设中扮演着主导角色，企业是品牌建设的主体，农业行业协会及经济组织是中间服务机构。政府应加大对品牌培育的资源投入，完善品牌建设的基础设施，提供有利于农产品品牌培育的软硬环境。企业需要凭借自身产品特点和资源优势等要素，通过整合资源建设个性化的自有品牌以降低区域品牌建设成本，带动区域内品牌持续发展。而对于农业协会、合作社等农民经济组织而言，由于农户分散性和小规模的特点往往难以投资品牌建设，甚至可能因为追求短期利益而选择生产低质量的农产品。然而农民经济组织能够通过联合区域分散的农户和企业形成品牌建设合力，增强农产品品牌培育的资源要素分享作用，提升谈判、合作和监督效果，为区域品牌的可持续发展提供支持，同时也能凭借自身的影响力建立行业自律规则，为农产品区域公用品牌的形成和发展提供良好的发展环境，并在品牌宣传和政策咨询等方面提供服务。

农产品区域公用品牌与普通品牌同样具有美誉度、品牌知名度、信任度、忠诚度属性。美誉度是品牌质量的体现；品牌知名度体现了消费者对产品的了解程度和熟悉程度；信任度要求品牌产品具有稳定的质量和标准化的特点，包括对产品安全、健康等因素的考虑；忠诚度则是基于消费者对产品质量和全等因素信任的基础上，农产品品牌建设需要结合品牌特征，以产品质量为基础，深入挖掘区域文化内涵，健全标准体系，树立品牌意识，强化品牌营销和监督管理，扩大品牌知名度和影响力，维护品牌声誉和影响。此外，品牌作为产品在消费者心目中的形象和认知，会经历出生、成长、衰老到消失的生命周期，不同阶段具有不同的演化特征，品牌的发展需结合不同阶段特征开展相应的策略。不同于一般产品，农产品区域公用品牌是以农产品为物质基础，通常会因技术更新影响而创新，进入稳定发展阶段。基于此，结合研究目的与农产品区域公用品牌特征，将农产品区域公用品牌建设分为品牌培育期、品牌成长期和品牌维护期，前两阶段主要聚焦于农产品区域公用品牌的形成，而最后阶段主要聚焦于品牌影响力、品牌价值及品牌声誉。

（二）农业产业集群

产业集群是特定行业内大量相关企业通过经济联系而聚集的现象。产业集群的形成利用了区域内的共享设施和服务等资源，从而减少了分散布局所需的额外投资。企业之间可以借助地理位置相近的优势来共同合作、专业分工，组建联盟等方式发挥各自的技术优势，提高劳动生产率，降低采购原材料、物流运输、信息交流和人才搜寻的成本，从而实现外部规模经济效益。此外，还有助于人才和资源的集聚，增加资金和技术创新投入，增强企业的竞争力，推动整个产业的发展。而农业产业集群是产业集群概念在农业领域的延伸，指以某一主导农业产业为核心形成的在一定区域范围内聚集的农业产业群落。农业产业集群具有高度集聚和强烈的嵌入性，其形成必须以自然资源、自然条件等要素作为必要条件和物质基础。

农业产业集群是农产品品牌建设的支撑和基础条件。首先，农业产业集群具有独特的特征，易于被大众所认同和接受，包含了农产品品牌的内涵和要素。其次，农产品区域公用品牌可以依托农业产业集群，通过协同合作和专业化分工，共享信息和资源等要素，完善产业链，克服由农业生产特点和自然条件限制所导致的农产品分散生产和缺乏规模效应的问题，减少资金和精力的投入，实现规模效益，并提升农产品品牌的产量和品质，增强市场竞争力。最后，农业产业集群内部各机构间的利益相互依存和业务往来能够有效避免农产品品牌的公共属性引发的"搭便车"行为，通过建立共同的利益和责任感，提升农产品品牌的竞争和科技水平，进一步提高农产品的品质和品牌价值。基于此，农业产业集群的发展直接影响农产品区域公用品牌的发展和作用的发挥，决定了农产品品牌的规模和成长潜力。因此，构建农产品品牌建设路径充分认识农业产业集群与品牌之间的相互依存关系，充分发挥农业产业集群所带来的优势和资源，加强品牌推广和管理，提升品牌的价值和竞争力，以实现农产品品牌的持续发展和壮大。

（三）农业高质量发展

新时代经济增长方式已转向经济高质量发展阶段，农业高质量发展作为经济高质量发展的重要组成部分，不仅是农业经济高质量的基础，也是实现农业现代化的重要路径和标志。在不同国家农业现代化的方式因资源要素、制度和发展战略的差异而多样化，决定了农业高质量发展的内涵多样性。在我国，首先，农业高质量发展综合考虑农业资源条件、农业制度和外部环境因素，一般认为农业高质量发展首先要调整产业结构，促进产业融合，延伸产业链，解决我国农业发展质量效益不高的问题，满足人们日益增长的多元化需求，促进产业升级；其次，农业高质量发展要增加产品附加值，降低生产经营成本，以满足农业经营效益的提升需求；再次，农业生态环境质量决定了农业能否可持续性发展，农业高质量发展必须注重足生态保护需求；最后，信息时代农业发展，应当注重先进技术和先进机械设备在农业中的应用，推动农业技术改进和生产效率提升，提高农业现代化水平。因此，可以认为农业高质量发展包含经济增长、结构优化、农业现代化和生态保护四个方面。其中，经济增长指农业产出的数量与经济效益增长；结构优化强调农林牧渔及农林牧渔服务业在调整农业产业结构，推进优质农产品生产；农业现代化涉及机械化、信息化等先进技术的应用以及经营管理方式的转型；生态保护是指农业生产过程的绿色化，逐步减少农药和化肥的使用量，加快发展无公害农产品、绿色食品和有机农产品，保障农产品的质量与安全。

农业高质量发展与农产品品牌建设密不可分。农产品品牌建设的关键是了解市场需求和消费者口味，通过调整生产结构来生产符合市场品质需求的农产品。在品牌建设过程中，应利用科技和信息化手段提高农业生产效率，以增强农业的整体竞争力。另外，由于消费者对健康和营养的关注以及环保意识的增强，绿色、健康和无污染的有机绿色食品逐渐成为主流消费趋势。在品牌建设中还需要重视农业生态的可持续性，加强农业生态环境的建设和保护，提高品牌的生态保护形象和文化内涵，以增强消费者对品牌的认同和信任，这些要素都与农业高质量发展理念相契合。因此，农产品区域公用品牌建设需要贯彻落实农业高质量发展战略，注重品质、科技、生态和产业结构等因素。

二、农产品区域公用品牌路径模型

基于前述理论分析和结合农产品区域公用品牌的特点，构建出农产品品牌建设的路径框架，具体建设路径可以分为：围绕区域特色农产品—发展产业集群—形成区域品牌—品牌营销—品牌维护。前三个阶段是品牌培育阶段，后两个阶段分别是品牌成长期、品牌维护期，农产品品牌建设不同阶段的核心和重点不同。在农产品品牌培育阶段，首先，要筛选符合品牌培育标准的特色农产品和产业。其次，各方主体包括政府、企业，以及以农业协会、合作社为主的农民经济合作组织，应围绕特色农产品进行协调和统筹，深入挖掘区域内的经济、资源、文化等优势，树立品牌意识，构建有利于品牌孕育的环境和硬件设施，以推动产业的蓬勃发展，形成产业集群，为区域品牌的确立打下坚实基础。最后，充分发挥产业集群效应和集聚效应，使得农产品区域公用品牌逐渐初显雏形。在品牌成长阶段，尽管农产品区域公用品牌在其本地区域内拥有较高的市场知名度和影响力，但在其他地区的品牌知名度和市场份额方面仍有潜在的提升空间。因此，必须通过强有力的品牌营销手段扩大品牌知名度。而在品牌维护期，则需要强化品牌形象建设，并加强声誉的维护工作。

（一）品牌培育期

1. 区域特色农产品

品牌意识、特色农产品和产业是影响农产品区域公用品牌形成的关键因素。首先，树立品牌意识是农产品区域公用品牌形成的先决条件和基石。政府、企业、农民经济组织等相关主体应积极树立品牌意识，有序整合各类资源，为区域品牌的形成提供主观条件，形成统一合力以支持品牌培育。作为组织和调度者的政府部门在高位谋划和推动过程中应当加大基础要素投入，包括资金、物资、技术等，强化相关政策、法规和资源支持，以创造有利于品牌发展的软环境，提升农产品区域公用品牌形成的保障力。作为区域品牌的基础组成部分，企业有责任深化品牌意识提高产品质量，积极参与品牌建设与推广，建立与农户利益共享、风险共担的产业化经营体系，促进农户增收。与此同时，中介组织应协同农户参与区域品牌建设，共同组建合作社等组织形式，发挥桥梁和连接的作用，通过整合资源和平台，促进各方协同合作，以共同推进区域品牌建设的进程。其次，品牌培育应立足于对区域内土壤、气候等自然条件、历史文化背景、市场需求和社会环境因素的全面了解和评估，选择具备发展潜力和独特优势能适应本地发展的特色农产品。最后，围绕这些特色农产品进行顶层设计，全面规划农产品区域公用品牌建设，强化对特色农产品发展的引导和扶持，推动特色农产品产业化发展，引导其向品牌化方向迈进，从而夯实品牌塑造的基础。

2. 发展产业集群

特色农产品的发展是品牌形成的基石，然而，独立的农户或企业难以单独形成农产品区域公用品牌，必须充分发挥政府、企业、农民经济组织等主体的协同作用构建产业集群，发挥产业集群的集群效应和集聚效应以降低资金和精力投入，实现规模效益，从而为区域品牌的形成提供实质性基础。在这个阶段，关键任务是以区域内的特色农产品为核心，依托政府的政策支持，整合各类资源和功能，完善通信、交通等基础设施建设，深度挖掘区域内的历史文化，构建有利于品牌培育发展的稳定软硬环境，吸引具有竞争力的企业进入该地区形成规模效应和经济联动，提高农业产业链的增值效应，促进产业集群的形成。

3. 区域品牌形成

农产品的质量是构建农产品区域公用品牌的基础要素。然而，这一品牌的质量安全和可持续发展必须建立在生态良性循环和健全的标准体系之上。目前，我国农业标准化面临一些挑战，包括标准化意识相对薄弱，过度注重经济效益，导致农业标准体系的不完善和滞后，难以适应市场需求，整体农业生产标准化水平较低。此外，农药和化肥的规范性和执行程度有待加强，不合理的使用可能导致严重的生态环境污染，对农产品质量和安全构成威胁。为了解决这些问题，迫切需要加速制定和完善各项农产品标准，摆脱对传统农业经济方式的过度依赖，对市场对农产品的需求进行更加规范化处理。同时，应重视标准化生产和规范使用农药化肥，积极推动生物除虫、物理除虫等替代农药的行动，从源头上消除潜在的安全隐患。推行农产品生产、流通、消费全流程的质量追溯管理，强化农产品安全责任，加强绿色有机农产品基地建设，采取有力措施确保产品的质量安全，实现农产品的全面标准化，提高标准化水平，为农产品区域公用品牌的形成提供必要的支持和保障。另外，科技在农业现代化中的应用将极大地促进农产品区域公用品牌的塑造。在品牌建设阶段，广泛采用数字经济和 5G 技术将显著提高品牌建设效率，进而加速农产品区域公用品牌的形成。借助互联网和大数据技术，企业能够更准确地洞察消费者需求和市场趋势，从而更有效地规划生产并调整销售策略，提高品牌知名度和竞争力。此外，在品牌信息管理方面，企业可建立完备的品牌信息管理系统，以便在生产、加工和销售等各个环节中有效管理品牌信息，从而保证产品的质量，为消费者提供更安全、可靠和优质的产品。

（二）品牌成长期

经过品牌培育阶段，农产品区域公用品牌在市场上已具备一定的影响力。然而，在品牌知名度和市场覆盖面方面，品牌的宣传投入不足或者营销方式过于单一，缺乏全套的广告策略和品牌建设战略，市场定位不明确，未能充分挖掘品牌的文化内涵，无法在消费者心目中凸显品牌个性以留下产品印象，导致品牌知名度和认知度较低，仍有提升空间。因此，品牌建设主体应各负其责，采取多种方式来塑造整体品牌形象，消除消费者与产品之间的情感距离，树立口碑良好、服务贴心的品牌形象，推进农产品的品牌化建设进程。一方面，整合各种传媒渠道与利用新媒体，创新农产品区域公用品牌的营销方式，拓宽销售渠道，扩大品牌知名度，例如，利用网络平台，开展云直播和云带货活动提升品牌的曝光度，吸引更多消费者的关注。另一方面，品牌文化是塑造企业价值观、理念和产品个性的重要组成部分。成功品牌的打造除了保证产品的传统品质、口感和营养，还应深入挖掘其植根于传统产品之中的品牌文化，突出历史文化元素和品牌故事，以塑造独特的品牌形象，赋予农产品更多的差异化卖点，满足消费者的个性化需求，突出农产品区域公用品牌溢出效应，提高农产品区域公用品牌的美誉度和知名度。

（三）品牌维护期

品牌形象和声誉对农产品区域公用品牌的可持续发展具有重要影响，农产品区域公用品牌维护阶段重点在品牌保护。经过产出阶段，品牌知名度和影响力日益提升，产业链也更加完善，农业领头企业不断壮大，品牌基础稳固且优势明显。然而，由于农产品区域公用品牌具有公共属性，容易遭受"搭便车"行为和假冒伪劣产品的影响,这将会损害品牌形象,导致农产品区域公用品牌拥有方缺乏主动创立或提升该品牌的动力机制,这些问题严重阻碍了农产品区域公用品牌的长远发展。

因此,在维护阶段,需要加强对农产品区域公用品牌的监督和管理。政府应当建立授权许可制度,并在制度设计上遵循"积极培育、严格准入、质量管控、动态进退"原则。此外,政府还应当颁布与农产品区域公用品牌保护相关的法律法规,明确农产品区域公用品牌的诉讼、保护和赔偿细则,以规范农产品区域公用品牌的管理和使用。为维护品牌声誉和知识产权安全,应建立健全的品牌知识产权保护机制。通过打击假冒伪劣产品,并预防掠夺性经营对品牌形象造成的损害,积极为农产品区域公用品牌培育创造有利环境。另外,要加强质量监督管理,明确政府各部门的监管职责,并将责任履行情况纳入绩效考核。同时,推行农产品全流程质量追溯管理,强化安全责任,提升对农产品区域公用品牌保护的力度,以实现农产品区域公用品牌的可持续发展,促进农业高质量发展。

三、结论

农产品品牌建设是实现农业现代化的重要途径。随着乡村振兴战略的提出,农产品品牌建设的重要性越来越受到重视,为有效推动农产品品牌发展,在基于对农产品品牌理论分析的基础上,围绕农产品区域公用品牌,详细阐述了农产品区域公用品牌形成过程,并构建了农产品区域公用品牌建设路径模型,为有效地推动农产品品牌化建设提供了理论支撑。研究发现,农产品品牌建设是一个系统而复杂的过程,需要政府、企业、农民经济合作组织共同努力协作。

农产品区域公用品牌的建设需要经历品牌培育、品牌成长和品牌维护三个阶段,不同阶段的工作重点和各建设主体的责任不同,以实现从品牌形成到品牌保护的全面发展。在品牌培育阶段,重点是树立品牌意识并形成区域农产品品牌,这需要围绕特色农产品,整合区域内的资源,深入挖掘地区的历史文化增加产品的文化内涵,明确品牌定位提升产品的质量和美誉度，促进产业集群发展。完善标准体系和充分发挥科技的作用，规范农药、化肥的使用，建立健全的产品溯源机制，减少对农产品的污染，保障农产品的质量，提升农产品的美誉度和知名度，从而促进区域品牌的形成。在品牌成长阶段，农产品区域公用品牌已初具雏形，但知名度和美誉度仍不足。在这个阶段，需要通过多种营销手段增强品牌的文化内涵，扩大品牌的市场覆盖范围，提升品牌的影响力，提高品牌在市场中的占有率和知名度。在品牌维护阶段，农产品品牌面临着假冒伪劣产品和"搭便车"行为等风险，这可能会严重损害品牌的声誉。为了维护品牌的声誉和形象，各建设主体应积极合作，建立农产品品牌保护机制，加强品牌的监督管理，预防掠夺性经营对品牌形象的破坏，推动农产品品牌的稳定发展。

因此，农产品区域公用品牌的建设应结合各地区实际情况与考虑农产品区域公用品牌形成不同阶段的特征，有针对性地制定相应农产品区域公用品牌建设策略，提升农产品区域公用品牌建设成功率，推动农业高质量发展。

第二节　新"三品一标"背景下农业品牌培育路径

农产品品牌建设是提升农业现代化水平和农产品市场竞争力的重要手段，有助于乡村振兴战略的实现。近年来，随着中国经济和消费者收入水平的增长，消费者对农产品的消费需求更加注重产品的质量和安全，而农产品的质量通常具有隐蔽性，消费者难以有效掌握农产品的真实质量信息，农产品品牌化有助于建立农产品质量、品质及差异性的显性标志，传递农产品的质量信息唤醒人们对产品质地、特点、效益的联想，提高市场占有率和增加经营利润，增强农产品市场力。

2022年，农业农村部提出的以"品种培优、品质提升、品牌创建和标准化生产"为核心内容的新"三品一标"提升行动对农业品牌建设提出了新的要求和新的建设思路。相比于传统"三品一标"侧重对生产经营主体、产地的认证及产品质量的严格把控，新"三品一标"从生产过程视角出发，着重关注优良种质的创新攻关、产品品质的提升、品牌意识的强化、产业链融合，从而实现优质优价，更好地促进产业提档增效，帮助农民增收。

品种是农产品品质保障的基础，标准化是衡量农产品质量的依据，品质是农产品品牌建设的核心。江西省委、省政府高度重视农业品牌建设，充分利用江西省农业资源优势，致力于实施农产品品牌发展战略，出台了一系列政策举措，投入专项资金，加强宣传策划，打造了茶叶、大米、脐橙、畜禽水产等一批优质特色农产品区域公用品牌，农业品牌建设成果显著。但相比于全国，江西省农业品牌总体情况还较落后，缺乏有竞争力的品牌，农产品多而不优、优而不特、特而不名的问题突出，农业大而不强的形势严峻。因此，在乡村振兴背景下，从新"三品一标"视角研究江西省农业品牌建设发展现状，分析存在的问题，并提出相应的对策，对促进江西省农业品牌建设发展、推进农业现代化具有重要意义。

一、江西新"三品一标"发展现状

（一）农产品优质品种培育成果显著

优质品种有助于增强农业品牌化特色化差异化。近年来，江西省围绕农业发展和市场需求，适应农业种质发展新形势新要求，全面实施种质资源普查，收集全省种质资源信息，构建种质资源保护利用体系。2022年江西省农作物种质资源库已收集各类农作物种质资源5万多份，2022年开始入库保存1万份，2023年圆满完成年计划入库1万份的目标。其中，江西省农业科学院水稻、芦笋、茶树菇等种质资源收集数量位居全国（同行）前列。此外，加强优质种质品种研发，加快推进优良品种更新换代，筛选和培育了一批产量高、性状优、抗性好的品种，种业关键核心技术取得了重大突破，为江西省农业品牌建设奠定了良好基础。在2023年上半年，江西省共审定通过了 15 个农作物新品种。其中，一批早熟油菜品种如"赣油杂906"成功缩短生育期至约180天，有效解决了赣中南区域"稻稻油"轮作瓶颈问题。选育的低镉水稻新品种"赣低镉1号"在江西省中轻度镉污染稻田试验中表现出色，稻米镉含量低于国家限定的0.2毫克/公斤标准。在优质高产农作物品种的示范推广方面取得了新的突破，其中"赣油杂8号"机收亩产油菜籽达239.1公斤，刷新了江西省稻油轮作的高产纪录，并入选了2023年国家农作物优良品种推广目录；初步完成了野生稻泛基因组组装测序工作，D1型杂交水稻进展列入2023年国家水稻育种攻关进展简报。

（二）农产品品质提升行动效果明显

江西省以项目建设为抓手，以创建示范基地为载体，立足江西省农业资源优势，积极开展农产品品质提升行动。在保障农产品品质的基础上，强化质量监督管理，规范农药、化肥等投入品在农产品生产中的使用，积极开展生物除虫、物理除虫替代农药行动，从生产源头杜绝安全隐患，推广运用增施有机肥技术，改良土壤理化性质，增加土壤有机质含量，疏松土壤，促进农产品根系纵深生长，加速农产品健壮生长的作用，提升农产品营养价值与安全性。同时，注重农产品质量安全检测和追溯体系建设，推行农产品生产、流通、消费全流程质量追溯管理，强化农产品安全责任，加强绿色有机农产品基地建设，强有力地保障产品质量安全，实现农产品"安全、优质、营养、健康"。依托江西智慧农业"123+N"三大核心平台，建立了覆盖省市县和生产流通各环节的农产品质量安全追溯信息系统，实现了全省主要农产品质量安全可追溯。此外，加强农产品品牌监管，实现品牌登记制度，打击市场假冒伪劣农产品品牌，一系列措施有效保障了江西省农产品品牌质量和安全，促进了农产品品牌发展。

（三）农产品品牌数量和知名度增加

江西省政府立足江西独特的农业资源和生态优势，整合财政资金，加强政策、技术、人才等投入，设立品牌营销推广专项资金，积极培育和引进龙头企业和产业项目，打造产业集群，建立特色优势产业区，创建

"赣鄱正品"体系和品牌目录，培育了一批富有江西特色的知名农产品品牌。例如，发挥土壤富硒优势，通过制定三年行动方案，打造高标准富硒产业基地，依托基础产业，培育了"富硒大米""富硒茶叶"等高品质富硒农产品品牌；聚焦自身区域旅游特色，成功推出了庐山易江河柑橘、武夷河红等特色品牌。农产品品牌数量显著提升，数据显示，截至 2023 年底，江西省共有 6204 个绿色有机地理标志农产品。其中，地理标志产品 105 个，有机产品 3762 个，有机农产品数量在全国排名第四。此外，一大批品质高、口碑佳的农产品品牌畅销国内外，如富硒大米、赣南脐橙，极大地拓宽了品牌价值边界，一些老字号农产品品牌经过深入挖掘也重新焕发了活力，江西省部分农产品品牌获得较高品牌价值和知名度，江西农业品牌发展呈现良好态势。资料显示，江西省有 5 个农业品牌（赣南脐橙、崇仁麻鸡、赣南茶油、泰和乌鸡、广昌白莲）入选全国农业品牌精品培育名单，其中 2023 年有 3 个名牌入选；赣南脐橙、庐山云雾茶等 6 个区域品牌（地理标志）产品入选全国"2023 中国品牌价值榜"百强，上榜品牌数量位居中部地区第一。其中，"赣南脐橙"以 691.27 亿元的品牌价值排名 2023 年全国区域品牌（地理标志产品）第五位，位列水果类榜首。

（四）农业标准体系逐步建立和完善

江西省长期以来按照绿色生产和高质量发展要求，结合省内各地区优势品种和种养模式，以全产业链标准化为指引，以产品为基础，按照国家省市标准要求，因地制宜，构建了一批特色鲜明、可适性强，可操作且易懂的标准体系，农业标准体系逐步完善。相关数据显示，全省累计制（修）订农业地方标准 767 项，范围涵盖粮、油、棉、麻、畜禽、水产、果类、茶叶、蔬菜等主要农产品，建设国家现代农业全产业链标准化基地 6 个，基本实现了农业生产有标可依。此外，农产品检测体系不断完善，建立了省、市、县、乡四级农产品质量安全监管和检测机构，形成了以部省级质检中心为核心、设区市级质检中心为支撑、县乡级质检站为基础的农产品质量检测网络。

二、江西新"三品一标"发展存在的问题

(一)优质品种数量短缺,品牌品质面临威胁

优质农产品种质培育离不开高水平专业育种技术人才。江西省在农业领域拥有一定的人才资源,但在优质农产品品种培育方面面临高水平的品种培育技术人员短缺的难题,限制了新品种的开发和推广,影响了农产品的多样性和竞争力。同时,对地方特色品种保护开发力度小,在大力引进外来优良品种的同时,对本土特色品种保护和开发的投入不够,导致这些宝贵的资源未能得到充分的发掘和利用,品种更新换代不及时,优质农产品品种数量短缺,无法满足市场多样化需求。此外,农产品品种种植过程中,绿色防控技术应用面临制约,主要原因在于绿色防控技术要在大面积、大范围使用时才能发挥真正作用。相比于大型种植户,个体农户常因化肥和农药防治见效快、操作简便等原因,仍选择化肥、农药防治,农业品种无法发挥其真正特性,农产品品质和安全得不到有效保障,阻碍了农业品牌建设进程。

(二)农业标准化程度偏低,品牌重注册轻维护

江西省农业标准建设面临农业标准化生产程度不高、标准不统一,地方标准数量有限、标准实施不到位问题。农户在使用化肥、农药时缺乏明确的标准和规定,增加了农产品质量安全的风险。农业生产方式仍主要依赖家庭经营模式,难以实现完全的标准化生产。农产品生产、加工、检测、包装等环节的标准化程度存在明显差距,农产品企业的标准规范性较低。部分农产品在进行了"三品一标"认证后仍存在生产记录不规范、不按时复查换证等问题。同时,第三方检测市场不健全,全省未能实现农产品质量追溯,导致"问题"农产品时有出现。此外,示范性合作社在全省的比例较低,示范带头作用发挥不明显。农产品质量追溯体系覆盖不全,第三方检测缺失,进一步加剧了问题农产品的出现。例如,赣南脐橙、南丰蜜桔等农产品的标准化生产覆盖面较小,品质退化严重,严重阻碍了农产品品牌发展。

（三）农产品品牌溢价低，品牌保护力度不足

农产品经营者未深入认识到农业品牌价值的作用，缺乏品牌农业可持续经营理念，很多主体重认证轻培育，忽视后期对品牌的维护、活化以及危机处理，导致大量认定标识、注册商标闲置或失效，优质农产品有品牌无供应，有些地方特色农产品产量甚至满足不了本地市场的供应，许多具有地方特色的农业资源和优质农产品的影响面不广，品牌效应无法充分显现出来，部分品牌甚至在市场上已经销声匿迹。同时，品牌宣传投入不足或营销方式单一，缺乏整套的广告策略和商品品牌战略，市场定位不明确，没有深入挖掘品牌文化内涵，无法在消费者心中突出品牌个性从而留下产品印象，导致品牌知名度和认知度低，农产品品牌市场影响力有限，无法发挥品牌附加值及增值效应，农业品牌溢价能力低。此外，农业品牌监督保护体系不完善，法律上未明确制定农产品品牌保护细则，农户企业品牌保护意识薄弱，政府监管职责不明确，部门间缺乏联动，且相互推诿，造成农产品品牌侵权行为时有发生，市场上农产品品牌假冒伪劣泛滥，品牌知识产权保护体系不完善，"劣币驱逐良币"和"搭便车"对品牌拥有者造成了很大的损害，严重损害了农产品品牌形象，破坏了农产品品牌生产积极性，导致部分品牌建设主体被动放弃持续对自身品牌进行建设投入。

三、依托新"三品一标"，提出江西农产品品牌建设水平的对策

（一）强化优质品种培育，夯实品牌建设基础

立足江西农业种质资源现状，全面完成江西省农业种质资源普查、数据核对和资源移交工作，完善农业种质资源库建设，全面摸清江西省农业种质资源情况。加强与江西农业科学院、江西农业大学等科研院所合作，培育一批种质培育技术人才，加强对种质资源的收集、保护及开发、利用，提高农业种质培育水平，深入分析农业种质领域存在的品种生产率低、抗性弱、适应性不强等问题，强化政策技术资金支持，引导社会投资，激发市场主体活力。围绕江西省区域内农业品种，开展重点农产品种

源核心技术攻关，选育和培育一批优质高产、多抗、安全的农业品种，对省内制种大县实施政策奖励，鼓励各市县开展优质品种选育和培育工作，培育地方特色品种名片。强化市场优质品种保护力度，完善和出台相应法规，深入开展种质监管行动，强化相关责任部门绩效考核，推动各部门联动合作，精准打击套牌侵权种子行为，严厉惩处种子侵权行为，遏制假冒伪劣种子行为，促进优质种质快速发展，提升农产品品质，为农产品品牌培育建设奠定良好基础。

（二）创新品牌发展理念，落实品牌强农战略

江西省政府应强化顶层设计，统筹制定农产品品牌建设规划，将农业品牌建设纳入农业产业发展的重要内容，分层次制定农产品区域公用品牌、企业品牌、农产品品牌的发展规划，打造高品质、有口碑的农业"金字招牌"。通过政策激励和资金引导生产要素向产业带聚集，加大农业科学研发、人才培养、资金等方面的投入，对农户、职业经理人和涉农企业进行培训，引导特色农产品开展产地品牌注册，刺激农业向纵深发展，提升农业产业化水平。加强对特色农产品品牌培育的指导和扶持，对现阶段产地比较分散、规模不大的农产品及产业进行整合，打造产业集群，凝聚形成合力，培育农业龙头企业，提高农产品品牌附加值和品质，推动农产品品牌可持续发展。结合江西省不同地区实际情况，因地制宜打造农业品牌，引导重点发展的具体农业产业，着力培育区域优势、特色、精致农业品牌，加快建立江西知名农产品区域公用品牌、企业品牌、"老字号"和"贡字号"产品品牌目录制度，落实江西省品牌强农战略，推动江西省农产品品牌建设的同时促进江西省农业现代化发展。

（三）健全标准体系建设，保障产品品质安全

标准化有利于保障农产品质量安全，提高农产品品牌建设成功率。江西省农产品品牌建设应加强农业标准规范体系建设，聚集人力、物力及财力，完善农业投入品管理、产品分等分级、产地准出、质量追溯、储运包装等方面的标准，建立完善农产品质量标准以及化肥和农药使用标准体系，推进农业标准化生产，开展标准示范园（区）建设，推进标准化技

术的落地执行，形成一批可复制、可推广的示范样板。为推动优质农产品的生产，江西省政府应加快建立农产品体系化、标准化的生产基地，通过对示范基地的认证和监测，提升江西省优质农产品标准化生产水平，规范农产品生产。同时，要积极发挥"互联网+"等新兴技术，对农产品实施更大范围、更加精准的"智慧监管"，实现从种植、采摘、生产、加工到销售的全流程监管，并为农产品贴上身份标志，落实农产品责任溯源，保证从生产源头到餐桌全程信息可查，建立区域农产品质量保证和消费者投诉机制，全面提高农产品质量安全水平。此外，结合新"三品一标"提升行动，在地理标志农产品等农业重点领域试点开展农产品特征品质评价，筛选品质核心指标，构建农产品品质评价核心指标体系，推动农产品分等分级体系构建，建立品质评价方法标准，促进农产品优质优价，推动农产品品牌建设。

（四）赋予品牌文化内涵，扩大品牌市场影响

品牌文化能够体现企业的价值观、理念和产品个性。江西省农业品牌建设在保证产品的品质、口感、营养的基础上，要深入挖掘依附在传统产品上的历史文化元素、乡风民俗、品牌故事、品牌文化元素，开展农业品牌文化创意活动，实现农业品牌与艺术创意结合，促进农业品牌与文化相融合，提升品牌文化内涵，赋予农产品更多差异化卖点，满足消费者个性化需求，突出农产品品牌溢出效应，通过打造整体品牌形象，消除消费者与该品牌的情感距离，从而获得品牌认同感，使其在同类产品中脱颖而出。此外，整合各种传媒渠道，充分利用短视频、直播等营销方式多渠道推广品牌，强化媒体合作策划品牌推广活动，发布一批典型品牌案例，推介优秀品牌人物，扩大品牌知名度和影响力。创新农产品品牌营销方式，拓宽销售渠道，如农产品超市、直销专卖店、网络平台等，鼓励企业参加国内外农产品品牌展会、发展电子商务、自主建立电子商务平台，建立线下品牌销售门店，统筹构建线上线下销售渠道，加强与大型电商平台、大型农业批发市场等品牌合作，打通贸易合作渠道，提高品牌农产品销量和市场份额，推动品牌农产品优质优价。

（五）强化品牌监督管理，维护品牌良好声誉

品牌声誉关乎农产品能否可持续健康发展。江西省农产品品牌建设要加大农产品品牌监管保护力度，结合各县市区域实际情况，遵循"积极培育、严格准入、质量管控、动态进退"原则，建立品牌使用授权许可制度，规范农产品市场经营行为和品牌形象使用行为，维护农产品品牌形象和声誉。此外，引导品牌主体树立品牌意识，加快品牌商标注册、专利申请，加大品牌自我保护力度。江西省各地方政府也需结合自身实际，加快制定出台农产品品牌保护相关法规条例，明确农产品品牌诉讼、保护、赔偿细则，加大农产品品牌侵权处罚力度，明确农产品品牌保护责任部门及相关责任，将责任履行情况纳入绩效考核，加大农产品品牌保护力度，共同发挥政府、协会等主体作用，统筹构建农产品生产、包装、销售等环节的品牌保护机制，指导品牌拥有方品牌维权，营造优质的农产品品牌发展环境，保障农产品品牌健康发展。

第三节　农业品牌建设实践——靖安白茶区域公用品牌策划与提升

2019 年，受靖安县农业农村局委托，本书相关人员依托江西农业品牌研究中心平台开展了"靖安白茶区域公用品牌"的策划与提升。

一、品牌策划背景

靖安白茶是绿茶中的珍稀品种，原属深山野生异型茶株，其外形条直显芽、芽壮匀整、色泽嫩绿、显毫无梗；香气持久、滋味鲜爽醇厚、汤色嫩绿明亮、叶白脉翠、细嫩匀齐、叶底自然展开、颇具高雅特色；靖安白茶氨基酸含量大于 5% 以上，是普通绿茶的 2~4 倍。2006 年成立靖安县白茶协会，"靖安白茶" 2010 年成功注册国家地理标志证明商标，2012 年

获批国家地理标志保护产品。由县白茶协会管理和授权使用"靖安白茶"公用品牌、地理标志证明商标，包装实行母子商标，目前授权使用"靖安白茶"地理标志证明商标的企业有 32 家，形成了公用品牌、企业品牌、产品品牌"三位一体"的品牌管理使用架构，涌现了以江西九岭白茶开发有限公司、江西绿色家园农业发展有限公司为龙头的"九云""茶立方印象"等企业及产品品牌。

通过前期调研，靖安白茶产业经营主体的品牌意识不强，难以形成合力。虽然全县白茶生产经营都是在"靖安白茶"母商标下，以母子商标的形式出现于市场，但是投资主体以县外居多，本地的资本进入较少，企业对投入区域公用品牌母子商标宣传的意识淡薄，总想突出自己企业的个性，导致各茶厂包装种类多，生产标准不统一，给消费者带来靖安白茶品牌混乱的错觉。

二、靖安白茶产品定位

茶饮品类、品牌，有很多成功者，除传统品牌，如普洱、正山小种、福鼎老白茶、安化黑茶等外，都有过远大于其产品价值的品牌溢价历史。江西近年来茶业的品牌很努力，但一直没有找到一条符合赣茶特点的品牌化之路。靖安白茶如果找不到与之相符的品牌化之路，将依然在"自身小品牌+大品牌原料供应者"的产品定位中踌躇徘徊。

（一）传统茶饮的概念定位

中国茶的文化标签大致为：

茶是优雅的，慢节奏的；

茶的环境是古色古香的，是硬木雕塑相配的；

茶是中老年人喝的；

茶是用来送人的；

茶文化总让人想起老干部，都是各种应酬文化的表现。

总而言之，茶不属于年轻人。

（二）靖安白茶的差异化——六个定位

品牌价值是建立在产品差异化基础上的。产品定位是指公司或产品在顾客或消费者心目中的形象和地位，这个形象和地位应该是与众不同的。定位过程就是找出其差异化定位点，这些差异化有的独有、有的兼有，有的大、有的小，但前提一定是"有"差异化。

1. 定位一

靖安白茶是一种白化绿茶，而不是"老白茶"。

此差异化定位是以安吉白茶为代表的所有白化绿茶和福鼎老白茶的区别。和福鼎老白茶比，白化绿茶安吉白茶影响力较弱。此差异化定位对消费者的概念区别：

第一，福鼎叫"老白茶"，是老年人喝的；靖安是"鲜白茶"，是中青年喝的。

第二，福鼎茶要煎、煮；靖安白茶只要轻泡。

第三，福鼎茶是半发酵茶，可作药用；靖安白茶，是无发酵茶，更有营养功能。

总的形象概念：靖安白茶犹如"小鲜肉"；福鼎白茶则是"老人家"。

2. 定位二

靖安白茶是一种优质绿茶，比一般绿茶更好，如氨基酸含量，以及口味（鲜）更好。

此差异化定位对消费者的利益点是：

第一，白化绿茶比一般绿茶有更高茶氨酸含量，靖安白茶的氨基酸含量高达6%~9%，是一般绿茶的3~6倍，因此更鲜。

第二，白化绿茶抗自由基等比一般茶叶更高。

第三，白化绿茶比一般绿茶更嫩，产量更小，所以价略高（见表8-1）。

表8-1 靖安白茶与江西四种绿茶克单价比较（特价）

庐山云雾茶	浮梁茶	靖安白茶	狗牯脑茶	婺源绿茶
2.4元/克	2.2元/克	2.1元/克	1.4元/克	0.7元/克

靖安白茶提炼出最重要的两个口味：鲜、甘。

当年"农夫山泉，有点甜"风靡市场，而靖安白茶则是"味道鲜、甘的白领打卡茶"（见表8-2）。

表8-2 我国相关品牌茶叶味情况

品牌	口味表述
西湖龙井	滋味鲜爽，唇齿留香
黄山毛峰	香气馥郁，入口滋味鲜浓，回味甘爽
安吉白茶	滋味鲜爽甘醇，清香浓郁
信阳毛尖	滋味鲜醇爽口
庐山云雾	滋味浓厚鲜醇，香气宛如幽兰，清幽典雅
六安瓜片	入口鲜醇，回甜甘润
都匀毛尖	滋味鲜浓，回味甘甜

3. 定位三

靖安白茶和安吉白茶同类，历史比安吉白茶长，50多个指标有30多个指标同样。

两种白化茶共鉴定出51种香气成分，其中靖安白茶47种，安吉白茶34种，共有组分30种（见图8-1）。

此差异化定位对消费者的利益点是：

安吉白茶虽然品牌价值高于靖安白茶，但靖安白茶的产品物理性能不比安吉白茶差。

4. 定位四

靖安白茶产自"中国天然氧吧"，天地灵气成就靖安白茶品质。

靖安县森林覆盖率高达84.1%，被誉为长江中游城市群"绿心"，景区内空气负氧离子最高达10万个/立方厘米，获评"中国天然氧吧"。《中国天然氧吧绿皮书》指出，对2016~2018年获评的64个创建地区的分析表明，这些地区具备高质量的生态资源：年均负氧离子浓度高，44%

第 39 卷第 6 期
2015 年 12 月

南昌大学学报(理科版)
Journal of Nanchang University(Natural Science)

Vol. 39 No. 6
Dec. 2015

文章编号:1006-0464(2015)06-0573-06

靖安白茶与安吉白茶特征香气成分的比较

陈熠敏[1]，何　洪[2]，王远兴[1*]

(1.南昌大学食品科学与技术国家重点实验室，江西 南昌　330047;2.江西省轻工业研究所，江西 南昌　330029)

摘　要:以靖安白茶与安吉白茶为研究对象,采用固相微萃取法(SPME)对香气物质进行提取,三重串联四极杆气一质联用仪(GC-QQQ-MS)对香气组分进行鉴定,色谱峰面积归一化法计算各组分的相对百分含量,对 2 种名优白化茶特征香气成分进行分析研究。结果表明,采用 50/30 μm DVB/CAR/PDMS 萃取纤维头,85℃条件下平衡 30 min,萃取 30 min 可获得最佳萃取结果。2 种白化茶共鉴定出 51 种香气组分,其中靖安白茶 47 种,安吉白茶 34 种,共有组分 30 种。在香气成分的组成上两者较为类似,均是由醇类、酮类、酯类、醛类、碳氢化合物类组成,但 2 个茶样在各类物质的具体组成和含量上存在一定的差异,这可能与茶叶产地、茶树品种及加工工艺等因素有关。

关键词:靖安白茶;安吉白茶;固相微萃取;三重串联四极杆气一质联用仪;香气成分

中图分类号:Q949.9　　　**文献标志码**:A

图 8-1　《靖安白茶与安吉白茶特征香气成分的比较》文献截图

资料来源:陈熠敏，何洪，王远兴. 靖安白茶与安吉白茶特征香气成分的比较 [J]. 南昌大学学报（理科版），2015，39（06）：573-578.

的地区达 3000 个/立方厘米以上；空气质量优，77% 的地区全年空气质量优良天数达 90% 以上；森林覆盖率高，37% 的地区达 80% 以上；旅游气候舒适期长，36% 的地区达半年以上。

中国天然氧吧产地定位对消费者的意义为"好山好水出好茶""空气新鲜，茶味当然鲜"。

5. 定位五

靖安白茶是江西各地白茶中品牌价值最高的领先品种。

目前江西白茶中，对靖安白茶品牌影响最大的是资溪白茶，资溪县建立了"茶博城"，截至 2019 年，"资溪白茶文化节"已经办了 5 届，2008 年初，资溪白茶在江西省首届茶博会上荣获金奖。靖安白茶的品牌价值在 2019 年中国茶叶区域公用品牌价值评估中达 8.98 亿元，列全国白化茶第二名（见表 8-3），品牌价值远高于资溪白茶价值。

表8-3 2019年中国茶叶区域公用品牌（江西）价值评估结果

单位：万亩，亿元

序号	白茶品牌	种植面积	品牌价值
1	靖安白茶	4.2	8.98
2	资溪白茶	5.0	2.93
3	三清山白茶	1.8	1.15
4	永丰县白茶	1.3	—
5	黎川县白茶	1.0	—
6	崇义阳岭白茶	—	—

6. 定位六

和别的茶饮比，靖安白茶具有更好的抗辐射、抗自由基功能。

靖安白茶是一种珍稀绿茶，其氨基酸含量高出一般茶1倍，为6.19%~6.92%，茶多酚为10.7%，这也是靖安白茶的口感独特，可以直接喝出甜味的原因。

靖安白茶的作用：

第一，保护神经细胞，对脑损伤和老年痴呆症可能有帮助：靖安白茶含有多种氨基酸的复合物和茶叶脂质中的二苯胺，能够保肝护胃，可促进肝脏合成凝血素，具有抗衰老的功效。

第二，能调节脑中神经传达物质的浓度，使高血压患者的血压降低：靖安白茶富含氨基丁酸，能降血压、降血脂、降血糖。

第三，具有消除神经紧张和镇静作用。

第四，提高学习能力与记忆力：靖安白茶含微量元素锰、锌、硒及茶多酚类物质，能增强记忆力，保护神经细胞，对脑损伤有很大的帮助。

第五，改善女性经期综合征。

第六，有减肥、护肝的作用：长期饮用靖安白茶的女性体型苗条，皮肤美白滋润，身体健康。

第七，防辐射：靖安白茶所含的脂多糖具有防辐射功效，同时它含有的茶坩宁可以提高血管韧性，使血管不易破裂。

在靖安白茶的众多特性中，最主要的特点是口味和营养（功能诉求）（见图 8-2）。

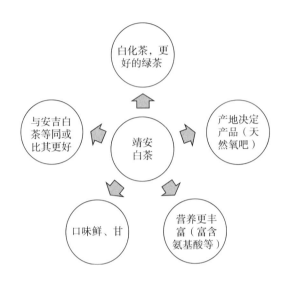

图 8-2 靖安白茶特性情况

三、靖安白茶市场细分

国内茶市场的庞大，是难以想象的。市场细分，可能造成极大的市场机遇。例如，日本三得利伊右卫门茶，针对的是对减脂和身体管理有诉求的消费者；英国的 VIVID MATCHA 邀请了日本僧侣来讲述抹茶和改善专注力的故事；荷兰水果茶品牌 Fruit & Thee 则主打旅行茶饮定位，在当地和比利时的火车站销售；而在国内，除了网红茶饮店外，开在商圈写字楼、瞄准上班族的商务茶饮品牌 Teasoon 正在低调走红。这些针对特定人群和场景的新式茶饮品牌，都找到了差异化的市场竞争力。

（一）品牌概念：靖安白茶＝白领茶

根据靖安白茶产品差异化特点，打造一个"味道甘、鲜的白领打卡茶"（见表 8-4）。

第一，从功能需求来看，靖安白茶几乎适宜白领的每一个功能选项，例如，有益健康——抗电脑辐射，抗自由基。

第二，口味——鲜、甘；无热量、解油腻、清爽等。

第三，情感需求则需要通过创意、持久的传播形成消费的情感需求，如"潮流时尚""品格格调"等，都需要通过创意传播来实现。

表8-4　靖安白茶消费者特性分析

标志	指标	阐述
年龄	22~40岁	22岁一般为大学毕业年纪；40岁后，对"新鲜"口味的追求渐减
职业	以白领为主	诸多功能诉求，强调"抗辐射"和"抗自由基"，直接面对电脑工作者的需求
受教育程度	大专以上	大专以上，才有对产品健康理性认识的能力，以及相应的消费能力
性别	女、男	无论是白茶的哪种作用，女性的感性需求都会大于男性

（二）细分市场的消费者标签

白领茶（以下指代靖安白茶）和传统茶消费群、即时茶消费群（果茶消费群）细分市场的比较差异如表8-5所示。

表8-5　靖安白茶消费者市场细分

分组	年龄	职业	受教育程度	性别	冲泡方式	饮茶场合
白领茶消费群	22~40岁	白领	大专以上	女、男	速泡、冷泡	办公室
传统茶消费群	35岁及以上	—	—	男、女	慢泡、热泡	家+工作场所
即时茶消费群	15~35岁	学生及小白领	高中以上	男、女	无须泡	行路、学校、办公室

如同任何产品，消费者定位都是相对的，所定位的消费群都是核心消费者。如同靖安白茶，核心消费者定位为"白领"，但并不意味着"白领"是唯一消费者（见图8-3）。

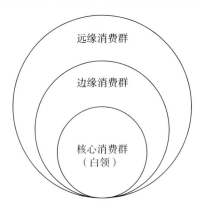

图8-3　靖安白茶消费者结构分析

（三）对目标消费者的主要诉求

创意表现之一：白领茶。打卡、泡茶。

创意表现之二：防辐射。

创意表现之三：鲜、甘。

创意表现之四：靖安白茶产自天然氧吧。

创意表现五：抗自由基。

创意表现六：作为礼品。

（四）产品食用创意——冷泡茶

根据产品定位及消费者定位，白领茶创新一个泡饮模式——冷泡茶。

冷泡茶，即以冷水来冲泡茶叶，可以说是颠覆传统的一种泡茶方法。上班族、上课族、开车族、登山族等，只要可以买到矿泉水，随时可冷泡茶。茶叶冷泡后可减少茶丹宁酸释出，饮用时可减少苦涩味，增加茶的口感。冷泡的茶叶因人体体温较茶汤高，带着香味分子的酮类会在茶汤到达口腔后，逐渐挥发起来的浓浓的茶香充盈整个口腔，喉韵也更浓重。冷泡可降低茶汤咖啡因含量，可减缓对胃的刺激，因此敏感体质或胃弱者均适合饮用。茶叶在常温及低温中，内含物质会以十分缓慢的速度释出，带甜味的氨基酸分子会先溶出，而冷水中，比较不易释出苦涩来源的茶碱，因此口感更好。据研究，冷泡茶咖啡因含量是热泡的3/4以下，所以较不伤胃，也较不影响睡眠。

因为靖安白茶新叶尖，更宜冷水泡出；靖安白茶氨基酸含量高，冷水泡鲜味更加突出；定位为办公室白领，冷泡更方便；冷泡茶茶具有品味且专业，可与茶叶一起作为销售固定搭配，或作为促销用品。

四、品牌营销区域

白领茶以"味道甘、鲜的白领打卡茶"面对的是全国消费者。最适宜的市场是商务发达的城市。

全国市场的对接主要是通过一类电商平台，同时以垂直的二类电商作为区域销售平台。电商平台竞争激烈，线上线下的品牌传播力，决定了品牌在电商平台的影响力。而传播资源的有限性，决定了只能集中有限资源，进行重点城市突破，逐步扩大品牌在全国的影响力。

除北上广深等沿海城市外，南昌按目标消费群定位，虽非理想的营销市场，但有一定的资源优势（如政策优势、人脉优势），在品牌启动最初的圈层营销方面，有不可替代的优势。但白领茶的理想销售远非在江西可以达到。

五、品牌营销渠道

（一）电商平台

江西茶在电商平台上的存在感要远低于赣茶在全国茶业的地位。在淘宝上输入"茶叶"，搜索结果显示 100 页接近 5000 个产品信息，江西茶叶排名最靠前的庐山云雾茶，也只有 33 个产品，散落分布在 300~800 位，前 20 页约 1000 位之前，无江西茶叶踪影，前 1000 位产品出现最多的是福建茶叶，共有 516 个产品。在电商平台，江西茶、靖安白茶形象极其微弱。

（二）商务区便利店（白领聚焦区）

传统茶叶销售渠道，便利店占比极小，考虑到靖安白茶定位特点，建议进入便利店渠道，尤其是在商务区便利店，其渠道意义，有如速溶咖啡。"乐豆家""有家"等，是江西商务区主要便利店。

相对于传统的茶叶品牌，专卖店营销架构模式，以商务区便利店为营销渠道，有其快消品终端建设与维护模式，因此城市代理商建立很有必要。

（三）跨界营销（权益互换）

跨界营销的主要模式是权益互换，首先建立白茶会员数据库，找出"八二定律"中20%的忠实消费者，成为白茶会员。例如，乐豆家会员积分，可兑换白茶；白茶会员，可兑换乐豆家积分；也有单向跨界，如银行大客户，积分获赠白茶，前提是，白茶品牌必须建立起来，并且叫得响。

（四）传播策略

传统茶饮产品传播，主要靠门店传播+圈层营销；即饮茶（果茶）传播走的是快消路线——"创意+大众媒体大覆盖+线上传播"。传统茶很少走品牌创意路线。江西茶传播，目前状况是有广告，无创意。

白领茶以快消模式传播，但由于资源限制，只能走"创意+线上"发布模式。

（五）传播渠道

传播渠道的选择，取决于目标消费群的渠道接触。

1. 线上传播

以抖音、快手等短视频为主要手段，因白茶极具视觉感。

2. 活动传播

品牌传播，宜以活动为媒介，策划与目标消费对象品味一致的活动，非常重要。活动传播，也是建立用户数据库的重要手段。现代行销，数据库行销，一对一沟通至关重要。活动不传播，只是一个"点"；只有"活动+传播"，才能将活动形成"线"和"面"的传播效果。

3. 举办靖安白茶旅游文化节、"靖安白茶香天下"摄影大赛等活动

以茶为媒，弘扬靖安白茶文化，扩大品牌影响力，升级本土白茶产业文化；为靖安的白茶产业、旅游产业开展潜移默化的推广和植入，利用网红经济促进本土白茶的曝光量和销售量；三产联动，开展以茶为主题的旅

游活动，联动多方资源、实现茶旅融合，带动靖安全县经济发展。

六、品牌包装

（一）品牌卡通形象：靖小白

专门设计的卡通形象，以目标消费群体的形象为特点，有助于传播的视觉识别，以及建立品牌的亲和形象，可成为整个区域公用品牌的卡通形象，故为其取名为：靖小白。靖小白形象是靖安白茶的形象。

（二）产品包装

绿茶口味的核心价值是新鲜。传统绿茶绝大多数为"罐装+袋装"，往往不小于100克/罐。茶未喝完，已经氧化。一包一饮的绿茶，以成都竹叶青为代表。其产品价值很大程度上在于解决了绿茶的保鲜。

作为白领茶，以"鲜、甘"作为口味卖点，一包一饮的小袋装是一个必然。

七、靖安白茶区域公用品牌管理

"靖安白茶"作为区域公用品牌，和其他企业品牌的关系是母子品牌关系，其产品上的表现为"靖安白茶·茶立方"，或者"靖安白茶·九岭"。

"靖安白茶"作为区域公用品牌，其产品标准以及品牌授权与监管，需要有一个完整的体系来操作。

八、品牌成效——小叶子　大产业

近年来，靖安县委、县政府大力推进白茶产业集群建设，积极宣传推介"靖安白茶"区域公共品牌，进一步扩大了在全国的知名度和市场影响力，品牌效益和溢价显著提升。目前，靖安白茶跻身"江西十大名茶"行列，连续四年列入"江西农产品二十大区域公用品牌"，被列为国家地理标志保护产品，被评为"江西省十大名茶"、"全国特色产茶县"、全国"百县、百茶、百人"茶产业助力乡村振兴先进典型县，品牌价值达

14.22亿元。2023年，全县白茶种植面积5.38万亩，产量为216吨，产值2.26亿元，带动农户2万余人就业，农民人均年增收2000余元，满山的"茶叶子"变成茶农增收致富的"金叶子"。

参考文献

[1] 陈冬生.国外特色水果品牌营销经验与启示——以美国"新奇士"柑橘和新西兰"佳沛"奇异果为例 [J].世界农业，2017（10）：15-21.

[2] 传统"三品一标"和新"三品一标"的区别 [J].农家之友，2021（04）：32-34.

[3] 何红光，宋林，李光勤.中国农业经济增长质量的时空差异研究 [J].经济学家，2017（07）：87-97.

[4] 江福，吴昌华，聂园英.农产品区域公用品牌形成与建设路径 [J].江西农业学报，2023，35（07）：188-192.

[5] 江然.新西兰奇异果产业的成功经验对中国茶叶产业的启示 [J].经济视角（下），2013（05）：79-82.

[6] 李林，白飞英，闫振富.日本"松阪牛肉"对河北省发展现代畜牧业的启示 [J].北方牧业，2020（24）：8.

[7] 李亚林.区域品牌的形成创建机理研究：以农产品区域公用品牌为例 [J].科技创业月刊，2012，25（11）：32-35.

[8] 林笑.新奇士的品牌"新奇"路 [J].农经，2014（11）：72-74.

[9] 刘丽，周静.基于产业集群农产品区域公用品牌建设的几点思考 [J].农业经济，2006（11）：52-53.

[10] 刘堂发.赣南脐橙品牌竞争力提升研究 [D].南昌：南昌大

学，2014.

［11］刘仲华，施兆鹏，肖力争等.安化黑茶产业发展历史、现状与趋势［J］.中国茶叶，2022，44（11）：1-7+17.

［12］卢璐.明代至民国时期安化黑茶茶业史研究［D］.长春：东北师范大学，2018.

［13］农业标准化生产实施方案（2022—2025 年）［J］.畜牧产业，2023（01）：14-16.

［14］农业农村部办公厅关于印发农业生产"三品一标"提升行动有关专项实施方案的通知［J］.中华人民共和国农业农村部公报，2022（10）：33-48.

［15］农业品牌打造实施方案（2022—2025 年）［J］.畜牧产业，2023（01）：11-13.

［16］农业品种培优实施方案（2022—2025 年）［J］.畜牧产业，2023（01）：9-10.

［17］孙江超.我国农业高质量发展导向及政策建议［J］.管理学刊，2019，32（06）：28-35.

［18］王婧昀.湖南安化黑茶产业化发展问题及对策研究［D］.长沙：中南林业科技大学，2018.

［19］王通，林冬生.农民专业合作社发展模式研究——以新奇士为例［J］.四川农业科技，2022（06）：7-9+22.

［20］新西兰奇异果：将水果产业上升为国家战略［J］.农业工程技术（农产品加工业），2014（11）：76-77.

［21］杨军.安化如何做好茶叶文章兴业富民［N］.湖南日报，2023-09-27（003）.

［22］杨威.黑龙江省五常市稻米产业发展研究［D］.武汉：武汉轻工大学，2020.

［23］詹永斌.新形势下赣南脐橙产业的发展问题与对策［J］.现代园艺，2023，46（03）：62-64.

［24］张泽浩．五常大米品牌建设研究［D］．哈尔滨：东北农业大学，2017.

［25］钟南清，郭美勤．油茶产业看赣州［J］．国土绿化，2023（02）：40-43.

［26］钟钰．向高质量发展阶段迈进的农业发展导向［J］．中州学刊，2018（05）：40-44.

第九章 以品牌强农战略引领乡村产业振兴的对策

第一节 加强顶层设计与制度安排，深化推进"品牌强农战略"

一、强化品牌强农顶层设计

（一）编制好品牌强农发展规划

借鉴浙江、湖南、山东等省份的经验，结合农产品区域布局和农业品牌资源，按照"集中力量、整合资源、强化培育、扶优扶强"的思路，研究编制省级品牌强农发展规划，加强统筹谋划，统一指导和协调全省农业品牌发展。政府相关部门应综合分析全省农业自然资源特色和农业生产比较优势，深入挖掘农耕文化积淀，突出地方资源特色、品种特色、功能特色和文化内涵，合理规划全省特色农产品生产布局，实现差异竞争、错位发展。在此基础上，重点围绕各地特色产品和主导产业，从企业、行业、区域等多个层面制定农产品品牌、企业品牌、区域公用品牌的发展规划；建立和完善江西农业品牌的价值链、供给链、产业链；统筹农产品区域布局，对同类产品品牌进行整合形成更大区域的公共品牌，降低区域内品牌内耗。

（二）建设农业品牌目录管理体系

农业品牌目录管理体系是系统推动品牌强农战略的首要任务。基于国家、省标准审核前提下，将最具代表性的品牌信息整理形成品牌目录，每隔一段时间定期发布，并实行动态管理，丰富、规范、提高了农业品牌的传播普及工作，有效引导了农业经营主体和农业品牌的做大做强，也是增加消费者对品牌认可度的有效手段。

要理顺品牌培育、品牌推广、品牌保护、品牌竞争及淘汰等环节，解决农业品牌各环节管理中可能出现的多头管理、监管缺位、重复管理等现象。实施名、优、新产品的品牌培育，老品牌、老产业提档升级，生态农产品营销推广三大战略。要以全省各区域特色农产品为基础，统筹整合各方资源优势，以江西大品牌为目标，从已有的区域品牌中优中选优、特中选特、好中选好，确定一批全省最优农业品牌名录，加快建立江西知名农产品区域公用品牌、企业品牌、"老字号"和"贡字号"产品品牌目录制度，集中宣传推介和市场营销。每年进行品牌目录更新，形成优胜劣汰动态化管理机制，促进江西农业品牌良性发展，提高农业品牌价值。

案例：

一、国家层面

2016 年，国务院印发《关于发挥品牌引领作用推动供需结构升级的意见》，明确提出农业品牌建设路径。农业农村部不断强化顶层设计，建立健全工作机制，加强政策创设，将 2017 年确定为"农业品牌推进年"，组织召开全国农业品牌推进大会，总结农业品牌建设经验，部署新时期工作重点，为农业品牌建设指明了方向。2018 年，农业农村部印发《关于加快推进品牌强农的意见》，明确了品牌强农的主攻方向、目标任务和政策措施。2019 年，启动中国农业品牌目录制度建设，指导发布《中国农业品牌目录制度实施办法》《中国农产品区域公用品牌建设指南》等文件，旨在构建现代农业品牌管理体系，引导规范农业品牌建设。2022年9月，农业农村部制定了《农业品牌打造实施方案（2022—2025年）》，提出聚焦现代产业园区，以粮食、蔬菜、水果、畜牧、水产、茶叶等为重点，塑强一批品质过硬、特色突出、竞争力强的区域公用品牌，带动一批支撑区域公用品牌建设、促进产业高质量发展的企业品牌，推介一批绿色优质农产品品牌。预计到2025年，重点培育300个精品农产品区域公用品牌，带动1000个核心企业品牌，3000个优质农产品品牌。

二、先进省份层面

山东省：山东省历来高度重视农业品牌建设，作为农业大省，山东农产品资源丰富，品类齐全，"齐鲁灵秀地　品牌农产品"省级农产品整体品牌叫响全国。2015年5月，省政府办公厅印发了《关于加快推进农产品品牌建设的意见》，确立了"打造一个在国内外享有较高知名度和影响力的山东农产品整体品牌形象、培育一批区域公用品牌和企业产品品牌、制定一个山东农产品品牌目录制度、建立一套实体店与网店相结合的山东品牌农产品营销体系"的目标任务，实现对全省农产品品牌建设的顶层设计和整体规划。2016年9月，以省级层面下发了《山东省人民政府关于印发山东省农产品品牌建设实施方案的通知》，就加快推进全省农产品品牌建设提出具体实施路径，对于提升农产品产供销精细化、专业化水平，促进农业提质增效转型升级，推动农业大省向品牌大省转变具有重大意义。

浙江省：2021年，浙江省围绕品牌关键要素，制定了《浙江省质量强省标准强省品牌强省建设"十四五"规划》，全面打响了"浙江制造"品牌。在农业品牌领域，重点做强"浙里田园"休闲农业品牌，如"丽水山耕"品牌。2022年，为深入推进"品字标"拓面提质行动，做大做强"品字标浙江农产"省级农产品公共品牌，浙江省市场监督管理局和浙江省农业农村厅联合制定了《关于进一步加强"品字标浙江农产"品牌建设工作的通知》。

湖南省：打造了完备的品牌规划体系。2021年，湖南省加快提升

"湘"字号农业品牌转型升级和实现"走出去"战略,特制定了《湖南农业品牌建设五年规划(2021-2025)》,之后结合全省农业品牌发展的情况起草编撰了《湖南省"一县一特"优秀农产品品牌评选办法》《湖南省"一县一特"主导特色产业发展指导目录》《"湘赣红"区域公用品牌战略规划(2021-2025)》等文件;组织编写了湖南区域公用品牌目录;制定和发布了"湘赣红"数字地图。成功培育了安化黑茶、湖南红茶、湖南茶油、湖南菜籽油、湘江源蔬菜、湖南辣椒、湘赣红7个省级区域公用品牌,崀山脐橙、南县小龙虾、岳阳黄茶、洞庭香米4个片区公用品牌和26个"一县一特"优秀农产品特色品牌。

江苏省:完善省级品牌目录制度,2020年将原江苏省农委发布的《江苏农产品品牌目录制度(试行)》升级为江苏省农业农村厅规范性文件《江苏农业品牌目录制度》,目录品牌的征集范围扩大到种植业、畜牧业、果蔬、渔业和初加工等农业全产业链,全面覆盖区域公用品牌、企业品牌和产品品牌三种类型。截至目前,江苏全省共征集形成313个省级目录品牌(其中区域公用品牌68个,农产品品牌245个)。兴化大闸蟹、盱眙龙虾、射阳大米成功入选农业农村部2022年农业品牌创新发展典型案例;射阳大米、阳山水蜜桃、宜兴红茶、盱眙龙虾、兴化大闸蟹入选2022年全国农业品牌精品培育计划,在更高层级提升了江苏品牌影响力、竞争力。建立农业品牌评价标准,研究制定江苏省地方标准《农产品区域公用品牌管理规范》,填补省内空白;组织指导江苏省农业品牌协会在全国率先发布团体标准《江苏农业企业知名品牌评价规范(试行)》,实现江苏农业企业品牌评价有"标"可依。建立农业品牌与市场建设专家库,来自高校、科研单位和企业的184人入选,进一步提升全省农业品牌和农产品市场建设科学决策水平。申请注册登记"江苏农业品牌目录标识(JSABC)"版权,鼓励所有入选省级目录农业品牌推广使用,提高品牌辨识度,赋能品牌价值。

二、建立品牌强农协调推进机制

农业品牌化过程涉及诸多主体，厘清农业品牌化各建设主体责任，是有效推进品牌化建设的关键举措。品牌建设主体明确并承担各自职责，形成品牌建设合力，全方位、多层次地提升品牌价值，才能塑造良好品牌形象。

（一）建议成立省品牌强农发展战略领导小组

整合相关部门资源，增强协同能力，解决农业品牌创建各环节管理中可能出现的多头管理、监管缺位、重复管理现象。各地市县（区）要积极组建农业品牌建设工作领导小组，建立健全工作机制，明确任务分工，压实工作责任，按照农业品牌领导小组工作部署，有力推动农业品牌工程实施，狠抓工作落实，不断提升农业品牌建设能力水平。定期组织相关部门召开工作推进会，掌握品牌建设实施进度，推动全省品牌强农工作落实。

（二）厘清地方政府、行业协会、农业企业和农户的品牌建设权责，增强协同能力①

第一，地方政府扮演农业品牌建设制定者与执行者的双重角色。要充分发挥引导作用，尤其是应将农产品区域公用品牌的申报、建设和维护作为地方政府现代农业发展的任务之一，加大农业品牌认证、推广、保护和延伸等环节的机制体制构建。同时，地方政府应明确地区公共品牌使用门槛与规则，建立完善的品牌管理体系。如政府引导农产品区域公用品牌发展成功范例比比皆是；如丽水山耕、安吉白茶等，政府已经成为农产品区域公用品牌发展不可或缺的重要推动因素。

第二，行业协会是地方政府与农业企业的协调者，具有纽带作用。行业协会是农业品牌建设的直接监督者，应提供生产标准（规范）与产品品质监管等服务，并直接承担地区公共品牌的日常维护、授权管理、利益分享与法律责任。

---

① 资料来源：http：//gsxy. zuel. edu. cn/2022/1006/c13490a308231/page. htm。

第三，以农业企业为主的新型经营主体既是品牌建设的直接主体，又是品牌建设的实际操作者。新型经营主体应通过质量有标准、过程有规范、销售有标志和市场有监测等方式提升农业品牌的知名度和信任度，完善产品质量追溯体系，承担产品安全质量主体责任。

第四，农户作为参与者，对其引导与管理应由地方政府、农业企业共同承担，通过技术与资金支持，实施农产品质量标准控制等，使农户既是品牌建设的受益者，也是地区品牌的自觉维护者。

案例：

农业农村部下发的《农业品牌打造实施方案（2022—2025年）》中也提出，各省份农业农村部门要成立农业品牌打造推进领导小组，把农业品牌打造作为全面推进乡村振兴、加快农业农村现代化的重要措施，加强统筹协调，整合优势资源，推动措施落实。例如，2009年，湖南省就成立湖南省农产品品牌建设整合领导小组，部门涉及农业、财政、旅游、工商、商务、供销、旅游等15个部门。

"丽水山耕"农产品区域公用品牌于2014年9月在首届丽水生态精品农博会上推出，作为丽水精品农产品的集体商标。丽水市生态农业协会与丽水市农投公司作为品牌申请注册主体、运营推广主体，实行"两块牌子、一套人马"的管理体制，始终坚持"会员企业权益至上"服务理念，每年与市、县农业农村局开展"三服务"活动，开展科技、溯源、检测、知识产权等品牌服务。特别是以"互联网+法律"的形式设立"丽水山耕"法律服务工作站，针对不同法律需求、不同产业领域、不同企业阶段分类"定制"普法课，助力解决法律难题，维护会员企业合法权益。

三、加大农业品牌扶持资金精准投入

（一）不断提高农业品牌专项资金投入

省级、市级层面的农业农村、财政、市场监管、税务等部门要落实各

项优惠政策，主动搞好服务。按照"政府引导、企业主体"的原则，市级和区县农业产业发展资金安排一定比例用于农业品牌建设，重点支持区域公用品牌创建及推广营销，对品牌创建、品牌认证、质量提升、技术创新、品牌培训、宣传推广、渠道建设等方面给予支持。农业品牌建设专项资金投入主要用于：对创建优势农业品牌的经营主体给予重点倾斜；支持江西省主推的特色农产品区域公用品牌建设，提升传统产地声誉，重振一批"贡字号"和"名特优新"农业品牌雄风；强化对获得农产品地理标志产品的管理和保护；加大对地理标志、绿色有机产品认证等涉及农业品牌建设的奖补和政策性金融支持。

（二）强化金融、信贷等政策性引导资金投入

发挥财政资金引导作用，引导银行、证券等金融机构参与农业品牌建设，创新农业品牌投融资方式，拓宽农业品牌建设资金来源渠道。各级政策性投资担保机构要加大对龙头企业、合作社品牌建设的支持力度，放宽担保条件，优惠担保费率。金融机构要加强信贷产品创新，向农业企业提供以农产品品牌为基础的商标权、专利权等质押贷款，为农业品牌主体提供低门槛、低成本的信贷和金融支持。

案例：

湖南省近年来不断强化农业品牌创建资金扶持，"农产品　湘当好"的招牌日渐响亮。2018～2022 年，省级区域公用品牌累计投入 1.1865 亿元，资金安排呈逐年递增趋势。市州、县市区对农业品牌建设予以大力支持。近三年来，长沙市共安排品牌建设专项资金 1.58 亿元，县级配套资金 3.4 亿元，强力构筑了区域公用品牌、企业品牌、产品品牌良性互动的品牌培育体系。株洲市财政投入 4700 万元，大力支持特色产业发展和农业品牌建设。邵阳市委农村工作领导小组、市政府办公室联合发文，明确每年安排财政预算 700 万元，加快推进"邵阳红"品牌建设。常德市财政每年安排超过 2000 万元用于品牌创建和示范基地建设，对区域公用品牌和获评省市优秀品牌称号等给予奖励。永州市设立农业品牌管理办公

室，安排现代农业发展专项资金 5000 万元重点用于品牌推广和产销对接。郴州市本级安排优势特色千亿产业及品牌创建资金 1300 万元，专项安排 100 万元用于"湘江源"蔬菜品牌打造。2021 年，张家界市整合引导资金 2000 万元支持张家界莓茶品牌建设发展。

河南漯河市 2022 年农业品牌建设奖补标准：获得农业农村部农产品地理标志登记证书的，给予一次性奖补 10 万元；获得全国绿色食品原料标准化生产基地证书、国家级绿色标准化农产品生产基地证书的，给予一次性奖补 10 万元；获得中国绿色食品发展中心绿色食品标志许可证书、中绿华夏有机产品认证中心有机食品认证证书（不含有机转换证书）的，给予一次性奖补 2 万元；通过农业农村部农产品质量安全中心全国名特优新农产品登记的，给予一次性奖补 2 万元；入选农业农村部《中国农业品牌目录》的农产品区域公用品牌、企业品牌、农产品品牌的，给予一次性奖补 2 万元。

江苏省农业农村厅与省农业融资担保有限责任公司、交通银行股份有限公司江苏分公司等签订《农业品牌项目全面合作协议》，开发"苏农担·农业品牌贷"业务，探索金融机构发放以品牌为基础的商标权和专利权等质押贷款，实行利率优惠、无还本续贷等优惠措施，年融资规模达 10 亿元，担保金额已达 1.26 亿元，为品牌持续发展提供保障。

四、加强农业品牌维权和保护

加强农业品牌知识产权、商标权的保护，加强对区域公用品牌侵权的执法救济，促进行业自律，确保打造出的农业品牌能经受住市场和时间的考验。

（一）构建品牌维权发展机制

引导品牌主体增强品牌保护意识，加快商标注册、专利申请、著作权保护等，依据农业品牌保护相关法律，加大品牌保护力度。要不断完善打假协调机制，加强监管，规范秩序，维护品牌企业的合法权益。根据农业品牌工作开展情况，每年对获证产品开展专项行动，打击虚假宣传、商业诋毁、假冒伪劣等不正当竞争行为；各地市场监管、农业农村等部门开展联合跨区域农业品牌保护协作，加大对地理标志、绿色、有机农产品超范围使用、超期使用标志的检查力度，严厉打击冒牌套牌等侵权行为；加强农业品牌诚信体系建设，积极构建品牌产品生产者与销售者征信体系，加强信用信息运用和失信惩戒，维护农业品牌形象。

（二）建立农业品牌预警应急机制

对国内外品牌农业发展状况，尤其是知识产权政策或制度变化的调整进行及时跟踪；对可能发生的涉及面广、影响大的农产品商标进行抢注；针对农产品质量安全问题、电商品牌纠纷等突发事件制定应急预案；研究制定相关应急处置规范，健全快速反应处置联动机制。

（三）强化涉网络快速保障机制

面对"互联网+"和农产品电商发展，尽快建立起信息畅通的应急处置网络，强化应急条件保障，确保能够快速反应和有效应对农业品牌突发事件，从而进行有效预防和危机控制，最大限度地降低损害。

案例：

"丽水山耕"会员企业丽水市绿洁食品有限公司开发的"珍爱多"牌综合果蔬脆宝系列产品，因品质好、味道佳，深受粉丝喜欢，是丽水山耕旗下的爆款网红产品。2021年9月，这款宝藏小零食，遭遇"李鬼"，以接近批发价的价格在市面上零售。丽水市生态农业协会在得知消息后，第一时间作为区域公用品牌持有者与会员企业丽水绿洁食品有限公司，配合莲都区公安分局、莲都区市场监管局等相关部门一起打假维权。经多方努力，2021年11月，仿冒产品被悉数查封，案件进入相关司法程序。绿洁食品遭遇的仿冒事件，取得了阶段性的维权成果。2023年4月，侵权人在审理期间对损失进行了赔偿，并于4月21日在《经济日报》刊登致歉声明，标志着丽水市农业投资发展有限公司"丽"、丽水市生态农业协会"丽水山耕"及会员企业丽水市绿洁食品有限公司"珍爱多"知识产权维权成功。

创新是引领发展的第一动力，保护知识产权就是保护创新。"丽水山耕"品牌的背后是对产品品质的严控和对消费者权益的保护。市生态农业协会与市农投公司将积极推进以"尊重知识、崇尚创新、诚信守法、公平竞争"为核心的知识产权文化建设，对侵权行为秉持"零容忍"的鲜明态度，为会员企业健康发展排忧解难，持续放大"丽水山耕"农产品区域公用品牌效应。

第二节　培育壮大农业品牌经营主体，打造知名"农业品牌'赣军'"

一、培育壮大农业品牌经营主体

做大做强以农业龙头企业为主体的新型经营主体，打造品牌农产品新型产业链。以全省各地特色农产品为重点进行品牌创建，结合市场特征积极引导资本转向特色农业品牌建设领域，整合资源优势构建产业格局，培育规模化、标准化生产的市场主体，重点发挥农业龙头企业组织化产业优势的引领作用，参与特色农业品牌认证工作，进行品牌打造和升级。

（一）加强对农业企业集团的扶持

支持创新能力强、把握市场准、经济效益好、带动作用大的农业企业提升品牌建设能力和水平。农业企业要发挥主力军的作用，增强品牌意识，集聚优势资源，培育品牌文化，弘扬工匠精神，做大做强自主品牌。围绕江西省特色农产品全产业链，发挥品牌建设主体引领作用，突出地方特色，实行错位发展和差异化发展，重点支持农业龙头企业把"土"的做"特"，把"特"的做"强"；要积极引导农业产业化龙头企业通过品牌经营、资本运作、产业延伸等方式进行联合重组，充分发挥龙头企业的引领和示范作用，建立农产品产业园区和原料基地，提高产业集中度，打造优质农产品品牌；支持农产品加工企业以品牌为纽带进行整合，做大做强；多种方式培育农业出口品牌，支持有条件的企业"走出去"；支持农业龙头企业开发新技术、新产品、新工艺，发展品牌农产品加工流通业。

大型农业企业在农产品区域公用品牌发展中的推动作用显而易见，同时能够引导其他企业和农户的发展。龙头企业可以在资金、技术、销售等方面给予农产品区域公用品牌发展支持，因此，不可忽视龙头企业在品牌提升中的重要作用，尤其在品牌的成长阶段，区域内主体逐渐增多，需要龙头企业来引导带动；同时，也需有竞争力强的企业来吸引外部企业进入，带动区域内市场的活跃度。首先，要吸引企业进入市场，鼓励企业间的良性竞争与合作；同时，企业在发展自身的同时要遵守法律与政策，进而促进"领头羊"企业的形成。在品牌内，必须积极构建有竞争力的环境，积极支持创新，促进技术革新和品牌管理。其次，龙头企业是区域内其他企业的"领头羊"，要起到带动、引领作用，从资金、技术等方面出发，积极为农产品区域公用品牌的发展提供支持，以提升该农产品区域公用品牌的市场占有率和忠诚度，更好地应对市场竞争者的冲击。在这方面，大型龙头企业也可以通过结合市场需求和产品自身的特征来明确自身产品的市场水平和发展方向，制定合理的销售价格，并且主动承担起维护品牌形象的责任。

（二）要鼓励农民专业合作社以法人身份按产业链和品牌组建联合社，着力打造一批品牌农产品经营强社

要鼓励一定规模的种养大户成立家庭农场和公司农场提升专业化、标准化水平，加入农产品品牌产业链条。积极推动出台扶持农民专业合作社、龙头企业、家庭农场和公司农场等新型经营主体发展农产品品牌的政策和措施，相关扶持资金和项目向新型经营主体适当倾斜。

（三）要重视品牌产品的商标注册工作

注册商标具有区分商品来源的基本功能，也是农产品品牌化的基本要求。在我国，传统农产品一般无注册商标，最多只标明产地而已，使得许多优质产品与一般产品混杂，得不到消费者的认可，产品价格、品质的无形资产价值大大受损，不利于优质农产品的扩大生产经营，优质产品经营

者的利益也未得到保护。一些名特产品的生产地区和企业需要提高对商标和品牌重要性的认识。在市场经济条件下，要占领市场，必须树立"品牌经营、商标先行"的意识。同时要注意整合品牌资源，避免"一品多牌"。我国许多传统优质农产品具有源远流长的历史文化背景，选择商标时要充分挖掘产品的文化内涵。对于科技含量高的现代优质产品，应在商标中体现其科技特征，树立农产品的新形象。

案例：

没有强有力的经营主体带动，农业品牌建设就会成为"空中楼阁"。五常大米很好，买哪个品牌呀？盱眙龙虾好，谁家最正宗？这种现象比较普遍，原因就是产业和品类没有"带头大哥"进行市场主导，没有建立和落实在一个企业法人式的经营主体上。灵宝苹果、西湖龙井、阳澄湖大闸蟹、赣南脐橙、清远鸡等都属于此种情况。还有些区域公用品牌成立了专属企业主体，像盐池滩羊产业集团、安溪铁观音集团、宣威火腿集团等，但企业不够强大，担当不起振兴区域公用品牌的重任。

龙头企业是区域品牌的使用主体，主要承担品牌使用落地、产品推广销售等具体任务，是农业区域品牌推广宣传的主要支持，功不可没。例如，东阿阿胶集团对于山东省聊城市的阿胶产业发展，好想你集团对于河南省新郑市的红枣产业壮大，西部牧业集团对于新疆生产建设兵团第八师石河子的牛羊肉产业集群发展，都发挥出核心主导作用。

涪陵榨菜区域公用品牌和乌江榨菜企业品牌的成功，首先源于政府很早就组建了重庆市涪陵榨菜集团这个国有控股的市场经营主体，并通过体制和机制创新，持续激活企业，一步一步把产业做强做大，成为"中国榨菜第一股"。

山西沁州黄小米集团是在"沁县沁州黄开发服务中心"的基础上改制组建，三十年如一日，培育新品种、探索新技术，守护小米文化，拓展全国市场，成为中国小米第一品牌。同时，带动和推动沁县小米产业做优做强，成为富民强县的支柱产业。

二、推进特色农业产业集群发展

(一) 选准特色乡村产业

综合评价区域资源禀赋、基础设施、科技水平和市场空间等要素，筛选出特色鲜明、优势集聚、市场竞争力强的乡村产业，制定乡村产业发展规划，明确产业和品牌定位。产业选择首要原则就是充分发挥和挖掘当地特色，因地制宜，人无我有，人有我特，以特致腾，或者通过引进吸收再创新，达到"无中生有"。

1. 特色首要突出地域特色

其他地区或不能生产，或产品品质不能保障，或成本过高，使得该农业类型在特殊区域保持着独特优势。具体来说要突出三个特色：突出环境和气候特色，如江西省绿水青山可以通过发展有机、绿色农产品实现向金山银山的转变，把富硒优势转换成产业优势；突出物种资源特色，江西省很多特殊的地理环境形成了丰富的珍、野、稀、名、特物种资源，具有不可复制性，这是发展地理标志产品的基础；突出文化特色，将特色文化融进特色农业形成了独特的农业特色产品，如稻作文化、茶文化、酒文化、农业景观文化等。

2. 特色也可"无中生有"

重点是依据当地产业发展的关联优势，立足具有较强市场潜力的高值产业，通过引进吸收再创新，实现无中生有的特色产业。例如，江西一些地方依靠得天独厚的土壤和气候条件，发展高效中药材产业，成为品质优、附加值高的特色产业。

(二) 培育特色农业产业集群

区域品牌与产业集群，一表一里、一虚一实，相互依存、相互促进，已经成为越来越多地区的发展路径选择。重点以联合体企业为主干和支点，发挥市场引领和推动作用，加快农产品区域公用品牌和商标的注册与管理，推进农产品地理标志的建设与保护，实现区域公用品牌与企业品牌的共生共荣；积极引导产业向现代农业产业园、农产品加工园和食品工业园等园区聚集，促进产业格局由分散向集中、发展方式由粗放向集约、产业链条由单一向复合转变，发挥产业资本、科技、市场要素集聚和融合平台作用，积极开展招大引强，推动一批国内外绿色食品产业巨头落户；借助农业科技园区和现代农业园区等平台，积极培育发展农业科技"小巨人"企业和农业高新技术企业，形成高新技术产业集群。建设好集聚区信息化管理和产业互联，依托优质电商平台，加强大数据、物联网等现代信息技术在农业产业集群内的应用和渗透，以即时市场需求引导集群产业生产销售，引导各产业环节更加紧密衔接融合，加快产业信息和要素流动，提升产业发展效率。

三、推动农村一二三产业的交叉重组融合

三产融合是产业兴旺的关键，延长产业链、提升价值链是产业融合的关键，这对于提升农业品牌整体形象和内涵具有重要支撑作用。

（一）多产业链的延伸

坚持以农业为融合基点，向产前和产后延伸链条，进而把农业生产资料供应服务、农产品生产、加工、储运和销售等环节与农业生产连接起来。产业链延伸长度不仅仅是看加工环节多少，更重要的是看能否有效满足最终消费者需要，形成更多新的增长点。重点要注重深加工，彰显再造价值。农产品深加工是产品差异化、增值化的重要方式。农产品市场是个天生高度同质化市场，常见的产品其产品价值和附加值都低，越是生鲜食品，同质化越是严重，鲜活产品的销售往往就是拼价格，结果谁也卖不出好价钱。对产品进行深加工，改变产品原始形态，大幅度提升产品的附加价值，使原来相同的产品变得彻底与众不同。同时随着加工程度越来越深，做品牌的难度逐渐降低；反之亦然。冷鲜肉做品牌的难度很大，但把鲜肉深加工做成火腿肠，做品牌就相对容易得多。

（二）多种功能开发

结合地区经济、生态、服务等集成性功能优势，挖掘开发农业的生态休闲、旅游观光、文化传承、科技教育、生态涵养等多种功能，进而与文

化、旅游、康养、教育等产业交叉融合。多功能开发应忌重复，突出特色；忌一般，打造品牌；忌孤立，串点成线。

（三）多利益主体融合

要坚持"基在农业、惠在农村、利在农民"原则，以农民合理分享产业链增值收益为核心，加强利益联结机制建设，实现小农户与现代农业发展的有机衔接，让农民特别是小农户合理分享融合发展增值收益，共享农村改革发展成果。

案例：

山东省寿光立足设施蔬菜，打造区域公用品牌，构建产业集群，被誉为"中国蔬菜谷"，是中国最大的蔬菜生产基地；同时拥有全国最大的蔬菜集散市场，建成全国蔬菜质量标准中心，具有自主知识产权的蔬菜良种多达70个以上。每天发布的"寿光蔬菜指数"成了全国各地菜价的"风向标"，甚至能左右韩国泡菜的产量。寿光蔬菜产业的全产业链经济贡献值为210亿元，农民收入的70%以上来自蔬菜，成为全市人民的"命根子"。

湖南省针对地形地貌多样、物种资源丰富的现状，坚持实施品牌强农行动，形成各具特色、竞相发展、百花齐放的产业格局。一是优化产业布局。发布《"一县一特"主导产业发展指导目录》，以农产品地理标志产品为重点，引导各县市区选择最具优势的主导产业予以培育，涌现出南县稻虾米、炎陵黄桃、保靖黄金茶等一批特色优质农产品。二是强化集群发展。以地方特色产业为基础，统筹全省"一县一特"农业产业集聚化发展，2020~2022年，打造了"五彩湘茶""湘九味""洞庭香米""湖南菜籽油""湘猪乡味"5个产业集群品牌，数量居全国前列。三是推进产业融合。结合"一县一特"农业产业发展，创建"中国特色农产品优势区"11个。大力发展农产品加工、休闲农业，着力促进农业全要素融合、全链条增值。

第三节　深入推进农业标准化建设，
夯实"品牌创建之基"

一、健全农业标准化体系

农产品的品质是锻造名牌的基础。农产品的品质因生产地区和产前、产中、产后的技术操作规程的不同而相异。要提高产品品质，就要制定和实施农业产前、产中、产后各个环节的工艺流程和衡量标准，使生产过程规范化、系统化，符合国家标准或国际市场标准。在欧美和日本这样农业高度现代化的国家，农业生产都是以高度的标准化为基础的。日本的农产品从播种到收获、加工整理、包装上市都有一套严格的标准。如农民种西瓜，用什么品种、何时下种、何时施肥、施多少肥、何时采摘，都有严格的规定。由于标准化水平高，日本农产品市场竞争力极强，价格很高，一般相当于我国同类产品价格的 10 倍左右[①]。可见，按标准进行农业生产，是提高农产品质量的重要手段，也是提升农产品品质使之成长为名牌的技术基础。

（一）进一步完善江西省农业地方标准

根据国际通行标准、国家标准、行业标准和生产需要，制定、修改、完善品牌农产品的质量标准、种植标准、流通标准、销售标准和操作规程，形成刚性有效的品牌质控体系，做到"有规可依"。制定完善的农业投入品管理、产品分等分级、产地准出、包装标识等方面的标准，制定简明实用的操作手册，建立起既符合农产品实际又与国际、国家和行业标准接轨的农业标准化生产体系。积极推行农产品全程质量控制技术体系

---

① 资料来源：https：//www.zhihu.com/question/38140929/answer/2397118328。

（CAQS-GAP）、良好农业（GA）、良好农业规范（GAP）以及各种标准化生产模式，提升农产品生产过程控制能力。要出台奖励政策，鼓励大型农业龙头企业、行业协会参与标准制定，提升江西省在大米、脐橙、茶叶等优势产品标准制定中的话语权。定期开展农业标准的监督与抽查，及时推动农业领域"老旧"标准的更新和改造，清理制约产业技术发展的问题标准，完善农业标准化实施效果评估制度，建立以市场为导向的标准化评估机制，加大对农业领域"黄金标准"的宣传和推介。

（二）积极引导和推进农业标准化生产

1. 积极发挥市场经营主体在实施农业标准化过程中的带动作用

大力扶持"企业+合作社+农户"类型的农业标准化推广机制。在政策和资金上给予扶持，培训提高企业和科技社团组织的技术管理人员，促进推广机制的完善和管理水平的提高，引导新型农业经营主体逐步走向标准化生产。创新多种培训方式，让农户、涉农企业等不同主体了解最新生产标准与规范，每年组织1~2次农业标准化培训，省级层面重点培训省、市、县农业技术骨干，县级承担基层培训任务，进一步加大对农民标准化生产分级培训的力度。

2. 继续抓好农业生产全产业链标准化试点建设

尽快实现各县的主要农产品都有标准化示范区，以带动提高全省农业标准化生产整体水平。要以农业重点项目为支撑，引导和发挥规模农业龙头企业、重点合作社在标准化执行的示范和引领作用，打造一批稻米、果品、茶叶标准基地，畜禽标准化养殖示范场，动物疫病净化标准化示范场。

3. 做好对农产品从生产到销售全过程的质量安全监管工作

尽快完善相关规章制度，明确质量监管主体及其具体职责，制定举报与投诉制度，鼓励社会大众积极参与到农产品质量安全监管队伍之中。要充分依托"区块链"技术和"智慧农业"平台，大力推进农业品牌创建中的大数据应用，建立农产品质量识别标识，推行产品条形码、防伪码和产地标识管理等，做到质量有标准、过程有规范、市场有检测、销售有标志、反馈有追溯，进一步筑牢农业品牌发展的基础。

案例：

褚橙是农产品工业化标准化生产的典型和最生动的代表，后被评为"中国驰名商标""中国十大柑橘品牌""中国果品百强品牌"等。褚橙之所以取得巨大成功，关键是品质，其精髓有两点：一是对生产环节进行流程设计，并制定相应标准进行生产。二是对生产流程制定出相应的科学管理机制。在绿色发展中，褚橙以"黄金"口感为靶向目标，定下了可溶性固形物达到 11.5 度（俗称糖度）和适合中国人口感的糖酸比达 24：1 的标准，以流程化、标准化、精准化的工业化生产流程，建设质量提升赛道。2011 年，公司通过多年柑橘生产数据积累、结合国内冰糖橙种植标准，牵头制定的《新平县优质冰糖橙种植标准》通过第六批全国农业标准化示范项目评审。在产品种植过程中，创新出了"作业长+承保分片"管理模式，即通过作业长将每月的生产安排、生产资料传递给负责田间劳作的农户，通过作业长管理农户，最终通过工厂化的管理方式保证褚橙的标准化产出。在产品上市选级方面，为确保褚橙的品质，公司通过现代化的检测手段确保每一个装箱的柑橘可溶性固形物达到 11.5 度。统计数据显示，2022 年褚橙庄园 6800 余亩柑橘，能达到装箱品质比例的仅为 46%，还有 54% 的柑橘列为次品不装箱售卖。

"五常大米"品牌发展模式：以"六个一"（一个区域品牌——"五常大米"；一个集宣传、销售于一体的官网——五常大米网；一组精密防伪系统——"三确一码""溯源防伪体系+五常大米专属身份标识"；一套完整的质量技术体系——五常大米标准体系，覆盖从种子繁育到加工销售等多个流程多道工序；一个跨部门协作的政府领导班子——五常市稻米产业管理工作领导小组；一个品牌维护的决心——市场监督与保真打假常态化）为品牌建设行动总纲，以"六个统一"（统一管理机构、统一良种育种、统一技术标准、统一加工标准、统一包装标识、统一营销推广）为品牌建设行动方向，以"五个强化"（强化品牌意识，狠抓品牌管理；强化标准体系，推动农技落地；完善防伪追溯，坚持打假，坚定维权；强化产业合力，促进利益共享；强化创新营销，塑造高端印象）为品牌建设行动方案。

湖南省全面推行农产品质量安全追溯管理。深入推行"两证+追溯+保险"管理模式，目前全省已有2万多个农业经营主体开具食用农产品承诺达标合格证900万张左右；近百个县市区整体推进追溯体系建设，1.6万多家企业应用国家追溯平台；5000多家农业企业、1.4万余个品牌农产品被纳入农产品"身份证"平台，实行"一品一码"赋码标识，实现品牌农产品全覆盖。

二、打造一批全国知名的绿色有机农产品标准化生产基地

（一）大力创建绿色有机农产品标准化生产基地

紧抓部省共建绿色有机农产品基地试点省的机遇，大力开展绿色标准化农产品生产基地建设，积极发展彰显县域的名特优新农产品、生产主体的特质农品、生产环境的健康农品、产地鲜活农产品特色的本色农品，主打"绿色有机"牌，适应消费需求、地域特点、生产主体和产业发展。以粮食生产功能区、重要农产品生产保护区和特色农产品优势区为依托，重点抓好特色粮油、特色柑橘、茶叶、食用菌、鄱阳湖水产等重点特色农产品的区域优化布局，规划建设一批能够支撑区域大品牌发展的省级特色农产品优势区，让"生态鄱阳湖·绿色农产品"品牌真正唱响全国、走向世界。

（二）积极推进绿色有机和地理标志产品认证

认证是培育农业品牌的重要手段，是树立农业品牌和打造农业精品的重要措施。通过认证活动可以提升农产品的生产管理水平和质量安全等级。更重要的是认证是对农产品质量的官方肯定，大大提高了产品的公信力、知名度和美誉度，可以得到广大消费者的承认。牢固树立绿色发展理念，以优质农产品规模化、产业化和品牌化为重点，着力优化特色农产品产地环境，完成绿色有机和地理标志产品认证，提升优质高端农产品比

重，逐渐减少农业对化肥、农药的依赖，切实保障品牌农产品质量安全。

三、加强农产品生产技术创新、产品创新和管理创新

（一）要进一步加强产学研联合

创新是品牌市场竞争力的源泉。积极整合高校、科研院所优势科技资源，加快组建品牌农业技术创新联盟。重点开发具有高技术、高附加值的农产品和精深加工产品，延长品牌农业产业链条，强化科技对品牌价值提升作用，增强农业品牌的生机和活力；通过不断推动技术创新，改良生产工艺，优化包装设计，提升产品档次，释放潜在品牌创建能力。

（二）健全科技服务体系

加快形成科技成果示范推广和快速转化机制，有效增强品牌生成全过程的科技含量；鼓励运用"互联网+"、大数据等新一代信息技术，提升质量在线监测、在线控制和产品全生命周期质量追溯能力；组建农业品牌服务队伍鼓励企业、高职院校、专业服务机构、优秀管理人才、专业人才参与农业品牌建设，打造一支业务能力强、工作水平高的农业品牌专家智库队伍，加强农业品牌研究、品牌规划、品牌整合、品牌建设、咨询服务，发挥人才资源优势，积极扶持培育农产品品牌，持续扩大农业品牌效应，提高农业质量效益和竞争力。

案例：

河南省兰考县20.04万亩全国绿色食品原料（小麦、花生）标准化生产基地建设扎实推进中，绿色食品获证数量全省县域排名第一。近年来，兰考坚持生态优先、绿色发展，把全国绿色食品原料基地建设作为推进农业高质量发展的重要抓手，再打出"一系列组合拳"，变"绿"成金，为加快农业农村现代化、推动乡村振兴注入强劲动力。

以基地保护为重点，扎实推进基地持续健康发展。严格按照基地保护区管理办法的要求，在基地生产单元和常规生产区域之间设置有效缓冲带，有效降低了基地地块间的污染风险，从而保证了基地优良的生态环

境。深入推进原料基地范围内作物秸秆综合化利用，全县建有 30 个秸秆收储网点，加大对秸秆收储网点的补贴力度，年综合利用秸秆 17.3 万吨，有效地抑制了秸秆资源的焚烧和废弃。对全县 273 家规模养殖场进行生态化改造，修建大型沼气池 3200 立方米，粪污处理设施配建率达 100%，实施绿色种养循环基地面积 10 万亩，畜禽粪污综合利用率达 90% 以上。基地建立以"统一回收，定期归集，无害化集中处理"为主要模式的农药包装废弃物回收处理机制，净化了产地环境。县、乡、村、户四级生产管理体系健全，形成"五统一"生产管理模式。依托中国农业科学院、河南省农业科学院和农业农村厅等单位，建立起"县为中心、乡为纽带、村为基础"的绿色食品原料标准化生产技术服务体系。

第四节　构筑三级联动的农业品牌新格局，彰显"品牌多维价值"

一、打造农业区域形象品牌

经过多年的探索和建设，我国农业的品牌化发展已从初创阶段走向提升的新阶段，由狭义的企业农产品品牌化、单一农产品品牌化发展到农业全产业链、全区域的品牌化。规划、培育、打造一个覆盖全区域、全品类、全产业链的区域公用农业形象品牌，形成农业区域品牌价值共同体，成为引领区域农业产业体系转型升级的有效载体。农业区域整体形象品牌主要是为企业品牌、产品品牌做形象引领。区域农业形象品牌强调用文化元素提升农业产业的附加值，其高"地域根植性"有助于发挥农产品的原产地效应，为产品注入一种不能被其他地区所完全模仿的"气质"。

（一）正确定位省级农业区域形象品牌

要充分发挥江西省农业资源优势和生态环境优势，制定赣鄱农业整体形象宣传方案，设立"赣鄱农业日"，加强公益宣传推介；深入挖掘赣鄱农业文化内涵，不断提升江西省"赣鄱正品"和"江西绿色生态"品牌内涵与美誉度，努力打造"生态鄱阳湖·绿色农产品"的赣鄱农业区域形象品牌。

（二）建立健全科学高效的运营管理体系

品牌经营管理优势的充分发挥依赖于品牌授权、监督规范、服务指导和营销推广等农产品区域公用品牌管理机制建立。目前江西省已创建了"赣鄱正品"和"江西绿色生态"两大农业区域品牌形象，"赣鄱正品"已建立了相应的运营公司，"江西绿色生态"品牌依托江西绿色生态品牌促进会运营，并建立了品牌认证标准体系、完善了全产业链一体化公共服务体系，建立线上线下统筹的品牌营销体系，如"赣鄱正品"线下依托品牌经营公司在北京、上海和南昌各大中城市开设农业形象品牌体验店或直营店、品牌形象店，线上在各大电商平台也建立农业形象品牌旗舰店，通过农集商城微分销系统，转化业主为产品微商。下一步，重点要从提升两大农业区域形象品牌的内涵和影响力方面加大力度，进一步完善认证和监管制度，为两大农业区域形象品牌可持续发展提供保障。

案例：

2014 年之后，随着农业品牌化工作的推进，黑龙江的"地道龙江"、浙江丽水的"丽水山耕"、山东临沂的"产自临沂"、山东聊城的"聊·胜一筹"等一批采取"地域名称+地域象征性实物或创意性描述"的省域或地市级的创意全域农业形象品牌开始走进人们的视野。2018 年 11 月 19日，国务院第五次大督查对浙江省丽水市探索生态产品价值转化途径，实现"点绿成金"的模式提出表扬。11 月 22 日"全国市场监督管理部门产业集群区域品牌建设现场经验交流会"上，国家知识产权局对"丽水山耕"区域品牌建设模式给予充分肯定。2018 年 12 月 10 日，在山东临沂举行的中国区域农业品牌发展论坛发布了 2018 中国区域农业品牌年度案例，内蒙古巴彦淖尔的"天赋河套"、福建南平的"武夷山水"、杭州市余杭区的"禹上田园"、黑龙江绥化市的"寒地黑土"、四川省遂宁市"遂宁鲜"、安徽凤阳的"大包干"等一批农业区域形象品牌入榜。

二、提升农产品公用品牌影响力

（一）找准产业特色，确定区域公用品牌发展机会

农产品区域公用品牌的"区域"不一定与行政区划完全吻合，而是特指"地理区域"。鉴于自然生态环境、历史人文因素的客观性，农产品区域公用品牌指向的自然区域和行政区域一般很难做到完全一致，在设定区域范围时，区域范围过大不利于产品的品质管控，过小则不利于产品规模的扩大。要做到因地制宜，重点以地理标志、产业品牌为支撑，深入挖掘农业品牌文化特征。

（二）强化农产品公用品牌策划

加强与专业策划团队合作，结合当地历史文化底蕴和产品特色，做实前期市场研究、品牌价值梳理，提炼设计出具有当地特色、民众认可度高的品牌名称以及相应的 LOGO 符号体系，由此形成极具辨识度的差异化形象。深挖产品内涵，与文旅发展相结合，制定发展的目标、线路图、任务、保障措施等。

（三）建立品牌标准体系，做大产业联盟集群

区域公用品牌和一般企业品牌不一样，企业品牌的使用权主体是企业品牌方，是独立统一的，区域公用品牌的使用权主体是区域产业相关参与者，参差不齐，目标性不一致。所以，需要一套强有力的规范体系，如品牌授权管理体系、产品质量标准规范体系、市场准入规范体系等，来规避公用品牌在使用过程中出现乱象问题。要引导成立专门机构（如行业协会、产业联盟、联合社等）或依托核心企业作为区域公共品牌的经营主体，组织吸纳区域内更多的农产品生产企业、生产基地、农户、涉农机构加入进来，加强资源整合监管、强化统一标准标识、建立合理进出机制，不断提升农产品区域公用品牌的知名度、公信力、影响力。

（四）加强产权保护，维护品牌权益

规范落实农产品区域公用品牌的属地管理责任，加大知识产权保护力度，严厉打击侵害农产品区域公用品牌权益、破坏市场运行的行为。既要保护好产品相关版权和专利，又要注重维权打假，还要规范市场，维护好品牌形象，有效维护品牌权益。

案例：

赣南脐橙是江西省的一种特色农产品，因其独特的品种特色和高品质的口感而享有盛誉，成为"华夏第一橙"。2023年中国品牌价值评价信息发布暨中国品牌建设高峰论坛上发布地理标志区域品牌价值评价结果，赣南脐橙区域品牌排名全国第五，连续九年位居同类（水果类）第一。为确保赣南脐橙品质、保护赣南脐橙品牌，赣州健全赣南脐橙专用标志使用准入制度，严格实行品牌授权制度和专用标志许可使用制度；创新实施赣南脐橙母子品牌战略，区域公用品牌为母牌，企业品牌为子牌，制定标准，统一标识，实行专用标志、品牌追溯、商标准用"三结合"，实现赣南脐橙可查询、可识别、可追溯。2022年，赣州市331家果企、果业合作社、家庭农场、脐橙经营户获得赣南脐橙品牌授权，使用赣南脐橙专用标志，市场竞争力和品牌形象得到进一步提升。

烟台苹果是果品类公用品牌中的佼佼者，2021年烟台苹果的品牌价值已经高达150.34亿元，位列果品类第一。烟台市依托苹果产业打通了苹果种植、销售、深加工完整产业链，制定和完善苹果产业政策扶持体系、果品工程科技创新体系、区域公用品牌建设传播体系、三产融合发展体系、绿色生产技术发展体系五大保障体系促进产业聚合发展。

三、支持经营主体创建农产品品牌

以农产品区域公用品牌为母品牌，鼓励经营主体创建知名产品品牌作为子品牌，通过严格准入、溯源监管等措施，降低生产主体进入市场的成本，实现子品牌产品溢价，带动企业品牌、产品品牌迅速成长。经营主体的农产品品牌既有产品差异化、品牌集群化的一般性特征，又有公共产品属性、外部效应的经济学特征，打造农产品品牌必须以区域公共品牌为先导。以经营主体自有品牌为主体，大力实施"农产品区域公用品牌+企业自有品牌"共进策略，合力推进农业品牌建设。经营主体自有品牌由经营主体自主管理，若经营主体自有品牌需"挂靠"区域公用品牌，必须严格实施区域公用品牌使用标准和门槛准入规定。

在农产品区域公用品牌的大框架下，经营主体在创建农产品品牌时，应该结合自身优势和特色，明确品牌的定位，如定位目标市场、产品特点、品牌形象等；要有"永远做第一个"的理念，必须要从不同的切入点挖掘需求点，让地方的农产品品牌成为某一农产类别的"第一"，比如第一个农产品微商品牌、第一个花猪品牌、第一个农产品航空品牌、第一个农产品保健品牌等；要利用各种渠道进行品牌宣传，如广告、公关、网络营销等，在农产品区域公用品牌基础上实现农产品品牌提档升级，打造出品牌中的精品。

案例：

北大荒品牌体系。北大荒集团积极致力品牌建设，强化市场化思维理念，以绿色智慧厨房建设为引领，坚持品牌强农，积极培育区域品牌、企业品牌、农产品品牌，全面提升集团农产品市场竞争力和品牌影响力。北大荒集团充分结合各分公司区域特色，在集团母子品牌体系整体框架下，打造各分公司独具特色的区域品牌。遴选优秀子品牌，建立"以集团标识为分公司区域品牌背书，以分公司区域品牌为子品牌背书"的双重背书体系，打造"北大荒+分公司区域品牌+子品牌"的金字塔模式。现有分公司、直属企业主要运营品牌160余个，产品覆盖米、面、油、乳、薯、水、酒、肉、种、杂粮以及山珍等多个类别，实现互为支撑、融合发展、动态管控的母子品牌建设体系。

目前，北大荒集团依托"北大荒"品牌基础优势，突出每一个子品牌的特点，重点支持"九三""完达山""丰缘""亲民食品""垦丰种业"等品牌发展。把"九三"打造成为"非转基因食用油"的代名词，巩固"完达山"国产乳品领军品牌地位，培育"丰缘"面类产品领军品牌、"北薯"中国薯业第一品牌、"亲民食品"中国有机第一品牌、"垦丰种业"行业头部品牌。同时鼓励分公司打造具有地域特色和国家地理标志证明商标的区域品牌，如"北国宝泉47度""北国寒地"等。要求每个分公司都要打造至少1个自有品牌，如"建三江大米""九三大豆"。鼓励农（牧）场打造区域专属品牌，如"查哈阳""梧桐河""长乐"等，形成品牌矩阵，为"北大荒"更多子品牌成为国内行业绿色、营养、安全、健康的标杆品牌赋能。

第五节　强化农业品牌策划、推介和营销，提升"品牌市场占有"

聚焦高品质、高价值、高市场占有率和高国际影响力，加强农业品牌的策划、宣传和营销。

一、精准农业品牌形象定位

加大对品牌内涵定位、形象标识、包装创意等方面的设计，要有故事、有态度、有文化、有情怀，塑造能打动人心的品牌态度和价值主张，提升品牌的特色视觉形象。

（一）找准品牌差异化定位，提高品牌识别度

在产品同质化越来越严重的竞争市场中，品牌差异化就显得尤为重要。对于品牌来说，通过重新定义产品，赋予产品独特的地方，做一些让人印象深刻的事情，找准定位，占领用户心智，是打造品牌"差异化"的最重要方式，人无我有，人有我特，以特扬名。每种特色产品背后都有其独特的地理条件、历史文化内涵与人文活动痕迹。充分发挥和挖掘江西

"土特产"资源,对农产品进行核心价值定位、客户群体定位、品牌标识定位以及形象标识和包装创意定位;以农业产品为主体,努力实现品类品种差异化、农产品质量差异化、产品特色差异化,以及消费需求差异化,不断挖掘农产品背后的故事和具有代表性的产品元素,提升品牌文化品位和文化底蕴,以区域公共品牌为统领,着力开展具有江西特色的农产品品牌定位。结合地域条件,江西特色农业品牌应积极向绿色、生态、有机农业方向发展。

（二）融入地域文化元素

江西兼具绿色、红色、古色等文化,具有深厚的文化底蕴。要深入挖掘江西省稻作文化、茶文化、莲文化、农耕文化、渔家文化、康养文化、红色文化、客家文化等品牌元素,突出农产品差异化和区域、品种、品质特色,设计具有当地地域特色和文化底蕴的农产品品牌符号和核心价值观。同时,在品牌设计过程中不能一味地刻板挖掘文化元素,也要结合新时代民俗文化发展特点和不断变化的市场需求,从中提炼并丰富品牌文化内涵,使特色农业品牌更好地获得市场认同,迎合不断变化的市场环境和大众需求。

（三）讲好农业品牌故事

凡是名牌产品都有一些特别出彩的故事,讲好品牌故事是建立品牌的重要方式。农产品在品牌化的过程中要结合产品本身特性,挖掘出个性,对产品内涵进行叙事,通过讲故事的方式传递到消费者的认知当中。

1. 讲好环境故事

优质农产品一定是优良生产环境的产物,讲好产地环境故事就是讲好农业品牌故事极为重要的一个方面。讲好环境故事就是要讲出此环境区别于其他环境最主要的优点,如天然生态或特别水质、土质对农产品品质的特殊塑造,并要尽力找到最科学、最简洁的词语来表达。

2. 讲好工艺故事

除了优良环境外,优质农产品一定也是良好而严格生产工艺的产物,因此,在农业品牌故事讲述中,一定要把"良法"介绍作为另一个重要方面。

3. 讲好文化故事

文化故事是最深沉最持久的故事。每个农产品的生产都伴随着一定的农耕文化，每个品牌农产品的形成也一定会孕育出一些独特的经营文化。在文化故事讲述中，一定要挖掘和提炼出属于自己品牌的特有文化。

4. 讲好人物故事

每个农业品牌的形成都是生产经营者辛勤劳动的成果，无论初期的艰难创业，还是发展期的用心守业，都一定会伴随许多励志人格或温暖人性的故事。通过提炼讲好这些与品牌相关的人物故事，可以大大加深消费者对品牌的良好印象，提升品牌的影响力。

案例：

褚橙一种产于云南的冰糖脐橙，有着圆形或长圆形的外形、橙黄的颜色、酸甜的口感。褚橙的商业品牌原为"云冠橙"，因其种植者是大名鼎鼎的昔日烟王——红塔集团原董事长褚时健，故得"褚橙"之名，又因其用褚时健跌宕起伏的人生经历和74岁高龄创业的励志事件作为品牌故事进行营销，被大家亲切地称呼为"励志橙"。"褚橙"以褚时健曲折波澜的人生经历作为品牌故事，将一种积极拼搏、永远奋斗的精神文化融入品牌之中，并以此为宣传卖点，在消费者心中建立了一个良好的认知以及情感偏好，从而提高了消费者对于品牌产品的忠诚度。"褚橙"打造了一个奋斗励志的品牌故事、传递出拼搏进取的核心价值，配合可圈可点的营销宣传，持续引发消费者共鸣，增强品牌的黏性。

"洛川苹果甲天下。"洛川是黄土高原上原始地貌保存最完整、地质结构最典型的风积黄土古塬，地处渭北黄土高原核心地带，塬面广阔，土层深厚，质地疏松，海拔较高，光照充足，昼夜温差大，无霜期长，降雨适中，雨热同季，夏无酷暑，冬少严寒，拥有苹果生长得天独厚的自然条件，是全部符合优质苹果生长七项气候指标的优生区，是被世界粮农组织认定的世界苹果最佳生态区。洛川苹果已成为全国苹果产业的引领者和示范者。

水稻是中国的三大主粮之一,在国际市场却没有几个可以叫得上名字的大米品牌。日本大米营销往往就水稻生长的土壤、日照、气候等因素所形成的差异进行宣传。佐贺县的"梦的水滴"大米营销就侧重于宣传该米是在海拔200米以上的平坦地势到山腰为中心的地域进行栽培的,所以它的外观圆润、富于光泽,味道也非常好。北海道的"樱花"大米就强调北海道春季的冰雪大量融化滋润土地,雪水中富含各种元素有利于大米中多种元素的生成。北海道的另一品牌"星星的米"以北海道的寒冷与干爽的气候为背景,说明稻米的病虫害较内地大为减少,因此农药使用少,稻米生长状况好为重点。福岛县的"一见钟情特别栽培米"则着重宣传百分之百使用有机肥对稻米营养成分促成的良好作用。

二、高度重视农业品牌营销推广

在数字化经济时代,要积极发展新媒体运营,广泛建立"线上+线下"的农产品销售模式。

(一)线上构建"互联网+农业品牌"营销模式

支持企业与阿里巴巴、京东、华润、盒马鲜生等知名大型电商企业合作共建"赣鄱特色农产品专区";利用社交媒体平台如微博、微信、快手和抖音等传播农产品品牌信息,积极开展网红直播带货;创新利用 VR、直播等新技术的利用,可以更好地创新多形态的产品展示传播场景,通过现场直播、生产全景展示与消费者互动,真实透明地展现产品,更加立体地对品牌形成感知;通过不断打造品牌故事性,增强与消费者粉丝的互动,合理利用粉丝效应,在社交媒体上不断强化品牌属性,利用粉丝红利创造品牌;充分发挥互联网农业大数据营销平台的作用,开展"大数据+品牌"的营销模式,利用其生态平台和大数据技术来收集与分析用户群体,对消费者偏好和市场交易趋势做出相关分析,根据消费者不同爱好进行市场细分,借助用户画像数据分析和用户行为数据分析,针对性地开展品牌推介;做好特色农产品海外营销,加快"走出去",不断提升业界美誉度、国际知名度和全球影响力。

（二）不断创新线下农业品牌营销模式

1. 拓宽农业品牌营销渠道

建立协会组织、农业企业与农户的利益联结机制，通过行业协会、龙头企业的渠道优势、市场优势、价格优势拓宽农产品销售渠道；积极推进品牌农业会员制模式，找准我们的目标客户群体，通过合适的方式建立会员制供需关系，并通过各种"商会、车友会、同学会、业委会"等快速传播并流行；积极推进配送制模式，重点针对大单、多品类农业，长期有供需关系的商家形成的一种基于信用的合作方式；稳步推进专卖制模式，重点针对优势、特色的品牌农产品，建立产品营销和宣传窗口。

2. 积极参与线下各种品牌展销会

紧盯高端市场和高端展会，通过组织企业参加农交会、绿博会等国内外各类知名农产品展会，以及借助特色农业资源设立举办"品牌日""丰收节"等活动，不断创新流通和销售模式，搭建友好交流平台，促进优质品牌农产品"走出去"；通过相关品牌活动，积极邀请观展客户、市民交流品鉴体验，着重讲述了品牌实力、产品特色、品鉴感受，大力推广本地知名农产品区域公共品牌、优秀企业的代表产品，持续扩大品牌"朋友圈"。

案例：

褚橙的多渠道推广一直被业界以及研究者广为称赞，而 2012 年的"褚橙进京"事件是褚橙销售模式变革的里程碑。在 2012 年之前，公司的销售渠道比较单一，主要是通过经销商、加盟店等实体店进行产品销售。褚橙放弃了进入传统水果批发市场和大型连锁超市等销售渠道，其主要原因是褚橙的品牌并未打响，知名度远远不够，加之相比于批发市场和大型超市里的其他同类产品，不存在价格优势，无法实现优质优价的销售策略。

2012 年，褚橙与"本来生活网"合作，本来生活网以褚时健本人波澜起伏的人生经历为据，包装打造出了一个励志感人的品牌故事，在各大媒体的宣传报道之下，褚橙顺利进军北京农产品市场，并成为热销爆款，仅 5 天就售出 20 吨产品。自此事件以后，褚橙便采取了线上线下相结合的多渠道推广销售策略。线上渠道主要有 2013 年建立的"实果纪"和褚橙销售中心官网，这两个销售渠道是褚橙公司自营的。除此之外，还有本来生活网、天猫上的褚橙水果旗舰店、京东的褚橙水果旗舰店等第三方平台进行产品的推广销售。线下小时渠道也日趋完善，除各地的经销店和加盟店之外，褚橙还和华润、沃尔玛等大型连锁超市合作，销售点遍布各地。线上渠道和线下渠道相结合，组成了褚橙强大的销售网络，使得各地的消费者都能轻易购得产品。

三只松鼠成立于 2012 年，是中国当前最大的互联网食品品牌，公司已发展成为年销售额破百亿元的上市公司，先后被新华社和《人民日报》誉为新时代的"改革名片""下一个国货领头羊"，上市当天获誉"国民零食第一股"。通过品牌塑造与传播策略的实施，三只松鼠成功地提升了在电商领域的知名度。三只松鼠在品牌塑造方面，通过短时间内建立的品牌魅力，突出产品质量与创新形象，成功建立了强大的品牌定位和形象。在电商传播方面，三只松鼠采取了创新的电商战略，借助大数据分析提供个性化服务，优化用户体验与客户服务，并鼓励线上线下协同发展；运用社交媒体的作用与影响力，打造了强大的社交媒体平台，通过用户 UGC 传播与引流，发展了社交电商模式；开展了独特的营销活动与合作伙伴关系，打造了有互动性的促销活动，与电商平台建立了合作伙伴关系，并联合其他品牌进行联合营销。

参考文献

[1] 陈佳. 褚橙是如何做成爆款土特产的 [N]. 玉溪日报，2023-07-25（005）.

[2] 褚会民，李美杰. 讲述农业品牌故事的四个路径 [J]. 西北园艺，2021（04）：51-52.

［3］赖永峰，刘兴．传统水果致力标准化品牌化——江西赣南脐橙产业调查［N］.经济日报，2023-10-13（009）.

［4］李小侠．区域农业形象品牌及其发展路径研究［J］.安徽农业科学，2019，47（15）：234-237.

［5］娄向鹏，郝北海．品牌农业4：新时代中国农业品牌建设的路径与方法［M］.北京：中国发展出版社，2021.

［6］农产品"湘"当好——湖南大力推动品牌农业建设［N］.经济参考报，2023-09-15.

［7］史峰．推进陕西省农业标准化的对策建议［J］.中国标准化，2023（04）：75-78.

［8］孙强，钟永玲．迈向农业现代化的中国农业品牌政策研究［J］.河北学刊，2019（01）：130-136.

［9］唐小翠．特色农产品品牌建设与乡村振兴战略［J］.广西师范学院学报（哲学社会科学版），2019，40（03）：104-108.

［10］田丽丽．基于农业产业集群的农产品区域公用品牌建设研究——以句容市为例［J］.山西农经，2023（01）：21-23.

［11］于富喜．新常态下我国农产品品牌战略管理研究［J］.改革与战略，2017，33（06）：64-66.

［12］张玉香．牢牢把握以品牌化助力现代农业的重要战略机遇期［J］.农业经济问题，2014，35（05）：4-7+110.

［13］赵新宁，刘知宜．农产品区域公用品牌如何实现"长红"？［N］.农民日报，2023-05-11（008）.